Florian Vaßen/Gerd Koch/
Gabriela Naumann (Hrsg.)

Wechselspiel:
KörperTheaterErfahrung

Als der große alte Mann des deutschsprachigen Theaters, Bernhard Minetti, an seinem 90. Geburtstag das Wort ergriff, wehrte er sich dagegen, daß vom Sprech-Theater anläßlich seines Ehrentages die Rede war. Theater – das sei doch Körper!

In diese Richtung zielt auch *Wechselspiel*. Wer bei der Theaterarbeit bislang weniger bewußt mit dem Körper umgegangen ist, sondern eher textbezogen gearbeitet hat, wird aus den vielen Ansätzen dieses Buches zahlreiche Anregungen für die eigene Praxis gewinnen. Nicht weniger wendet sich dieses Buch an diejenigen, die Praxis immer auch mit theoretischer Reflexion verbinden, wie auch an die, die sich nicht auf therapeutische Körperarbeit beschränken, sondern selbst gestalten wollen. Und nicht zuletzt soll *Wechselspiel* ein Leitfaden für die sein, die Erfahrung nicht bloß abstrakt einfordern, sondern diese auch machen und ausdrükken wollen.

Das Buch versteht sich als eine Reise zu Körper, Theater und Erfahrung, das zu neuen Erfahrungen anstiften will.

Die Herausgeber:

Florian Vaßen, geboren 1943, Dr. phil., Professor für neuere deutsche Literatur an der Universität Hannover. Leiter der Arbeitsstelle Theater/ Theaterpädagogik.

Gerd Koch, geboren 1941, Dr. phil., Hochschullehrer für Pädagogik/Soziale Kulturarbeit (Theater) an der Alice-Salomon-Fachhochschule, Berlin. Veröffentlichungen bei Brandes & Apsel: *Lach- und Clownstheater* (2. Aufl., hrsg. mit F. Vaßen); *Literarisches Leben, Exil und Nationalsozialismus* (Hrsg.); *Lernen mit Bert Brecht* (vergr.)

Gabriela Naumann, geb. 1961, Diplompädagogin. Körperarbeit mit Kindern und Erwachsenen, Dozentin für Sprachen und Theater an der Universidad Popular Azuaga (Spanien), arbeitet z. Zt. als Bildungsreferentin bei denkste e.V., Berlin.

Florian Vaßen / Gerd Koch /
Gabriela Naumann (Hrsg.)

Wechselspiel: KörperTheaterErfahrung

Mit Beiträgen von
Jörg Bochow, Gerd Bräuer, Mike Büttner,
Kirsten Feller, Joachim Fiebach, Reinhold Görling,
Dorothea Hilliger-Ache, Christian Hoffmann,
Volker Jurké, Jiri Kaftan, Gerd Koch, Martina Leeker,
Gabriela Naumann, Peter Offermanns,
Ralf Räuker, Daniela von Raffay,
Hans Georg Rosenstein, Hanne Seitz,
Romana Maria Trautmann, Beate Uptmoor,
Florian Vaßen, Thilo Wittenbecher,
Dorothee Zapke, Felix Zulechner

Brandes & Apsel

Auf Wunsch informieren wir regelmäßig über das Verlagsprogramm. Eine Postkarte an den Brandes & Apsel Verlag, Scheidswaldstr. 33, D–60385 Frankfurt a. M., genügt.

Die Deutsche Bibliothek – CIP-Einheitsaufnahme:

Wechselspiel: KörperTheaterErfahrung / Florian Vaßen ...(Hrsg.). Mit Beitr. von Jörg Bochow ... - 1. Aufl. - Frankfurt a.M. : Brandes und Apsel, 1998
ISBN 3-86099-150-7

1. Auflage 1998

Lektorat: Volkhard Brandes
DTP: Elke Daniel
Umschlagfoto: Matthias Briechle, Szene aus der Arbeit von »La Fura dels Baus«
Druck: Difo-Druck, Bamberg
Gedruckt auf säurefreiem, alterungsbeständigem und chlorfrei gebleichtem Papier.

ISBN 3-86099-150-7

Inhalt

Florian Vaßen/Gerd Koch/Gabriela Naumann

Wechselspiel – Ein Vorwort

Theaterpädagogik lebt aus dem Spannungsverhältnis von Theater und Pädagogik, Theaterpädagogik bedeutet Praxis und Theorie, vor allem aber setzt sie ein Wechselspiel verschiedenster Faktoren in Gang. *Wechselspiel*? – Warum sprechen wir nicht von Wechselwirkung, wie einst weitverbreitet, angeregt durch physikalische oder marxistische Terminologie, bzw. – neutraler – von Wechselbeziehung, Wechselverhältnis oder von Wechselseitigkeit? Auf den ersten Blick fasziniert natürlich gerade bei einem Theater-Praxis-Buch der Aspekt des Spiels in diesem Kompositum. Aber auch das Wort als ganzes hat eine andere Bedeutung als die vier anderen Bezeichnungen. Laut Deutschem Universalwörterbuch steht Wechselspiel für den »mannigfaltigen Wechsel einer Sache« wie etwa in der Formulierung »Wechselspiel der Farben«. Hier geht es also nicht um eindeutige Beziehungen und seien sie auch dialektisch, sondern um vielfältiges Ergänzen, Überlagern, Beeinflussen und Verändern der drei schon in sich komplexen und heterogenen Begriffe Körper, Theater und Erfahrung – vergleichbar vielleicht mit dem unbegrenzten Changieren von Farben in der Natur. Ein Wechselspiel von Wörtern bestimmt auch mögliche Lesarten des Titels: Theater: Körpererfahrung – Erfahrung: Körpertheater – Körper: Theatererfahrung – Theatererfahrung: Körper – Körpererfahrung: Theater – Körpertheater: Erfahrung. Jeder dieser Begriffe kann zum Subjekt oder zum Objekt werden – grammatikalisch und in der Realität. Alltagspragmatisch gesehen bilden die drei Stichworte Handlungsfelder – allerdings sehr unterschiedlicher Art.

Zuerst und in gewisser Weise dominant ist der *Körper*, die Gestalt, die äußere Erscheinung, der Organismus des Menschen, aber auch der Leib als menschliche Selbstvergewisserung seines Körpers. Ohne daß hier eine grundsätzliche philosophische Diskussion über Körper/Leib möglich wäre, kann doch gesagt werden: Ohne Körper geht nichts![1] In ihm bündelt sich sozusagen das menschliche Leben, sein Fühlen, aber auch sein Denken; er ist das Material des Lebens und des Todes – und somit auch des Theaters.

Als zweites Stichwort: das *Theater*, maßlos, gewissermaßen alles umfassend. Theater heißt nicht nur der Schauplatz und die Örtlichkeit, die Institution und Organisation, sondern auch die Aufführung und Vorstellung im Sin-

[1] Unter diesem Titel wird demnächst von den Herausgebern eine Publikation erscheinen, die über den Theater-Aspekt hinaus den Körper vor allem unter anthropologischen, pädagogischen und soziologischen Fragestellungen untersucht.

ne von »die Gruppe spielt Theater«, und grundsätzlich und vor allem bedeutet Theater: darstellende Kunst. Aber Theater steht eben auch nicht nur für das Kunst-Theater, sondern im Rahmen eines gesellschaftlichen Theatralitätsgefüges gibt es auch das Alltags-Theater, gekennzeichnet etwa durch die soziologische Rolle, die Inszenierung eines Gesprächs, die Dramaturgie einer Verabredung, wobei die Theatertermini reale Verhaltensweisen ausdrücken und nicht metaphorisch gemeint sind. Theatralität dominiert ebenso die virtuelle Realität der audiovisuellen Medien wie die Selbstpräsentation etwa in der Politik als Image und Show und konstituiert Formen wie Kultus, Ritual, Veranstaltungen aller Art. Schließlich zeigt Rudolf Münz in seinem Modell eines Theatralitätsgefüges[2] am Beispiel der Commedia dell' Arte, daß es auch ein »Theater« gibt, das sowohl das Kunst-Theater als auch das Alltags-Theater negiert und Widerstand leistet gegen ästhetische Isolation und gesellschaftliche Abhängigkeit. Dieses »Theater« ist vital, ist der Widerstand von Körper und Sprache gegen instrumentelle Vernunft, ist lebendiger Erfahrungsraum und innovativ kritisches Erfahrung-Machen. Es existiert im Zeitverhältnis eins zu eins – keine Vertagung: jetzt gilt es, es gilt das Jetzt.

Und dann noch das Wort: *Erfahrung* – inflationär gebraucht und oft genug verwechselt mit Erlebnis und im Gegensatz zu diesem nicht wirkliche oder vermeintliche Unmittelbarkeit, sondern deren Verarbeitung. Erfahrung ist alltags- und subjektorientierter Zugang zur Wirklichkeit, ein durch Anschauung, Wahrnehmung oder Empfindung gewonnenes Wissen – statt eines abstrakt-systematischen Zugriffs. Doch auch Erkenntnis durch Erfahrung ist nicht theorielos oder unsystematisch, ist nicht etwas, was man mal so nebenbei macht. In Er-fahrung stecken immer noch Reste der alten Erkenntnisweise durch Reisen/Fahren, was etwas Traditionelles/Hinter-Sich-Gelassenes sein kann, indem man es abgefahren hat; es kann aber auch den Sog des Zum-Anderen-Fahrens, der Fort-Bewegung, dorthin, wo man noch nicht war, meinen oder das, was man während des Vorgangs am Wege findet. Erfahrung ist also auch Anstrengung, eine Verarbeitung.

Alle drei Begriffe sind – wie wir gesehen haben – jeweils äußerst vielfältig lesbar. Ihnen gemeinsam ist: Sie umgreifen vieles, verschlingen eine nahezu unübersehbare Menge von Wirklichkeitsausschnitten. Deshalb benötigen sie sich wechselseitig zur näheren Bestimmung als Beiwörter, die begrenzen und Akzente setzen. KörperTheater etwa schließt eben Sprech- und Literaturtheater oder Puppentheater aus – es sei denn, man nimmt die Konstruktion einer Marionette als Verkörperung physikalischer/mechanischer Gesetze. TheaterErfahrung ist eben weder Theatertheorie noch Alltagserfahrung, und KörperErfahrung ist eine spezifische, über den Körper vermittelte Erfahrung. Die jeweilige Konkretion ist also ganz entscheidend.

2 Vgl. Rudolf Münz: Aldilà teatrale, in: *Korrespondenzen. Zeitschrift für Theaterpädagogik,* H. 27: *Theatralität*, 1996, S. 13-21

Nicht zufällig steht bei unserem Titel *KörperTheaterErfahrung* das Theater in der Mitte. Es vermittelt in unserem Kontext zwischen Körper und Erfahrung, ein Bild mag das verdeutlichen. Nimmt man etwa ein dreiteiliges Altarbild bzw. ein modernes Triptychon etwa von Otto Dix oder Max Beckmann, so wird der eine Flügel »Körper« und der andere »Erfahrung« heißen, das zentrale Bild in der Mitte aber »Theater«. In der Blick- bzw. Leserichtung steht zwar der Körper am Anfang und gibt die Richtung vor, er ist der initiative Impuls und die dominante Spezifizierung des Mittelteils. Die Erfahrung dagegen setzt den Schlußpunkt, ist Perspektive und Ziel, verweist auf die subjektorientierte kritische Intention. Beides ist also exponiert, ihre Betonung aber dient letztlich doch der Spezifizierung und Konkretisierung der Reflexion und Intensivierung des Theaters im Zentrum. Wird »Theater« von »Körper« und »Erfahrung« flankiert, dann ist es nicht mehr abstrakt und allgemein, wird vielmehr durch den Körper konstituiert und durch Erfahrungen entfaltet.

Die einzelnen Kapitelüberschriften dieses Buches als Komposita wiederholen die Struktur des Gesamttitels *KörperTheaterErfahrung*: Am Anfang steht die »KörperTheaterTheorie« – ein theoretischer Aufriß verschiedenster Ansätze; unter der Überschrift »KörperTheaterAusbildung« folgen Beiträge zur Schauspielausbildung, die punktuell auch historische Aspekte mit einbeziehen. »KörperTheaterPraxis« bildet entsprechend dem Praxis-Anspruch des Buches das Zentrum, »KörperTheaterÜbungen« einen Abschluß für die konkrete Praxis. Genaueres zu den einzelnen Beiträgen findet sich jeweils zu Beginn des Kapitels. Alle Kapitelüberschriften verweisen darauf, daß Isolierung und Begrenzung aufgehoben werden sollen zugunsten von Beziehung, Integration – und Kontext.

Theaterpädagogik ist nämlich immer Arbeit an Kontexten, für Kontexte und in Kontexten. Hier klingt etwas von Ganzheitlichkeit an, ein Text, ein Kontext, Textilie/Stoff sind etwas Ganzes. Wichtiger aber scheinen uns die Unterschiede im Detail, das Wechselspiel der Farben, die verschiedenartige Textur, sogar das harte Aneinanderstoßen von einzelnen Teilen an Nähten, Kanten und Bordüren, d.h. die differente Kraft und Leistungsfähigkeit der je einzelnen Dimensionen und Handlungsweisen. Um im Bild zu bleiben – es ist mehr das bunte, geflickte, aber lebendige Kostüm des dummen August als das durchkomponierte des weißen Clowns, der aber nicht wegzudenken ist, denn ohne ihn wäre der dumme August nicht bunt.[3] Es ist ein vielfarbiges Bild und dessen sinnliche Wahrnehmung. Entsprechend in sich widersprüchlich und als Ganzes widerspruchsvoll ist auch der Gebrauch, also das Handlungsfeld von Theaterpädagogik.

Das Interesse konzentriert sich demnach auf Zwischentöne, Besonderhei-

[3] Vgl. Gerd Koch/Florian Vaßen (Hrsg.): *Lach- und Clownstheater*, Frankfurt a.M. 1991 (2. Aufl. 1995)

ten, feine und grobe Unterschiede, Brüchigkeiten im Material. Es geht um Prozesse, die ein Produkt entstehen lassen und mittels dieses Produkts wieder neue Prozesse stimulieren, so daß Ganzheit nur temporär entsteht, weil sie sich im Wechselspiel stets ändert, sich wieder auflöst oder sogar aus theaterpädagogischen und/oder ästhetischen wie sozialen Erwägungen gewaltsam destruiert wird.

Mit anderen Worten: Die Theaterpädagogik arbeitet zielorientiert auf einen Horizont hin; der aber ist offen, bisweilen auch unübersichtlich und widersprüchlich; sie will Horizonte eröffnen, aber keinen Kreis schließen. Auch Körper und Erfahrung können einerseits ganzheitlich verstanden werden, sind aber andererseits teilbar und zerlegbar, variabel und vergänglich, heterogen und widersprüchlich.

Theater schließlich ist:
- das ganze Leben,
- es ist zugleich körperliche Präsenz und Dialog und Kommunikation, aber auch Stille und Schweigen,
- es ist ästhetischer Ausdruck und Darstellung vor einem Publikum,
- es ist Zur-Schau-Stellen und Show, aber auch Destruktion des falschen Lebens, Widerstand – auch symbolisch gewalttätiger – gegen die Banalität des Alltag,
- es ist Erfahrung, die sich auf Tradiertes bezieht, einen Prozeß ausdrückt, aber sich auch quer legt und auf Eigensinn und widerständiger Haltung besteht,
- also auch dargestellte Utopie.

Weder die Einzelaspekte Körper, Theater und Erfahrung noch unser künstliches Kompositum *KörperTheaterErfahrung* werden in diesem Buch primär als theoretische Problemstellung diskutiert. Theorie hat sich mißverstanden, wenn sie ohne ihren komplementären Begriff Praxis daherkommt, und interessiert uns deshalb primär im Kontext von Praxis – ein Praxis-Buch war unser Ziel. Praxis ohne Theorie und historische Dimension halten wir jedoch ebenso für unzureichend, es ist pragmatisches Handwerke(l)n ohne kritische Distanz und Perspektive. Um wieder unser Stichwort vom Wechselspiel aufzugreifen: Gerade die Theaterpädagogik als handelnde Disziplin weiß das, und deshalb ist es ihr Ziel, das sie auch oft genug erreicht: ein theoretisch-praktisches Wechselspiel von Körper&Theater&Erfahrung.

I. KörperTheaterTheorie

Die Begutachter der gymnastischen Spiele im antiken Griechenland waren Theoretiker, d. h. Personen, die genau beobachten, sehen, schauen konnten, die die Regeln des Schauplatzes (theatron) kannten, die aber auch die hohen Regeln des Olymp (des Platzes der Götter) zu kennen meinten. »Theoria« hat begriffsgeschichtlich auch einen Gehalt an *Anschaulichkeit* in sich und ist nicht nur das, was wir heute zumeist darunter verstehen: etwas Abstraktes, Systematisches, fast Gesetzliches.

Die in diesem Kapitel vertretenen Autorinnen und Autoren sind diesem anderen Theoretisieren verpflichtet: das ästhetisch-anschauende und -anschauliche Moment verbindet sich mit dem Wunsch nach Systematik und begrifflicher Klärung.

Martina Leeker untersucht in ihrem Text die Ambivalenz des Körpers auf dem Theater. Sie zeigt, wie der Pierrot z.B. sich auf die Realität bezieht, aber zugleich auch eine neue Wirklichkeit schafft und soziale Ordnung und übersinnliche Erfahrung miteinander verbindet. Der Körper des Mimen wird zum Ort von Wirklichkeit, er irritiert mit seinem Spiel die Wahrnehmung der Zuschauer.

»Ich ist ein Anderer« – dieser vielzitierte Satz von Rimbaud erhält im Maskenspiel eine eigene ästhetische Realisierung. *Hanne Seitz* zeigt, daß die Maske die Personen von sich weg und über sich hinaus bewegt, daß sie verbirgt und zugleich anderes, ein »Anderssein«, zum Vorschein bringt. In Reduzierung und Übertreibung, in Stilisierung und Symbolisierung entsteht ein Wechselspiel von Person und Maske, von Selbst und Rolle. Die Maske erzeugt Körperspannung und macht »nackt«; sie erfordert eine spezifische Distanz, denn zu viel Distanz führt zu reiner Illustration und zu wenig zum Psychodrama. Obwohl die Maske im Alltag allen Zauber verloren hat, ist das »Prinzip Maske« doch allgegenwärtig; in der Zunahme der Maskenbewegung manifestiert sich die Sehnsucht nach Inszenierung und der Versuch von Entwürfen.

Die Gesellschaft, in der wir leben, läßt Körper verschwinden und weist zugleich Hunger nach Körper auf. Idealisierungen des Körpers/der Körperlichkeit stilisieren eine oft auch modisch »schöne« körperliche Ganzheit. Gleichzeitig aber bedeuten Beschädigungen und Zerstückelungen dieses Ganzen nicht nur Zerfall und Verlust, sondern auch ein Gegenbild des Kunstkörpers. *Florian Vaßen* beteiligt sich an dieser Debatte des schönen Scheins und seiner Aporien. Er zeigt – vor allem am Beispiel von Moshé Feldenkrais und Heiner Müller – die Differenzen von Körper-Therapie und Körper-Pädagogik einerseits und Körper-Kunst und Körper-Theater andererseits, deren verschiedenartige Akzentuierung auf den ganzen, heilen Körper bzw. auf den destruierten, zerstückelten Körper, und skizziert die jeweiligen Möglichkeiten, aber auch Grenzen und Gefährdungen.

Joachim Fiebach verfolgt die Spur der Theatermacher und Darstellungskünstler, bei denen der Körper auf der Bühne und anderswo eigene Phantasien entfaltet, Sinnlichkeit ein Eigenleben führt, ungebrochen, hemmungslos sich präsentiert und so zur »Widerstandsinsel« in der disziplinierten Gesellschaft wird. Fiebach spricht in diesem Kontext der Emanzipation des Körpers vom Wort nicht nur von afrikanischen Erzähler-Darstellern und von Antonin Artaud, sondern – sicherlich zur Überraschung von vielen – auch von Brechts epischem Theater mit seiner Konzeption von Gestus und Haltung.

Romana Trautmann bezieht die Performance als Prozeß der Darstellerin und als Produkt für die Zuschauer in ihrer besonderen Körperlichkeit auf Antonin Artauds Theatervisionen. Poesie und Bewegung verbinden sich dabei im Raum, die Idee wird zum Körperideal, und eine Annäherung an das Unbewußte wird angestrebt. Der Theater-, Leben- und Körper-Aufstörer Artaud in seiner Ex-Zentrik und mit ihm die Performance beabsichtigen eine unmittelbare Kommunikation mit dem Publikum.

Dem Verhältnis von Betrachter und Körper geht *Reinhold Görling* am Beispiel von Malerei, Literatur und Performance-Kunst nach. So werden die Gemälde Francis Bacons als Reflexionen über die für den Körper konstitutive Rolle des Betrachters verstanden. Da dieser aber als anderes im Körper immer schon vorhanden ist, hat der Betrachter auch einen bedrohlichen und, wie Franz Kafkas »Hungerkünstler« zeigt, verschlingenden Charakter. Dieses ambivalente Verhältnis von Zuschauer und Körper greifen die Performance-Künstler auf und geben ihm eine besondere Intensität.

In einem historischen Exkurs beschäftigt sich *Hans Georg Rosenstein* mit »seiner Majestät – dem Körper« im deutschen Stummfilm. Es wird gezeigt, daß beim frühen Kino wie im Theater und in Konkurrenz zu ihm der Schauspieler das eigentliche Kunstmaß darstellte, d.h. die Kunst fand vor der Kamera und nicht durch die Kamera statt; entsprechend stand der Schauspieler auch im Zentrum der Filmanalyse. Die Stummheit des Mediums führte zu einer besonderen Körperlichkeit, Gebärde und Mimik. Doch auch die Bühne veränderte sich unter dem Einfluß filmischer Technik und Sehgewohnheiten, und es entstand eine neue schauspielerische Darstellungsweise. Erst Mitte der zwanziger Jahre fand unter dem Einfluß Eisensteins eine Entwicklung weg vom Schauspieler und seinem Körper und hin zur Montage statt.

Martina Leeker
Körper als Ort der Wirklichkeit

Mime als körperliche und sinnliche Aneignung von Realität – im Gegensatz zu rationalem Begreifen – zu verstehen, heißt: eine entscheidende Bedeutung dieser Theaterform nicht zu berücksichtigen. Denn in dieser Funktion spielt sie nur eine Rolle bei der Erneuerung des traditionellen Sprechtheaters oder bei der Umorientierung des Tanzes zum Tanztheater. Sie entspricht dann den Grundlagen des Schauspiels. Körperliche Ausdrucksfähigkeiten werden ausgebildet, um soziales Verhalten gemäß den Erfordernissen der Bühne zu überhöhen (s.a. Theateranthropologie, Eugenio Barba).

Sobald die Mime sich aber explizit als eigenes Genre des Theaters formiert, verliert sie diese Funktion. Ihr Anliegen ist dann nicht mehr die Aneignung von Wirklichkeit; vielmehr entzieht sie sich in konsequenter Umkehrung der »Wirklichkeit«, um eine eigene Wirklichkeit zu erfinden.

Erst der Entzug des Körpers aus der sozialen Realität erlaubt eine Auseinandersetzung mit ihr. Aus der Distanz wird der Körper selbst in seiner Ambivalenz transparent. Er ist der Ort, an dem Wirklichkeit im subjektiven Erleben und Verhalten entsteht.

Verschiedene Wirklichkeiten werden wieder unterscheidbar und vermittelbar. Erst dann geht Wirklichkeit in der Konstruktion und Erfindung auf, in der sich ästhetische und soziale Auseinandersetzungen verwirklichen.

Zugang zu den Bedingungen der Entstehung von Wirklichkeit erschließt sich im Körper, in der Erregung seiner Wahrnehmung. Indem sich die Mime den Illusionen einer »objektiven« Realität entzieht, verwirklicht sie ihr zentrales Anliegen: die Kunst der Wahrnehmung. Claire Heggen dazu: *Die Mime imitiert nicht. Sie ist ein unbegrenztes Feld für die Imagination und schöpferische Kraft. Ich fühle mich in diesem Feld wie ein Entdecker. Der Körper ist das Medium, durch das ich zu diesem Reichtum gelange.*

Doch in der letzten Konsequenz ist auch die subjektive Wahrnehmung nicht »rein«. Der begonnene Entzug aus der Wirklichkeit mündet in die Auflösung des Körpers und des Subjektes, um zu Wahrnehmungen zu gelangen, die nur im körperlichen Zustand des Todes, des Nichts, zu erreichen sind.

Sinnbild dieser Sehnsucht ist die Figur des Pierrot, die von Jean-Baptiste Gaspard Deburau um 1830 erfunden wurde. Hatte sich die Mime des Jahrmarkttheaters in Paris aus dem staatlich verhängten Sprechverbot erzwungenermaßen entwickelt, verweigert Deburau bewußt den Sprachgebrauch auf der Bühne. Er tut dies nicht, um den Körper zu rehabilitieren, sondern eher, um ihn verschwinden zu lassen. Er entsagt der Sprache, wählt die Welt der Illusionen, um die Illusion der Wirklichkeit transparent werden zu lassen. Eine Tradition, die Marcel Marceau nach dem Zweiten Weltkrieg fortsetzen wird.

Pierrot ist nicht wirklich greifbar, entzieht sich dem visuellen und emotionalen Zugriff. Deburau schminkt ihm ein mehlweißes Gesicht, kleidet ihn in ein überdimensionales weißes Gewand. Er schwebt über der Bühne, tötet kaltblütig, gleichsam nebenbei. Liebe und Eifersucht, die sich aus der Commedia dell' Arte entwickelt hatten. Was mit Märchen, Fabelwesen, phantastischen Reisegeschichten, vom Himmel stürzenden Göttern Ende des 17., Anfang des 18. Jahrhunderts begonnen hatte, treibt Deburau auf die Spitze. Der Körper wird transparent für übersinnliche Erfahrungen. Er löst sich aus seiner materiellen und sterblichen Verhaftung hinein ins Körperlose, Göttliche auf. Solange der Mensch mit dem Körper behaftet ist, ist er das Medium für transzendente Erfahrung.

Im Verlust des Körpers liegt die Faszination, die Deburau auf das Publikum seiner Epoche ausübte: auf die unteren Schichten ebenso wie auf das Bürgertum. Es ist gerade die Transparenz und Ungreifbarkeit der Mime, in der sich ihre gesellschaftliche Bedeutung manifestiert. Im Wandel der Epochen »macht sie Körper mit dem Publikum«. Der eigene Körper des Mimen wird zum Ort, an dem neue Wirklichkeitskonzepte entstehen, die das Publikum im aktiven Nachvollzug im eigenen Körper verwirklicht.

Das Spiel mit der Transparenz und der Ambivalenz des Körpers und der Wirklichkeit wird in der Mime zur Methode, um diese Form des Austausches mit dem Publikum herzustellen. Christian Mattis: *Das Wichtigste passiert nicht auf der Bühne, sondern im Kopf des Zuschauers.* Dazu bedarf es einer Dramaturgie, die Offenheit überhaupt erst herstellt. Mattis: *Alfred Hitchcock ist z.B. Weltmeister darin, Sachen zu sagen und zu zeigen, ohne daß er sie sagt oder zeigt. Der schauspielerische Prozeß der Mime, ihre Dramaturgie, schließlich ihr erkenntnistheoretischer Ansatz sind durchzogen von einer dialektischen Verweis- und Umkehrungs-»technik«.*

Die Mime ist eine ästhetische Überhöhung einer alltäglichen sozialen Praxis, aber auch des Bühnenverhaltens: der Nachahmung, mit der der Mensch sich seine Umwelt aneignet und begreift (durchaus mit taktilem Sinn) und sich in die Gesellschaft integriert. In der ästhetischen Auseinandersetzung ist die Nachahmung jedoch bereits ein schöpferischer Prozeß, in dem die wesentlichen Merkmale des Nachgeahmten zusammengefaßt werden. Es entsteht eine neue Wirklichkeit in Gestalt von Karikaturen, Deformationen, Analogien. Der Mime verwandelt sich in die Nachahmung, um im nächsten Moment in eine neue Verwandlung zu entfliehen. Dabei läßt er keinen Zweifel, daß er dem Publikum »etwas vormacht«. Er stellt die Verwandlungen in einer Art aus, die die menschliche Gestalt und das menschliche Verhalten um so deutlicher erscheinen läßt. Der Körper wird verhüllt, um ihn in Erinnerung zu rufen; durch Immobilität wird Bewegung evoziert. Das Abwesende wird hervorgebracht durch seine Abwesenheit. Ein präsenter Gegenstand verschwindet, indem er sich in einem ungewohnten Umgang neu verwirklicht. Corinne Soum: *Oft stellt man das, was dargestellt werden soll, durch sein Gegenteil dar.* In der Inszenierung »Babyzarr« von Christian Mattis verwandeln sich fünf Schauspieler schlagartig von Babys in alte Menschen. Beim Zuschauer wird Betroffenheit ausgelöst. Durch den nahtlosen Übergang dieser Lebensabschnitte fragt er nach dem eigenen Leben, das dazwischen liegt.

Die Wahrnehmung des Publikums wird in Szene gesetzt. Die Strukturen der Dramaturgie sind derart angelegt, daß sich Wirklichkeit erst aus dem Körper des Zuschauers ergibt, d.h. er erfindet sie. Auch sein Körper wird zum Ort, aus dem Wahrnehmungen und Wirklichkeit hervorgehen. Für den Zuschauer erschließt sich die Darstellung nur durch eine aktive Wahrnehmung und eine Stimulierung eigenen Verhaltens. Da er keinen Zugang zu den inneren psychischen und physischen Prozessen hat, die das beobachtete Verhalten begleiten, ist er darauf angewiesen, das Verhalten in sich zu stimulieren, um es zu verstehen. Er wird auf seine eigene Wirklichkeit zurückgeführt. Die Körper »sprechen nicht die Wahrheit«, sondern der Beobachter hält das für wahr, was er erlebt und schreibt diesem Erleben Wirklichkeit zu. Es handelt sich folglich um eine Konstruktion, in der Beziehungen aufgebaut und konstruiert werden. Derart stimuliert die Mime die Ausübung sozialer Beziehungen. In der gegenseitigen Aktivierung des Verhaltens etabliert sich eine Komplizenschaft, die sich in der Entstehung sozialer Gemeinschaft einlöst.

Im dialektischen Spiel mit Wirklichkeit wird die Ambivalenz des Körpers – als Ort von Wirklichkeit – transparent. Er ist beherrscht und kontrolliert durch soziale Ordnung, und er ist Ort möglicher authentischer oder übersinnlicher Erfahrungen. Indem die Mime sich der sozialen Wirklichkeit entzieht oder sie karikiert, läßt sie die Macht gesellschaftlicher Wirklichkeit im Körper gegenwärtig werden. Zugleich setzt sie jedoch den Körper als Erfinder von Wirklichkeit frei. Derart entblößt, wird er der Auseinandersetzung und Neudefinierung preisgegeben.

Die Mime hat verstanden, daß Wirklichkeit im Kopf des Menschen entsteht, wodurch sie sich Ergebnissen moderner Wahrnehmungsforschung und Annahmen der Gestalttheorie annähert. Wie wir die Welt wahrnehmen, ist abhängig von dem Wahrnehmungssystem des menschlichen Organismus. In ihm wird nicht eine objektive, äußere Realität abgebildet; vielmehr schaffen das Gehirn und die sensomotorischen Systeme Realität. Daß wir Dinge so wahrnehmen, wie wir es gewohnt sind, ist Teil gesellschaftlicher Übereinkunft. Der Tisch ist nicht hart, sondern wir interpretieren ihn, sprechen ihm eine psychologische Deutung zu, die wir gelernt haben und zu empfinden glauben.

Die Mime spielt mit dieser Beziehung von Wahrnehmung, Erfahrung und Konvention, um die Wahrnehmung zu irritieren und unseren Glauben an Wirklichkeit zu erschüttern. Damit erschließt sie einen Raum menschlicher Freiheit. In der Irritation läßt sie die gesellschaftlichen Einschreibungen in den Körper und die Selbstkontrolle körperlichen Begehrens (s.a. Rudolf zur

Lippe) bewußt werden, zugleich aber die Möglichkeiten einer Veränderung erleben. Etienne Decroux, Begründer der zeitgenössischen Mime, faßt den ambivalenten Zustand des Körpers zusammen: *Es ist der Körper, der für alles zahlen muß. Wenn der Körper sich auf der Bühne erhebt, dann sehe ich die »Menschheit«, die »aufsteht«. Die Mime ist eine prometheische Kunst. Sie zeigt den Menschen, daß sie handeln müssen, um die Dinge zu verändern.*

Im Bild des Prometheus, der die Welt selbst schaffen wollte, den Menschen Licht, d.h. Kultur brachte, dafür von den Göttern mit der langsamen Zerstückelung seines Körpers bestraft wurde, führt Decroux die Mime auf den Grundkonflikt des Menschen zurück: die Freiheit, seine Unfreiheit zu erkennen. Der Mensch ist eingebunden in den großen Prozeß der Evolution, in der alternierende, sich wechselseitig beeinflussende Strukturen von Anpassung und Neuschöpfung zusammenwirken. Ein Prozeß, dem auch die Geschichte der Wahrnehmung und der sozialen Wirklichkeit unterliegt.

Anders als die Geschichte des Tanzes, die wir heute als Kunstgeschichte des Körpers lesen, ist die Mime seine Sozialgeschichte. Sie entwirft kein Körperbild, sondern sie stellt den Körper aus, um die in ihm projizierten Bilder in Frage zu stellen, sich aneinander reiben zu lassen. Im Gegensatz zum Tanz, der Körper und Bewegungen als hermetischen Raum erfindet, ist die Mime (und das zeitgenössische Tanztheater) deshalb an die soziale Wirklichkeit gebunden. Ihr Material sind die Körper der eigenen historischen Epoche. Doch sie nutzt die sozialen Codes, um den Körper als Ort der Zeichenproduktion ebenso in Frage zu stellen wie neu zu konstruieren. Das Theater ist dann nicht mehr ein Abbild der Wirklichkeit, sondern eine Kulisse unserer Vorstellungen. D.h. aber auch, daß das Kunstprodukt sich erst in der Rezeption, dem aktiven Verhalten des Zuschauers und Akteurs konstituiert. Theater ist eine Form sozialer Beziehung und ästhetischen Verhaltens, das nur im Moment der Aufführung existiert.

Der russische Maler Kasimir Malewitsch, Begründer des gegenstandslosen Suprematismus, behauptet die absolute Eigenständigkeit der Kunst vor der Wirklichkeit. Wirklichkeit, Materie und Natur des Menschen sind dagegen Erfindungen; die Kunst ist Leere, Nichts, reine Gegenstandslosigkeit. Im Gegensatz zu Kandinsky, der in der abstrakten Malerei eine Reflexion über die Wirklichkeit sah, entsteht für Malewitsch die Kunst im Kopf (in der Aktivierung bestimmter Hirnregionen). In der zugrundeliegenden Erregung verwirklicht sich eine mystische Vereinigung mit dem Nichts des Kosmos.

Die Erfindung von Wirklichkeit in der zeitgenössischen Mime grenzt an die Erfahrung der Gegenstandslosigkeit. Die Wirklichkeit des Körpers verliert sich in der Abstraktion seiner Verrechnungen und Konstruktionen von Wahrnehmungen. In der Freisetzung der visionären Wahrnehmungen wird die Mime zum Wegbereiter neuer Wirklichkeitskonzepte. In ihren Visionen erscheinen Rückgriffe auf soziale Wirklichkeit wie flüchtige Zitate.

Hanne Seitz
Balanceakt mit Maske: Ich ist ein anderer

Ein Chinese ('s sind schon an 200 Jahr)
In Frankreich auf einem Hofball war.
Und die Einen frugen ihn: ob er das kenne?
Und die andern frugen ihn: wie man es nenne?
»Wir nennen es tanzen«, sprach er mit Lachen,
»aber wir lassen es Andere machen«.
(Theodor Fontane)

Eine dunkle Gestalt steht am anderen Ende des großen leeren Raumes, der Körper ist den Zuschauenden abgewandt – weder Gesicht noch Hände sind sichtbar. Langsam hebt sie ihre Arme und setzt die Maske, die sie in den Händen hält, vor ihr Gesicht. Der Körper wirkt verändert, hat sich deutlich aufgerichtet, ohne daß auszumachen wäre, wie dies stattgefunden hat: unmerkliche Verwandlung. Regungslos und immer noch abgewandt bleibt sie so stehen. Sehr langsam, kaum sichtbar beginnt sich der Körper zu drehen. Zuerst wendet sich der Kopf – eine schwarze, hohe furchige Maske erscheint, deren Augen funkeln. Die Bewegung pausiert, bevor dann der gesamte Körper folgt und das Maskenwesen bewegungslos mit »etwas« zu konfrontieren scheint. Als Zuschauerin empfinde ich mich auf das Äußerste beobachtet. Das Maskenwesen wirkt unerschütterlich präsent, als ob es schon immer dort gestanden hätte. Ab und zu kleine, kaum wahrzunehmende Bewegungen des Kopfes, eines Armes, des Rückens, eines Fingers – die Bewegungen wirken so, als ob etwas »durchgelassen« werden sollte. Beim Zuschauen kommen mir Bilder von einem alten Bewässerungssystem, das lange brachgelegen hat und nun wieder benutzt werden soll – ein Netz von beweglichen Kanälen und Röhren, die vielfach untereinander nach nicht durchschaubarem System verbunden sind. Die Verzweigungsstellen und Übergänge scheinen durch Knicke blockiert, die Membran der Röhren, die das Wasser nach außen sprüht, wirkt verstopft. Der leichte Druck eines von allen Seiten in das System hineingegebenen Wassers löst hier und da kleine Pfropfen, glättet hier und da Knickstellen. Das Wasser im System beginnt mehr und mehr zu fließen und die Umgebung zu bewässern. Der Maskenkörper scheint größer zu werden, sich auszudehnen, die Haut wirkt durchlässig. Plötzlich hebt die Maske ihren Blick, die Finger – gehüllt in schwarze Handschuhe – beginnen zu zittern, nach und nach der ganze Körper. Die Maske scheint weit hinter dem Publikum etwas wahrzunehmen, auf etwas zu reagieren, was »erscheint« und zunehmend

Gestalt annimmt. Als ob das Gesehene sich als eine Fata Morgana entpuppt hätte, tritt langsam Entspannung ein. Das Maskenwesen dreht sich abrupt zur Wand. Ein Moment von Ewigkeit vergeht, die Darstellerin nimmt ihre Maske ab und dreht sich um. Das Spiel ist zu Ende. Ein ergreifender Applaus durch die zuschauende Seminargruppe.

Die Darstellerin legt ihre Maske zu den anderen, vor den Zuschauenden aufgereihten Masken, an die Stelle, von der sie sie zuvor genommen hatte. Inzwischen hat sich für sie wie auch für die Zuschauenden die Welt verändert. Noch jenseits dieser Schwelle setzt sich die Darstellerin. Sichtlich ergriffen, findet sie langsam Worte – das »Paroli«, wie es Laura Sheleen nennt, kann beginnen. Die Darstellerin wiederholt das Ereignis, versucht das eben erlebte Spiel assoziativ nachzuvollziehen, subjektive Bilder und Eindrücke in Worte zu fassen, in Sprache zu übersetzen. Nachdem auch die Zuschauenden ihre Eindrücke geäußert haben, beschreibt sie ihren Weg in das Spiel: »Ich wußte bis zuletzt nicht, was die Maske jetzt tun wird – eigentlich ein Grund, mich unsicher und beklommen zu fühlen. Als ich dann an der Wand stand, passierte etwas Überraschendes; die Maske dreht sich einfach um. Als ich die Blicke der Zuschauer durch meine Maske hindurch sehe, deren Aufmerksamkeit und die gespannte Stille wahrnehme, wird mir bewußt, daß ich dies alles durch meine Maske erzeuge. Jetzt bin ich nicht mehr die Verunsicherte gewesen, sondern die anderen. (...) Die Maske hat irgendwie ein Eigenleben; sie ist es, die mir plötzlich die Sicherheit gibt, daß etwas geschehen wird. Ich weiß zwar, was sie dann tut, aber ich habe eigentlich kein Bild davon. (...) Ich kann mich gar nicht erinnern, ob mein tatsächliches Gesicht, als es hinter der Maske war, vielleicht versucht hat, den Ausdruck der Maske nachzuempfinden, oder ob es etwas anderes getan hat. Mit dem Verbergen des eigenen Gesichts scheint nicht nur etwas für den Betrachter zu verschwinden; sondern auch im eigenen Bewußtsein verschwindet ein Teil der realen Wahrnehmung zugunsten einer anderen. Also wirkt die Maske nach innen so intensiv wie nach außen und bestimmt dadurch vielleicht nicht nur das neue Aussehen des Gesichtes, sondern auch die Haltung des ganzen Körpers.« (Miriam S.)[1]

1 »Der Strom des Daseienden bliebe unverändert und uns feindlich, wenn wir nur in ihm lebten, aber nicht darüber sprächen.« (Eco 1989, 180) Dies gilt ebenso für den Strom der Verwicklungen und Erfahrungen im Umgang und in der Gestaltung ästhetischer Ereignisse. Doch sobald wir darüber sprechen, auch dann, wenn wir die Verzerrungen, die dem Sprechen innewohnen, registrieren – so führte Umberto Eco weiter aus –, ist die Gefahr, daß wir nicht nur Abstand gewinnen, sondern auch urteilen, nicht auszuschließen. Der Mensch neigt dazu, die Inseln, auf denen er sich seines Standpunktes sicher wähnt, zu verteidigen und »in Besitz« zu nehmen. Doch andererseits werden auch Begriffe nicht immer das Werkzeug bleiben, das wir »benutzen«, sie werden möglicherweise auch zu etwas werden, das uns selbst erfaßt, in sich hineinzieht und alles wieder aufmischt. So kann es sein, daß »das Werkzeug auf einmal uns agiert und unser ganzes Dasein bestimmt«

Mit dem Tritt über die sichtbare Schwelle der Masken tritt die Darstellerin vollends aus dem Spiel zurück in die Realität. Ein Mann steht auf und nimmt seine Maske, eine andere Frau entscheidet sich, in das Spiel mit einzusteigen. Sie greift zu einer Maske – nicht ihre eigene, sondern eine andere. Beide stehen vor der Wand am Ort der Verwandlung. Ein neues Spiel beginnt.

In der Maske spricht jemand »im Namen von«

Sonderbares, Fremdartiges, Unvorhersehbares geschieht an diesem Ort. Die Spieler erfahren, daß sie, sobald sie sich dort befinden, immer auch von sich weg und über sich hinausgehen. Wenn die DarstellerInnen von ihrem Spielerlebnis berichten, sprechen sie selten in der Ich-Form – sie empfinden, daß ein »Anderer« hier am Werk ist. Ein Spieler versucht diesen Zustand zu beschreiben: »Ich hatte die eigenartige Empfindung, daß das Maskenwesen ein eigenes Leben hat. (...) Ein persönliches Mitteilen meiner Person ist nicht möglich. Die Maske wird zum Medium und ich zu ihrem Geist.« (Matthias K.) Die getragene Maske verbirgt den Träger, sie anonymisiert. Doch die Person hinter der Maske ist nur scheinbar abwesend: denn *sie* ist es, die bestimmte Aspekte der Person zum Ausdruck bringt und diese in der Spielbewegung auffächert. Die getragene Maske verbirgt den Träger, und durch die Verwandlung bringt sie etwas anderes zum Vorschein. Das Maskenspiel erreicht, was einem noch nicht widerfahren ist. »Deshalb wird die Person in der Maske auch nicht hinter sich gelassen, sondern hat sich als etwas, das sie als Person nicht sein kann. (...) Sie ist Täuschung, sofern sie die Person verbirgt; sie ist Entschleierung, sofern sie durch die Bilder des Verbergens die Person als Mannigfaltigkeit ihrer Aspekte enthüllt. Sie ermöglicht den ekstatischen Zustand der Person: gleichzeitig bei sich und außer sich zu sein (...). Der durch die Maske gewährte inauthentische Zustand, *in* der Person und *außer* sich in Gleichzeitigkeit zu sein, ermöglicht, sich selbst zu schaffen.« (Iser 1991, 137/140/144) Die Maskenbewegung versinnbildlicht damit die grundlegende Dynamik menschlichen Werdens, denn sie spielt mit dem unerfüllbaren Bedürfnis eines jeden Menschen, über das Gegebene hinauszudenken, dies zu tun und dies auch vorgeführt zu bekommen. Das Außer-sich-sein ist keine Form der Transzendenz, sondern der Inszenierung – sich in der Maskenbewegung zu überschreiten, ermöglicht das eigene »Anderssein« zu erleben und dies auch zu erproben.

In der Maskenbewegung geschieht ein Doppeltes: als konkrete Handlung ist sie dem Besonderen zugeordnet, zugleich verkörpert sie ein allgemeines Prinzip. Auch das Maskenobjekt zeugt von einer abstrakten, stilisierten Zei-

(vgl. ebd. 182). Was Umberto Eco über die »Poetik des offenen Kunstwerks« ausdrückt, ist übertragbar auf die Versuche, ästhetische Ereignisse sprachlich zu erfassen.

chensprache, die zwar mit der wahrgenommenen, sichtbaren Wirklichkeit eines Gesichtes nichts zu tun hat, dennoch ein Wesentliches dessen Ausdruckskraft – sei es grimmig oder heiter, komisch oder schrecklich – zur Erscheinung bringt.[2] Teile des Gesichtes, die als besonders wichtig empfunden werden, werden herausgestellt und andere völlig vernachlässigt. Ein bestimmter Eindruck ist zusammengezogen, verdichtet, hat sich sozusagen auf ein »fremdes« Material verschoben. Nicht nur die Maskenform, auch das Maskenspiel zeugt von Reduktion und Übertreibung: ein bestimmter Rhythmus, eine Geste und Gangart, eine bestimmte Stimme. Der Formenkanon der Bewegungen ist äußerst stilisiert und genau durchkomponiert – jeder Bewegung scheint die Bedeutung eines sprechenden Zeichens zuzukommen. Und genau dieser allgemeine und damit auch symbolische Charakter erzeugt die eigentliche Zauberkraft des Spiels. Die Maske ist Ausdruck des Allgemeinen und ihr Spiel eine Handlung über das Handeln. »In der Maske spricht jemand ›im Namen von‹, aber da nur der Name und nicht der Träger des Namens bekannt ist, so spricht die Maske auch nur zu den Namen statt zu den Menschen, das heißt, sie trifft nicht Personen, sondern Allgemeinheiten, die Typen, die Stände und das Anonyme des Menschen, nicht das sinnvoll Einmalige, das aus der Bewegtheit des Lebens, der Gaben und Prägungen stammt, sondern das Zufällig-Einmalige, Unverständliche, das der Name trägt. Ist der Name selbst so etwas wie eine Maske?« (Peukert 1969, 126) Mit der Maske wird also ein Anderer lebendig, weniger als der konkrete andere, sondern als Möglichkeit, jemand anderes zu werden. Der Maskenspieler tritt damit genau in die symbolische Ordnung ein, von der Lacan sagt, sie manifestiere den »großen Anderen«. Der Maskenträger verwandelt sich und ist tatsächlich ein anderer, insofern er diesen spielt; da er jedoch um seine Verwandlung weiß, weiß er auch, daß das Spiel zustandekommt, weil er *nicht* der andere ist. »Wir ›sind‹ und wir ›machen‹ es ›anders‹.« (Huizinga 1956, 20) Ein paradoxes Geschehen, dessen merkwürdige Widersprüchlichkeit vielleicht nur dem nachvollziehbar ist, der das Spiel der Verwandlung am eigenen Körper kennt. Sie ist nichts anderes als ein Oszillieren zwischen innen und außen. Die Spieler sind weder als Maske noch als Person gegenwärtig, sondern in der Entfaltung genau dieses Wechselspiels. Es öffnet sich eine Art Zwischenraum, in dem die Grenze zwischen Selbst und Nicht-Selbst in Bewegung gerät. In genau diesem Sinne spricht Winnicot vom »intermediären Bereich« des Spiels, und die Masken sind beispielhaft für seine »Übungsobjekte«.[3]

[2] Schon das einfache Zeichenspiel »Punkt, Punkt, Komma, Strich – fertig ist das Mondgesicht« deutet darauf, daß wir in der Lage sind, durch völlig abstrakte Zeichen Sinn zu stiften und in solchen Zeichen auch Sinn zu lesen.

[3] Wenn auch die Maske vor und nach dem Spiel als »Gegenüber«, als Objekt wahrnehmbar ist, so hat sie trotz allem noch nicht den klassischen Charakter eines Objektes, denn der Maskenträger kann sich als Maskenwesen nicht gegenüber treten.

»Wäre es dem Menschen möglich, in einer ihm vorgespielten Figur ›sich‹, eine Seite, eine Möglichkeit von sich, einen Menschen im Lichte einer Idee wiederzuerkennen, wäre es ihm möglich, die Figur auf die Beine zu stellen, wenn er nicht von Natur ›etwas vom‹ Schauspieler in sich hätte?« (Plessner, zit. n. Iser 1991, 149) Plessner spricht von der Zweiteilung als einer menschlichen Grundkonfiguration, einer Art »Doppelgängertum«, dem sich der Mensch nicht entziehen kann. Im Unterschied zum wirklichen Leben ermöglicht die Darstellung, dieses Doppelgängertum wirklich zu erspielen. Indem der Erzeugungsvorgang selbst vergegenwärtigt wird, wird auch die Unmöglichkeit erlebt, ganz der andere zu sein. Die Repräsentation des »Anderen« gibt sich als *Schein* zu erkennen, denn die im Spiel evozierte Oszillation zwischen Selbst und Rolle erzeugt eine unbegrenzte Variation dieser Doppelung. Das wesentliche Moment des Maskenspiels liegt demnach weniger in der Produktion einer Figur und ihrer authentischen Verkörperung als vielmehr darin, daß eine Transformation überhaupt existent wird, daß Wandelbarkeit als solche vorstellbar ist. Entgegen herkömmlicher Meinungen, daß das Spielgeschehen keine Illusion, sondern Wahrheit sei, lebt das Spiel gerade davon, daß die »eigene Wahrheit« auf dem Spiel steht – erst die Konfrontation mit einer »anderen« Wahrheit (z.B. die einer Maske) leitet das Spiel. Nur weil es »Schein« ist, kann es Spiel sein; weil es einen »künstlichen Rahmen« hat, ist es von der Alltagswirklichkeit geschieden. Auch der Betrachter eines Maskenspiels wird in dieses eigentümliche Geschehen hineingezogen – jeder Zuschauer weiß, daß es ein Bild ist, das vor ihm lebendig wird, und doch wird er es als Wirklichkeit erleben wollen.[4]

Das Spiel geschieht ohne mich, aber nicht ohne Andere/s

Im Spiel der Maske geschieht dem Körper Merk-Würdiges. Auch wenn die Spieler nichts tun, wird etwas passieren. Allein die Tatsache, eine Maske zu tragen oder eine Bühne zu betreten, provoziert eine Wandlung: »Der Körper erhält eine leichte Spannung. Der Schauspieler kann sich nicht ›gehenlassen‹. Die Maske schließt das Phänomen der Entspannung aus, da der Schauspieler sie sonst ›verlieren‹ würde.« (Lecoq 1989, 20) Man glaubt sich hinter der

---

4 Als Nikolaus verkleidet – während meiner Arbeit im Vorschulbereich vor vielen Jahren – erkannten die Kinder mich sofort an meiner Stimme und äußerten dies auch – eher mit Genugtuung als mit Enttäuschung. Die Magie der Figur – das Spiel der Verwandlung, das sie evoziert – ist jedoch stärker als jedes Wissen: im nächsten Moment waren alle eingenommen, beeindruckt und in einer Angstlust »gefangen« – die Kenntnis des Entstehungszusammenhangs hebt die Wirkung des Geschehens keinesfalls auf. »Ob man nun Zauberer oder Bezauberter ist, man ist selbst zugleich wissend und betrogen. Aber man will der Betrogene sein.« (Huizinga 1956, 30)

Maske verstecken zu können, doch genau das Gegenteil passiert – man ist nackter als zuvor. »Dieser Zustand der spannungsvollen Präsenz, ohne etwas darzustellen, ist für den Schauspieler ein *Oxymoron* (eine Verbindung zweier Vorstellungen, die sich gegenseitig ausschließen, Anm. H. S.), ein widersprüchlicher Begriff. Die einfache Tatsache, daß ein Schauspieler vor dem Publikum steht, setzt voraus, daß er irgend etwas oder irgend jemand darstellen muß. Der japanische Professor Moriaki Watanabe definiert das Oxymoron der bloßen Präsenz des Schauspielers als eine Situation, in der er seine eigene Abwesenheit darstellt.« (Barba 1985, 152f.)[5] Was üblicherweise als Präsenz wahrgenommen und auch so genannt wird, ist nichts als die Markierung einer Leerstelle, die Unmöglichkeit, das Selbst und das Andere, das Innen und Außen zu vereinen. Durch das Maskenspiel erhält das Nicht-Faßbare – zugleich innerhalb und außerhalb zu sein – einen Namen. »Was nie gegenwärtig zu werden vermag, was der Wißbarkeit entzogen ist und der Erfahrbarkeit verschlossen bleibt, kann nur durch Darstellung ins Bewußtsein treten; denn dieses hat keine Sperre gegen die Wahrnehmung und noch weniger gegen die Vorstellbarkeit.« (Iser 1991, 512)

Ohne Distanz zu sich selbst kann ein solches Spiel nicht stattfinden. Zu große Distanz würde jedoch zu purer Illustration führen, keine Distanz hingegen zum Psychodrama. Ein völliges »In-der-Rolle-Aufgehen« würde nicht nur Rollenwechsel unmöglich machen, es würde die Voraussetzung des Spiels zunichte machen. Das Maskenspiel verlangt nach wirklichem Tun und gleichzeitig nach Abstraktion. Die Herausforderung besteht darin, das Wesentliche herauszuarbeiten, einen Formenkanon zu finden, der dem Spiel sozusagen einen Rahmen gibt. Erst wenn die Spieler dies begreifen, können sie Übungen, Improvisationsaufgaben machen, Rollen erproben, die ihnen möglicherweise auch merkwürdig vorkommen. Der Weg ins Spiel kann erleichtert werden durch kleinere Improvisationsaufgaben, im Grunde Aufgaben, die die Konzentration auf anderes lenken und eine Distanzierung ermöglichen. So bekommt beispielsweise jede Maske zehn Blätter Papier und soll damit etwas machen – die gefundenen Lösungen reichen von auslegen, falten, zerknüllen,

5 Da die ganze Kunst des Schau-Spielens damit zu tun hat, liegt es nahe, im Spiel der Maske die Wurzeln für diese Kunst überhaupt zu suchen. Möglicherweise brauchte der Mensch für seine Verwandlung anfänglich noch die ganze Palette der symbolischen Ausstattung, buchstäblich also die Haut des anderen. Mit zunehmender Reduktion, die der Maskenform und dem Maskenspiel selbst schon innewohnt, reicht es dann, daß schon ein Teil ausreicht, um den ganzen Sinngehalt auf metonymische Weise in Gang zu bringen: die Krone von Lear steht für seine Macht, das Zittern des kleinen Fingers der indischen Tänzerin steht für die Angst, allein die rote Nase des Clowns reicht aus, das Bild der Tolpatschigkeit im Kopfe des Zuschauers zu evozieren. Sogar ohne Kostüm oder Requisit betritt der Schauspieler den Raum, der sich als »Ort des Anderen« auftut – nicht weil er eine Rolle spielt, sondern weil der den Zustand der Wandlung »an sich« verkörpert.

reißen oder diese immer nur in der Hand zu halten, »so als ob« die Maske nicht wüßte, was sie damit zu tun hätte. Die Angst vor dem Spiel kann selbst zum Thema der Maske werden – überzeugend ist das Spiel allerdings nur dann, wenn die Darsteller in der Lage sind, ihre Angst an die Maske abzugeben, sich also von den eigenen Gefühlen zu distanzieren und beispielsweise das »ich weiß nicht, was ich tun soll« ins Spiel zu bringen. Auch Vorstellungshilfen können den Einstieg erleichtern – insbesondere Erinnerungen an sinnlich wahrnehmbare Dinge, an Ereignisse, die mit der »Bühnensituation« möglicherweise überhaupt nichts zu tun haben.[6] So können sich die Spieler beispielsweise vorstellen, die Wand hinter dem Zuschauerraum würde plötzlich den Blick in eine andere Welt freigeben – eine Landschaft, eine Restaurantküche, auf den Mond oder was auch immer. Die Maske soll wahrnehmen, das dort »Erscheinende« ansehen. Ein Spieler berichtet, daß er beispielsweise ein Tennismatch verfolgte, eine Spielerin, daß sie plötzlich durch ein auftauchendes »O« irritiert wurde. Die Veranstaltung fand in diesem Fall in einem Seminarraum statt. Ein zufällig entdecktes »O«, das sie in einem Wort auf der hinter den Zuschauenden hängenden Tafel erblickte, erinnert sie an eine Geschichte von Frida Kahlo, die sie vor einiger Zeit gelesen hatte und in diesem Spiel quasi »nacherlebte«. Kahlo beschreibt darin, wie sie als Kind ein Spiel erfand, durch welches sie in eine andere Welt gelangte: Dazu hauchte sie an die Fensterscheibe ihres Kinderzimmers, bis es beschlagen war, und malte mit ihrem Finger eine Tür darauf, durch die sie dann in ihre Phantasiewelt gelangte. Dort suchte sie ein Milchgeschäft namens »Drossel« auf. Durch das »O« schlüpfte sie dann in das Innere der Erde hinab, wo ihre Phantasiefreundin zum gemeinsamen Spiel auf sie wartete. In atemberaubender Präsentation hat die Spielerin ihr imaginatives Potential genutzt, um präsent zu werden – jedoch ohne die ihm zugrundeliegenden Bilder zu zeigen. Weil das »Was« offenblieb, konnte das »Wie« die Imaginationsbereitschaft des Zuschauenden befreien (und dennoch war es spannend, auch erschreckend im Nachhinein, ihre »Geschichte« zu hören).

Die Spieler treten in ein Spiel der Transformation ein, das sich der bewußten Kontrolle entzieht, Ereignisse provoziert, die auch erschüttern. »Das heißt aber auch, daß die Maske die Person fragmentarisiert, immer etwas anderes

[6] Die Tatsache, daß eine innere Vorstellung ausreicht, um den Körper in einen energetischen und präsenten Ausdruck zu bringen, hat Moshé Feldenkrais in seiner strukturellen Bewegungsarbeit therapeutisch zu nutzen gewußt: allein die Vorstellung, einen Arm zu bewegen, mobilisiert das gesamte muskuläre und nervliche System; auf diese Weise gelang es ihm, den Körper eines Menschen, der beispielsweise durch einen Unfall gelähmt war, allein durch mentales Training wieder zu mobilisieren, was durch keine andere Technik möglich war. Die gesamten östlichen Theaterformen bauen auf dieser Vorstellungsarbeit auf. Ihre weitreichende Wirkung läßt sich auch daran ablesen, daß heute ein geradezu inflationärer Boom sogenannter »Phantasiereisen« existiert – von Entspannungsmethoden bis hin zu Meditationstechniken.

Die Wandlung ins Spiel

Foto: Hanne Seitz

von ihr abspaltet, das seine Kontur durch die herrschenden Situationserfordernisse gewinnt. Zwar dirigiert die Person ihre Maskierung, erleidet aber dadurch eine ständige Zerteilung ihrer selbst, die sich insofern dynamisiert, als die Person die Operation der Maske wohl aufheben kann, doch nur um sich erneut in eine andere zu ›entfremden‹.« (Iser 1991, 141) Daß solcherart Konfrontation mit Anderem zu einer »Orientierungskrise« führen kann, muß einkalkuliert werden. Die SpielerInnen spüren, daß da »Anderes«, bislang Fremdes auftaucht. Bevor das rationale Denken im Verstehenwollen zugreifen könnte, hat das ästhetische Denken darin bereits eine Oszillation in Gang gebracht, die das Bewußtsein in gewisser Weise außer Gefecht setzt. Gregory Bateson spricht vom »unbewaffneten Bewußtsein« – ein Denken, das sozusagen mitläuft und sich nicht mit Zielen, Bedeutungen und Erklärungen bereits im Vorfeld ausstattet. Die Einbildungskraft kommt unweigerlich ins Spiel, wenn sich in den entstehenden Ordnungen Bekanntes und Vertrautes nicht mehr verorten können. Wie im Traum werden Fäden geknüpft und Beziehungen gestiftet, sie sind weder intendiert noch können sie identifiziert werden. Ein Zustand von Intensität und Betätigung, der über Schon-Gewußtes und Schon-Erfahrenes hinausweist und gerade deswegen eine riskante Unternehmung darstellt. Die Spielaktion findet buchstäblich im Dazwischen statt – eine Art Balanceakt zwischen Bekanntem und Unbekanntem. »Im Spannungsfeld zwischen dem Bedürfnis nach Wiederholung, Harmonie und Symmetrie und der Suche nach dem Neuen, Außergewöhnlichen, nach Symmetriebrechung entwickeln wir unsere Fähigkeit zur produktiven Aneignung der Wirklichkeit. Wir setzen auf das Bekannte, um uns dem Unbekannten stellen zu können und bilden so immer umfassendere Ordnungsstrukturen aus, die uns im Fluß der Veränderungen das Bleibende erkennen lassen und zugleich bis dahin Ungeordnetes, Unbekanntes in übergreifende Ordnungen zu integrieren verhelfen.« (Lantermann 1992, 23) Im Außer-Sich-Sein kommt das Andere zur Sprache; in kein gewohntes Ordnungssystem passend, sucht es die Leerstellen, um sich dort zu entfalten oder zu verdichten. Was man vorgibt oder glaubt zu sein, wird relativiert, gar in Frage gestellt. Das Spiel kann eine Krise provozieren, in der ich mich »vis à vis einer wahrgenommenen Situation und meinen mir bekannten Zwecken plötzlich auf mich selbst zurückgeworfen fühle und ich mich fragen muß, was und wohin ich eigentlich will.« (Pothast 1988, 151) Hélène Cixous nennt solcherart Unternehmung Wagnis: »Zu wagen, im Kern des Ist zu sein, das ohne mich ist, aber nicht ohne Andere/s.« (Cixous 1980, 21) Dort, wo sich gewöhnlich das Ich einbildet, ist tatsächlich ein »Anderer«. Rimbauds Diktum »Ich ist ein Anderer« wird aus dem innerpsychischen Kontext in die Realität des Spiels übertragen, in dem das Ich die Möglichkeiten seiner selbst als Anderer tatsächlich erspielt.

Von der Unmöglichkeit, gegenwärtig zu sein

Daß die Maske von ihrem alten Zauber verloren hat, ist unbestritten: Wir leben in einer »entzauberten« Welt. Weit davon entfernt, auf bestimmte Zeiten und Rituale beschränkt zu sein (um im Fastnachtstreiben sozusagen zum Negativ der Ordnung zu werden), ist die Maske zu einem gänzlich profanen Prinzip geworden. Man begegnet ihr in der U-Bahn, beim Einkaufen, in der Familie. Hat die 68er Generation noch den Aufstand gegen die »Masken« geübt, das dahinter Verborgene bloßgestellt und damit die gesellschaftlichen Verhältnisse grundlegend erschüttert, so scheint die gegenwärtige junge Generation das Prinzip Maske in aller Konsequenz selbst zu erproben. Ob mit oder ohne »Requisit«, gespielt wird das Spiel der vielseitigen Identität. Eine 23jährige Erzieherin, die an einer von mir geleiteten Fortbildungsveranstaltung zum Thema »Ich sage Nein« teilnahm, ist Mitglied des Jive-Clubs »The 50s Fellows«. Mit dem Ende ihres Arbeitstages in einem ländlichen Kindergarten vollzieht sie eine völlige Wandlung: im präzisen Stil der fünfziger Jahre – Haartracht, Kleidung, Accessoire, bis zum lang geübten Swing in Gestus und Körper – trifft sie allabendlich ihre »Kumpels«. Petticoat oder begehrte englische Uniform (»deutsche Uniformen, nein, das ist ohne Stil, angesichts der Geschichte, geschmacklos geradezu«) sind die Zeichen, an denen sie auch an anderen Orten sofort ihresgleichen erkennt, durch die sie sofort ins Gespräch kommt. Es scheint, daß die Zeichensprache des Ancien Régime, die mit dem Aufkommen der bürgerlichen Intimität und dem »Ende des öffentlichen Lebens« (Richard Sennett) verloren gegangen ist, hier eine Renaissance erfährt. Von Modenschau, Musiksession und Jive-Wettbewerb bis zum Vorführen entsprechender Autos bei überregionalen Treffen: man grenzt sich ab, vom Normalvolk, vom Rock 'n Roll, wie auch vom Heavy Metal. Und trotzdem ist auch solche Musik mal angesagt – nach einem durchgestylten Jive-Wochenende beispielsweise: »naja zur Entspannung, weil sie so frei und zwanglos ist. Unsere Sache ist nämlich schön, aber auch anstrengend – die ganzen Tanzformationen und so ...«. Ihre Fähigkeit, nicht nur »Nein« sagen zu können, sondern »Eigenes« zu entwickeln, brachte sie wohl in die Fortbildung, denn ihr Problem (im Gegensatz zu den anderen Kursteilnehmerinnen) war, daß die anderen ihr »Ja« nur schwer ertragen können. Ein »Ja«, das zudem noch so wechselhaft erscheint, je nachdem, ob sie sich gerade im Kindergarten, in ihrem Elternhaus (in dem sie noch wohnt) oder im Club befindet. Das »Prinzip Maske« ist – jeweils lokal und different – im Alltag integriert, und die erwähnte junge Frau nutzt es nicht zur »Bewältigung vorgegebener Differenzen«, sondern arbeitet diese regelrecht heraus – Wolfgang Welsch spricht in diesem Zusammenhang von »Differenzbildung«. Wichtig wird, sich nicht nur vielseitig und wandlungsfähig zu denken, sondern dies auch zu leben. »Das macht die scharfe, die heute einschlägige Form der Pluralität aus: daß den Subjekten eine Mehrzahl von Konzeptionen oder Lebensformen gleichermaßen vertraut, in ihrer Legitimität einsichtig und in ihren Gehalten zustimmungsfähig ist, so daß sie sich in derselben Situation mal so und mal anders – aber mit gleich guten Gründen – verhalten können.« (Welsch 1991, 352)

Wenn das Spiel der Maske ein Geschehen ist, in dem die eigene Anwesenheit auf die Probe gestellt wird und mit der eigenen Abwesenheit andere »Wesenheiten« zur Darstellung gelangen, dann bezeugt die Zunahme solcher »Maskenbewegungen« im gesellschaftlichen Alltag eine offenbar grundlegende und tiefsitzende Sehnsucht nach Inszenierung – weniger der Wunsch, sich darin zu üben, als vielmehr darin zu sein, sich des Doppelgängertums nicht nur zu erinnern, sondern dies in immer wechselnden Rollen zu leben. »Wir bilden uns nicht mehr ein, daß wir die Welt und uns selbst als Wirklichkeit wahrnehmen, sondern eher, daß wir selbst das Wahrgenommene erst zu Wirklichkeit prozessieren. Wir sehen daher in unserem Leben nicht mehr eine Bewegung, welche gegebene Wirklichkeit verändert – etwa Dinge und uns selbst –, sondern eher eine Tendenz, gegebene Möglichkeiten in uns drinnen und um uns herum zu verwirklichen. Daß heißt, unsere Werte sind nicht mehr die der Arbeit, sondern eher die der Kreativität.« (Flusser 1988, 105f.) Folgerichtig heißt Flussers neuestes Buch *Vom Subjekt zum Projekt*: Angesichts der gegenwärtigen Verhältnisse – des »katastrophalen Punkts«, an dem wir angekommen sind – kann unsere Freiheit nur die sein, uns »ins Entwerfen aufzurichten, in vollem Bewußtsein der Tatsache, wie unbequem, gefährlich und wenig versprechend das Abenteuer ist, auf das wir uns einlassen müssen« (Flusser 1994, 27). Es geht also um Entwürfe, um Inszenierungen. Da der Mensch sich nicht haben kann, gerade »die Unmöglichkeit, sich gegenwärtig zu werden«, eröffnet die Chance, sich durch seine Möglichkeiten auszuspielen: »Inszenierung wird damit zu einem Modus, der dort in seine volle Funktion kommt, wo Wissen und Erfahrung als Weisen der Welterschließung an ihre Grenzen stoßen.« (Iser 1991, 507f.)

Utopien – immer aus der Revolte gegen eine scheinbar unabänderliche gesellschaftliche Realität geboren und als Gegenmodell präsentiert – scheinen vorerst ausgeträumt, zumindest erschüttert; die neunziger Jahre haben Aufwachen und Ernüchterung provoziert. Was bleibt, ist der »Stoff der Träume« und der Wunsch, sich im Träumen und gerade nicht im Traum zu üben – real, wirklich, im Leben. »Wirklichkeit ist das, wo unabänderlich aus dem Ernsten Spiel und aus dem Spiel Ernst werden kann.« (Sloterdijk 1993, 65) Spielen bedeutet zwar, in eine andere Welt zu treten, aber nicht, um diese durch das Spiel zu vergessen, sondern um im Spiel mit dem Gegebenen umzugehen, es weiterzutreiben, sich mit dem Anderen des eigenen Seins zu konfrontieren. »Wann kommen wir denn an uns selber näher heraus?« (Bloch 1969, 97) Bisweilen: eben im Spiel.

Literatur

Barba, Eugenio: *Jenseits der schwimmenden Inseln. Reflexionen mit dem Odin Theater. Theorie und Praxis des freien Theaters.* Reinbek bei Hamburg 1995

Bateson, Gregory: *Ökologie des Geistes* (1972). Frankfurt a. M. 1985

Bloch, Ernst: *Spuren* (1930). Frankfurt a.M. 1969

Cixous, Hélène: *Weiblichkeit in der Schrift.* Berlin 1980

Eco, Umberto: *Im Labyrinth der Vernunft. Texte über Kunst und Zeichen.* Leipzig 1989

Flusser, Vilém: *Krise der Linearität.* Bern 1988

Flusser, Vilém: *Vom Subjekt zum Projekt.* Bensheim/Düsseldorf 1994

Huizinga, Johan: *Homo Ludens. Vom Ursprung der Kultur im Spiel.* Hamburg 1956

Iser, Wolfgang: *Das Fiktive und das Imaginäre.* Frankfurt a.M. 1991

Lacan, Jacques: Die Arbeit mit Masken. In: *tanz aktuell.* 4 (1989), Heft 7/8

Lantermann, Ernst-D.: *Bildwechsel und Einbildung. Eine Psychologie der Kunst.* Berlin 1992

Lecoq, Jacques: Die Arbeit mit Masken. In: *tanz aktuell.* 4. Jg., Nr. 7/8. Berlin 1989

Peukert, Werner: Verwandlung und Gegenwart der Maske. In: Mircea Eliade/Ernst Jünger (Hg.): *Antaios. Sonderheft Maske.* Bd XI, Nr. 3. Stuttgart 1969

Pothast, Ulrich: *Philosophisches Buch. Schriften unter der aus der Entfernung leitenden Frage, was es heißt, auf menschliche Weise lebendig zu sein.* Frankfurt a.M. 1988

Seitz, Hanne: Das Bild vom Bild ist kein Bild, sondern immer schon eine Inszenierung. Performance-Projekt zu Heiner Müllers »Bildbeschreibung«. In: Jürgen Belgrad (Hg.): *TheaterSpiel. Zur Ästhetik des Amateurtheaters.* Hohengehren 1997

Seitz, Hanne: *Räume im Dazwischen. Bewegung, Spiel und Inszenierung im Kontext ästhetischer Theorie und Praxis.* Essen 1996

Sheleen, Laura: *Maske und Individuation.* Paderborn 1987

Sloterdijk, Peter, u.a.: Kultur des Spiels – Spiel der Kultur (Eine Diskussion). In: Ursula Baatz/Wolfgang Müller-Funk (Hg.): *Vom Ernst des Spiels. Über Spiel und Spieltheorie.* Berlin 1993

Waldenfels, Bernhard: *Ordnung im Zwielicht.* Frankfurt a.M. 1987

Welsch, Wolfgang: Subjektsein heute. Überlegungen zur Transformation des Subjekts. In: *Deutsche Zeitschrift für Philosophie.* 19 (1991)

Winnicott, Donald W.: *Vom Spiel zur Kreativität.* Stuttgart 1989

Florian Vaßen

Der ganze und der zerstückelte Körper
Stichworte zum Verhältnis von Körper-Theater und Körper-Therapie

Die aktuelle Konjunktur des Körpers

Vom Körper zu reden hat Konjunktur – und nicht nur das Reden, auch das Körper-Sein und das Körper-Fühlen sowie das Zeigen und Ausstellen, das Pflegen und Verschönern, das Trainieren und Stärken, das Entspannen, Konzentrieren und Therapieren. Körperbewußtsein, Körpersprache, die Entfaltung der Sinne sind neu bzw. wieder entdeckte zentrale Aspekte, um nicht zu sagen Schlagworte, in unserer westlichen Industriegesellschaft. Zu verstehen ist diese »Bewegung« – im Kontext von Rationalitäts- und Fortschrittskritik – als Reaktion auf eine über lange Zeit auffällige Vernachlässigung des Körpers in Theorie und Praxis; Aufklärung und Moderne sind offensichtlich an ihre Grenzen gestoßen und werden in Frage gestellt, wobei allerdings häufig übersehen wird, daß der Aufklärung die Dialektik von Vernunft und Gefühl ebenso immanent ist wie die Moderne nicht identisch ist mit Modernisierung, zumal die ästhetische Moderne als Produkt und zugleich radikale Negation der Modernisierungsprozesse.

Die Vorstellung vom Leib[1] bzw. die Wiederentdeckung des menschlichen Körpers[2] bilden jedoch keine »rettende Insel« inmitten allgegenwärtiger Instrumentalisierung; sie sind weder eine heile Welt noch ein sicheres Rückzugsgebiet, denn trotz biologischer Fundierung steht der menschliche Körper

---

1 Zur Unterscheidung von Leib als »belebte(m), erlebte(m), lebendige(m) Körper« und Körper »als physikalische(m) Terminus technicus« siehe als erste Annäherung Rudolf zur Lippe: *Vom Leib zum Körper. Naturbeherrschung am Menschen in der Renaissance,* Reinbek 1988, S. 11. »Der Leib des Menschen ist, wie auch die Natur, symbolträchtig, weil er an dem, wofür er stehen kann, zugleich unmittelbar und vermittelt im Symbol teilhat. Der Körper wird zum Zeichen, zur Chiffre, kritisch gewendet zum Signal.« (S. 165)

2 Vgl. dazu den Sammelband *Die Wiederkehr des Körpers*, hrsg. v. Dietmar Kamper und Christoph Wulf, Frankfurt a.M. 1982: »Von der Wiederkehr des Körpers zu sprechen, unterstellt bereits ein Verschwinden, eine Spaltung, eine verlorene Einheit. Es geht mithin um die Trennung von Körper und Geist, um den Abstraktionsprozeß des Lebens mit seiner Distanzierung, Disziplinierung, Instrumentalisierung des Körperlichen als Grundlage des historischen Fortschritts...« (S. 9)

nicht jenseits von Geschichte und Gesellschaft. Auch er ist Natur im Sinne der zweiten Natur; d.h., geprägt von historischen Prozessen und sozialen Strukturen, übt der Mensch Herrschaft über die Natur »am eigenen Leib«[3] aus. So erinnert der Verweis auf den gesunden, reinen Körper in vielem an die Ideologie vom »edlen Wilden«, die auch nur die Kehrseite der Sklaverei war. Der menschliche Körper existiert in unserer Gesellschaft statt dessen primär – wir erfahren es alle tagtäglich – als Ware, Konsumartikel und Lustobjekt, und er ist gezeichnet von Disziplinierung, Instrumentalisierung und Leistungsdruck bzw. von Verschleiß, Selbstzerstörung und Armut. Heute wird der Körper in der Regel im Zusammenhang mit Sex, Arbeit und Krankheit gesehen, konkret wahrgenommen wird er jedoch nur noch, wenn er sich verweigert und nicht funktioniert. Außerdem dient er oft als Mittel zur Segregation, d.h. mit seiner Hilfe werden die angeblich Impotenten bzw. Frigiden, Arbeitsunfähigen und Kranken, Behinderten und Schwachen aussortiert.

Diese *alltägliche* »Deformation« korrespondiert immer noch und z.T. wieder zunehmend mit einer Situation des *Ausnahmezustands*: Der Körper im Krieg, wo er zwar weder in strategischen Papieren als Objekt von politischer Macht noch im »gesäuberten« elektronischen Vernichtungskampf sichtbar wird, aber gleichwohl in Schmerz und Tod das eigentliche Zentrum bildet; der Körper unter der Folter als weit verbreiteter Eingriff von staatlicher wie auch antistaatlicher Gewalt, wie amnesty international uns in bedrückenden Fakten immer häufiger beweist. Ich möchte die These aufstellen, daß der voyeuristische »Genuß« an Schrecken und Grausamkeit als Körperzerstörung, sei es in der Realität (Unfälle, Gewalttaten, Krieg) oder – in den letzten Jahren besonders intensiviert – in den Medien und ihren brutalisierten Darstellungsformen, die »schleichende« Zerstörung des Körpers, wahrnehmbar in unserer nächsten Umgebung oder an uns selbst, verdeckt.

Grundlegenden *Widerstand* gegen diese allgemeine Entwicklung einer Dominanz der Abstraktion gibt es neben politischen, ökonomischen, juristischen, medizinischen, ökologischen Bemühungen auch von den folgenden zwei Ansätzen aus: Es ist zum einen die Hinwendung zum eigenen Körper und das Bemühen, im erfahrungsbezogenen, teils pädagogischen, teils therapeutischen Prozeß, den »Körperpanzer« aufzubrechen und die Deformationen zu reduzieren, d.h. den »kranken« Körper zu heilen. Es ist zum anderen die radikale Destruktion des Körpers im ästhetischen Produkt, das mit seinen Kunstkörpern als rituelle Gegenentwürfe die realen Zerstörungen so zuspitzt und kondensiert, daß deren Negation aufscheint; der kranke, deformierte, zerstückelte Körper stirbt einen symbolischen Tod. Beide Oppositionshaltungen sind allerdings gefährdet durch Vereinnahmung bzw. Substanzverlust, der Schritt zum folgenlosen, pseudotherapeutischen Freizeitvergnügen bzw. zur affirmativen Schreckens-Lust ist klein. Und noch ein Anderes ist beiden An-

3 Ebenda., S. 17

sätzen gemeinsam: *Theatralität* spielt eine entscheidende Rolle, wenn auch in z.T. extrem unterschiedlicher Ausdrucksform.

Körpergeschichte – Alterität und Amelioration

So wie die »Sinneswahrnehmung« des Menschen »geschichtlich bedingt«[4] ist, so ist auch das Verhalten und die Wahrnehmung des menschlichen Körpers *historischen* Modifikationen unterworfen, und so verändert sich der Körper auch als Gegenstand des gesellschaftlichen Diskurses[5]. Schon bei Max Weber findet man in seiner Theorie von der Rationalisierung und Entsinnlichung der Gesellschaft[6] Hinweise auf die Disziplinierung des Körpers im Kontext von Protestantismus und Kapitalismus. In der Folgezeit hat dann vor allem Norbert Elias den »Prozeß der Zivilisation« seit der Renaissance in seinem gleichnamigen Buch[7] eindringlich beschrieben; es ist ein Prozeß der Entsinnlichung und des Selbstzwangs, der die Peinlichkeits- und Schamschwelle erhöhte und damit das »Einsperren« des Körpers in den privaten, intimen Bereich des Hauses und der Familie zur Folge hatte.

Die Unterschiede zwischen der mittelalterlichen und neuzeitlichen abendländischen Gesellschaft in Bezug auf ihre »Körper-Haltung« werden von Michail Bachtin in seiner Gegenüberstellung von *»groteskem«* und *»individuellem* Leib« besonders hervorgehoben. Bachtin schreibt: »Der groteske Leib ist ein werdender Leib. Er ist niemals fertig, niemals abgeschlossen. Er ist immer im Aufbau begriffen, im Erschaffen werden. Und er baut und erschafft selbst den anderen Leib. Außerdem schlingt dieser Leib die Welt in sich hinein und wird selber von der Welt verschlungen. Die wesentliche Rolle im grotesken Leib spielen deshalb jene Teile, jene Stellen, wo der Leib über sich hinauswächst, wo er seine Grenzen überschreitet, wo er einen neuen (zweiten) Leib zeugt: Der Unterleib und der Phallus. (...) Nach dem Bauch und dem Geschlechtsorgan kommt, in der Reihenfolge der wichtigsten ›grotesken‹ Körperteile, der Mund, in den die zu verschlingende Welt eingeführt wird, und

4 Walter Benjamin: *Das Kunstwerk im Zeitalter seiner technischen Reproduzierbarkeit,* Frankfurt a.M. 1963, S. 17

5 Dabei scheint mir das grundlegende methodische Problem nicht zu lösen, daß es in der Auseinandersetzung mit dem menschlichen Körper, wenn es denn eine distanziert reflektierte, sprich theoretische ist, nicht ohne sprachlichen Ausdruck geht, d.h. daß sich die *Herrschaft von Sprache* bzw. der Dualismus von Sprache und Körper hier wiederholt. Vgl. auch Michael Wimmer: Der gesprochene Körper. Zur Authentizität von Körpererfahrungen in Körpertherapien, in: Dietmar Kamper/Christoph Wulf (Hg.): *Die Wiederkehr des Körpers*, S. 82-96

6 Vgl. Max Weber: Die protestantische Ethik und der Geist des Kapitalismus, in: M.W.: *Die protestantische Ethik*, Bd.1, München 1965

7 Norbert Elias: *Über den Prozeß der Zivilisation. Soziogenetische und psychogenetische Untersuchungen*, 2 Bde. Frankfurt a.M., 6. Auflage 1978

danach der After. (...) Die wesentlichen Ereignisse im Leben des grotesken Leibes, sozusagen die Akte des Körper-Dramas, Essen, Trinken, Ausscheidungen (Kot, Urin, Schweiß, Nasenschleim, Mundschleim), Begattung, Schwangerschaft, Niederkunft, Körperwuchs, Altern, Krankheiten, Tod, Zerfetzung, Zerteilung, Verschlingung durch einen anderen Leib – alles das vollzieht sich an den Grenzen von Leib und Welt, an der Grenze des alten und des neuen Leibes.«[8] Dieser groteske Leib ist demnach – so Bachtin – offen, unabgeschlossen, in ständigem Austausch mit anderen, produktiv und kollektiv. Er ist zum einen »kosmisch und universal« zum anderen zeigt er sein Inneres: »das Blut, das Gedärm, das Herz und die anderen inneren Organe. Der innere und der äußere Anblick des Leibes vermengen sich oft in einer Gestalt.«[9]

Der »Leibes-Kanon« der Neuzeit zeichnet sich nach Bachtin dagegen dadurch aus, »daß er von einem völlig fertigen, abgeschlossenen, streng abgegrenzten, von außen betrachteten, unvermischten, individuell-ausdrucksvollen Leib ausgeht. (...) Der nicht grotesken Gestalt des Leibes liegt die individuelle, streng abgegrenzte Masse des Leibes zugrunde, seine massive und taube Fassade. Die taube Fläche, die Ebene des Leibes gewinnt entscheidende Bedeutung, als Grenze der in sich geschlossenen, gegen andere Leiber und gegen die Welt abgeschirmten Individualität.«[10] »In der Gestalt des individuellen Leibes der Neuzeit«, so Bachtin weiter, »haben das Geschlechtsleben, das Essen und Trinken und die Ausscheidungen ihre Bedeutung völlig verändert. Sie vollziehen sich jetzt auf der Ebene des privaten Milieus und der individuellen Psychologie. (...) Im neuen Leibes-Kanon übernehmen die individuell-charakterologischen und expressiven Körperteile die Führung, der Kopf, das Gesicht, die Augen, die Lippen, das System der Muskeln.«[11] Wichtig ist schließlich noch, daß »alle Ereignisse dieses Leibes (...) somit einen eindeutigen Sinn (erhalten). Tod ist ihm stets nur Tod, er fällt nie mit Geburt zusammen. Alter und Jugend sind auseinandergerissen.«[12]

Ich habe Bachtin hier so ausführlich zitiert, weil er zum einen die Differenzen zwischen dem vorneuzeitlichen und dem neuzeitlichen Körper besonders deutlich aufzeigt; zum anderen meines Erachtens aber auch Ansätze für den Widerspruch von therapeutischem und ästhetischem Umgang mit dem Körper bietet, denn beide versuchen – in ihren relevanten Realisierungsformen – die Körpergrenzen aufzubrechen, allerdings extrem unterschiedlich. Während die ästhetische Auseinandersetzung sich sehr stark auf den Aspekt des Grotesken konzentriert, insbesondere auf die Rituale, die den grotesken

---

8 Michail M.Bachtin: *Literatur und Karneval. Zur Romantheorie und Lachkultur,* Frankfurt a.M. 1990, S. 16f.

9 Ebenda., S. 18

10 Ebenda., S. 20

11 Ebenda., S. 22

12 Ebenda

Körper in Szene setzen – Bachtin spricht hier von karnevaleskem Weltempfinden – wird der individuelle Körper trotz aller »Grenzüberschreitungen« in den meisten Formen von Körpertherapie oder Körpertraining nicht überschritten. Die Kunst orientiert sich an einer radikalen Alterität, die Therapie bzw. Pädagogik (wie ich hier zusammenfassend, aber natürlich verkürzt die extrem unterschiedlichen praktischen Übungen mit dem Körper nennen will) an Modifikation und Amelioration, was auch heißt, daß hier zwei unterschiedliche Zugänge zur Körpergeschichte vorliegen. Im ästhetischen Ausdruck würde demnach an einer anderen Stelle der Körpergeschichte angeknüpft als in der therapeutisch-pädagogischen Herangehensweise.

Eine weitere erhellende Differenzierung bietet Michel Foucaults Ansatz von der modernen Ordnung der Repräsentation im Gegensatz zu der universalen Einheit und Ähnlichkeit in den vorneuzeitlichen abendländischen Gesellschaften.[13] Mit dem individuellen Körper als in sich geschlossene Einheit entwickelt sich vor allem auch erst eine Auffassung von Sexualität, die in ihm verborgen und ihn zugleich beherrschend existiert; der sexualisierte Körper ist ein wichtiger Aspekt der Pluralisierung wie der Tauschbarkeit des modernen Körpers.

Die Ganzheit des Körpers

Ich kann an dieser Stelle keinen philosophie-, kunst-, therapie- oder sportgeschichtlichen Überblick in Bezug auf den Körper geben und schon gar nicht die Alltagsgeschichte des menschlichen Körpers nachzeichnen. Auch das angeblich Böse des Körpers und die daraus folgenden Tabuisierungen, die Körper-Unterschiede der Geschlechter, wie sie insbesondere in bestimmten Strömungen der Frauenbewegung betont werden, und das Todesproblem sollen hier nicht weiter diskutiert werden. Stattdessen möchte ich kontrastierend zwei Beispiele anführen, wobei ich die Reduktion auf Gegensätze unter Weglassung von Berührungspunkten und Ähnlichkeiten in Kauf nehme, um die Differenz deutlich machen zu können.

In einem Workshop in Anlehnung an Feldenkrais[14] haben wir versucht, so wie Kinder gehen zu lernen, d.h. vom Liegen über Drehungen, Hochstemmen, Krabbeln, Vierfüßlergang bis zum aufrechten Gang. Es war eine sehr ruhige, konzentrierte Arbeit – nicht im Sinne von Therapie, sondern von »Selbsterziehung«[15] – , bei der wir die Genese unserer Geh-Fähigkeit nachvollzogen

13 Vgl. Michel Foucault: *Die Ordnung der Dinge*, Frankfurt a.M. 1974

14 Vgl. hierzu Martina Burkert/Monika Pollmeier: Die Bewegungsentwicklung, sowie den partiell kritischen Artikel zum Ansatz von Feldenkrais: Volker Jurké: Der Bewegungsansatz von M. Feldenkreis und seine Relevanz in der Theaterpädagogik, in: *Korrespondenzen* 1993, H. 17/18, S. 28-31 und 31-37

15 Vgl. Moshé Feldenkrais: *Bewußtheit durch Bewegung. Der aufrechte Gang,*

und so punktuell Einblicke in bzw. körperliche Erfahrungen mit der körperlichen Entwicklung machen konnten und auch gemacht haben und damit potentiell zu einer Wiederentfaltung körperlicher Vorgänge und sinnlicher Beziehungen gelangten.[16] Wir haben nicht über Kinder – uns als Kinder, unsere Kinder – und ihre Entwicklung geredet, sondern versucht, uns ihnen körperlich anzunähern, d.h. im Idealfall haben wir sie körperlich empfunden. Es ging dabei auch allgemein um Lebensrhythmus und speziell um Geschicklichkeit, Bewegungserleben und Verhaltenssicherheit; und es ging letztlich um Körperbewußtsein in dem Sinne, daß uns unser alltägliches, gewohnheitsmäßiges Handeln wieder bewußt wurde und daß wir unser Denken im Kontext körperlicher Vorgänge verstanden. Einem »gefühlten Mangel« wurde in der Art einer Rehabilitation begegnet, d.h. etwas Abgetrenntes, Verdrängtes, Reduziertes wurde im Prozeß der körperlichen »Arbeit« ergänzt, erinnert, erweitert. Wie bzw. ob hier unser Körpergedächtnis funktionierte bzw. reaktiviert wurde, vermag ich konkret nicht zu sagen, erfahrbar waren jedenfalls – wie bei Kindern besonders ausgeprägt – sowohl Geborgenheit, Schwäche und Hilflosigkeit als auch Anstrengung, Neugierde und das Gefühl der Erweiterung und Steigerung. Es gelang uns durchaus auch körperlich nachzuvollziehen, welch enorme Veränderungen in Wahrnehmung und körperlichen Fähigkeiten die Kinder mit den Bewegungsveränderungen erleben. Unsere Kindheit wurde hier in Form eines kleinen, aber zentralen Ausschnitts wieder präsent, und mit dem Wiedererlernen eines vergessenen, abgespaltenen Anteils unserer Körpergeschichte haben wir uns in einer Art »Selbsthilfe«[17] um »Bewußtheit« und »harmonische Entwicklung«[18] bemüht im Sinne eines Schrittes zur Ganzheit.

Wenn wir uns an Bachtins Beschreibungskategorien erinnern, so blieb unser Spielversuch jedoch – wie könnte es anders sein – auf unsere einzelnen Körper konzentriert, d.h. auf den »individuell-ausdrucksvollen Leib«, auf die »gegen andere Leiber und gegen die Welt abgeschirmte Individualität«, wie es bei Bachtin heißt. Nicht »groteske« Körper-Öffnungen bzw. -Ausbuchtungen, sondern »das System der Muskeln« stand im Mittelpunkt unserer Übungen. »Der Leib«/unser Körper, »ist«/blieb »ein einziger Leib«/Körper. Abgesehen vielleicht von einigen meditativen und ekstatischen Therapie-Theaterformen überschreitet die heutige Körper-Therapie offensichtlich nicht die ge-

---

Frankfurt a.M. 1978, S. 20ff.

16 »Im allgemeinen (...) ist der selten, dessen Wahrnehmung jede Stelle seines Körpers gleichermaßen zugänglich ist. Die Körperteile, die er am deutlichsten gewahrt, sind auch die, deren er sich in seinem Alltag am meisten bedient; während die stummen oder dumpfen Teile nur indirekt eine Rolle in seinem Leben spielen...(...) Um ein vollständiges Ich-Bild zu haben, müßte sich einer der gesamten Oberfläche (sic!) seines Körpers innesein:...« Ebenda., S. 44f.

17 Ebenda., S. 27

18 Ebenda., S. 78 und 81

sellschaftliche Konstitution des Körpers, wie sie sich in der Neuzeit herausgebildet hat. Der »groteske« Körper bleibt fremd und mit seinen spezifischen Charakteristika weitgehend in der Öffentlichkeit tabuisiert, auch wenn bisweilen groteske Formen, etwa im Clownsspiel, erreicht werden. Und ich denke in Bezug auf die konkreten Körper der Mitspieler und Mitspielerinnen, die aus ihrem historisch gewordenen individuellen Körper nicht heraus können und auch keinen anderen Körper haben, sondern ihren Körper anders erleben, wahrnehmen, fühlen wollen, ist es auch das Sinnvolle und Mögliche – eben Rehabilitation und nicht Alterität.

Der deformierte Kunstkörper als Gegenbild

Während der Körper im Alltag schön und gesund sein soll, Jugendlichkeit und Schönheit als Ideologie allenthalben um sich greifen und ganze Industriezweige davon profitieren, aber neben modischer Scharlatanerie die Menschen sich auch ernsthaft – wie vielleicht das obige Beispiel zeigt – um Gesundheit und Schönheit, um Leichtigkeit und Sanftheit ihres Körpers (in einem differenzierten Sinn) bemühen, sind die Kunstkörper der ästhetischen Moderne zumeist Gegenbilder, die die angebliche oder angestrebte Authentizität des Körpers in den Körper-Therapien oder -Übungen[19] in Frage stellen bzw. als Schein bloßlegen und uns auf die schlechte Normalität zurückverweisen. Hans-Jürgen Heinrichs karikiert nicht nur, wenn er die Frage zitiert: »›Ich habe einen Körper‹ – hat es bis jetzt niemand gemerkt?« Und mit boshafter Skepsis fährt er fort: »Was sind das für Körper, die sich da ›authentisch‹ zu Wort melden, derationalisiert wiederkehren, sich leiblich zeigen wollen. Vieles von dem, was dem Körper zur Heilung und zur Selbstfindung angeboten wird, ist Symptom seiner Krankheit.«[20] Der »andere« Körper in der Kunst und seine »Sprachen« dagegen können »die tägliche Einengung unseres Blicks auf den therapie- und gestaltungsbedürftigen, auf den verratenen und den verkauften, den zerredeten und totgefilmten Körper (sprengen)«.[21]

---

19 Zur Problematik der Authentizität des Körpers vgl. Michael Wimmer: *Der gesprochene Körper. Zur Authentizität von Körpererfahrungen in Körpertherapien*, vgl. Anm. 5

20 Hans-Jürgen Heinrichs: Vorbemerkung, in: H.-J.H. (Hg.): *Der Körper und seine Sprachen,* Frankfurt a.M. 1989, S. 8. »Der Mythos eines natürlichen Körpers, der unterhalb seiner Entfremdung weiterexistierte und den es zu befreien gelte, wäre demnach lediglich das idealisierte Spiegelbild des verdrängten Körpers. Seinen Wert verdankte er gerade denjenigen Mechanismen, die maßgeblich an seiner Ausgrenzung beteiligt sind bzw. waren und deren Arbeit er nun selbst praktiziert.« Michael Wimmer: *Der gesprochene Körper,* S. 89; vgl. auch Dietmar Kamper/Christoph Wulf: *Die Parabel der Wiederkehr. Zur Einführung*, ebenda., S. 14

21 Ebenda., S. 9

In dem von Heinrich herausgegebenen Sammelband werden die deformierten Kunstkörper in den literarischen Texten von Hubert Fichte und Marguerite Duras, in Pier Pasolinis Filmen, in Hans Bellmers Puppen und Antonin Artauds Theater der Grausamkeit genauer interpretiert. Wenn man de Sade, E.T.A. Hoffmann, Poe und Baudelaire, Lautréamont und die Surrealisten hinzunimmt ebenso wie den Kubismus, Maler wie Grosz und Dix oder Francis Bacon, dann wird sichtbar, daß hier relevante Tendenzen, wenn nicht die dominanten Strömungen der ästhetischen Moderne angesprochen werden.

Für mich liegt es jedoch nahe, mich auf das Theater zu konzentrieren, da hier vergleichbar mit der Körper-Therapie (es geht eben nicht um Mal- und Poesietherapie) bzw. der Körper-Pädagogik der Körper nicht nur oft im Zentrum steht, sondern auch szenisch und spielerisch real existent ist. Neben Artaud sind hier z.B. zu erwähnen: Bertolt Brecht etwa mit seiner Ummontierung eines Menschen in »Mann ist Mann« und insbesondere mit dem grotesken Zersägen des Herrn Schmidt im »Badener Lehrstück vom Einverständnis«[22]; Samuel Beckett mit seinen stillgestellten, bewegungsunfähigen, amputierten, blinden und kranken Theaterfiguren, die auf ihre beschädigten, aber »hartnäckige(n) Körper (...) regredieren«[23] oder das Living Theater mit seinen frühen ekstatischen Stücken.

Im gegenwärtigen deutschprachigen Theater laufen die Tendenzen, für die diese Autoren stehen, meines Erachtens am produktivsten in Heiner Müllers Theater zusammen; sie sind sein Material. Müllers Dramen, speziell der Text »Nachtstück« aus »Germania Tod in Berlin«, sollen deshalb analog zum Feldenkrais-Ansatz als Beispiel dienen. Mit Philoktet und seinem verletzten, stinkenden Fuß, dem blinden Ödipus, dem ständigen körperlichen Qualen ausgesetzten Prometheus und vor allem mit Herakles Kampf gegen die Hydra[24] konzentriert sich Müller schon in seinen Antikenstücken auf den deformierten Körper; in den Stücken nach Shakespeares »Macbeth«, »Hamlet« und zuletzt vor allem »Titus Andronicus« taucht der zerstörte, zerstückelte,

---

22 Vgl. Florian Vaßen: Das Lachen und der Schrei oder Herr Schmitt, die Clowns und die Puppe. Versuch über die Krise der Komödie im 20. Jahrhundert, in: Gerd Koch und F.V. (Hg.): *Lach- und Clownstheater. Die Vielfalt des Komischen in Musik, Literatur, Film und SchauSpiel*, Frankfurt a.M. 1990. S. 158-183

23 Theodor W. Adorno: Versuch, das Endspiel zu verstehen, in: Th.W.A.: *Noten zur Literatur*, Frankfurt a.M. 1981, S. 300

24 »...in dem vorläufig Schlacht benannten Zeitraum aus Blut Gallert Fleisch, so daß für Schläge gegen die Eigensubstanz, die ihm gelegentlich unterliefen, der Schmerz beziehungsweise die plötzliche Steigerung der pausenlosen Schmerzen in das nicht mehr Wahrnehmbare sein einziges Barometer war, in dauernder Vernichtung immer neu auf seine kleinsten Bauteile zurückgeführt, sich immer neu zusammensetzend aus seinen Trümmern in dauerndem Wiederaufbau, manchmal setzte er sich falsch zusammen, linke Hand an rechten Arm, Hüftknochen an Oberarmknochen...« Heiner Müller: Zement, in: H.M.: *Geschichten aus der Produktion 2*, Berlin 1974, S. 102

kanibalisch verzehrte Körper ebenso auf wie in den Deutschlandstücken, in »Schlacht«, wo es um ein ständiges Menschen-Schlachten als Überlebensstrategie geht, in »Gundling«, der u.a. für die Körperdressur der abendländischen Zivilisation steht, und in den grotesken Sterbe- und Geburtsszenen von »Germania Tod in Berlin«. Ob nun »Herzstück«, »Quartett« oder »Der Auftrag«, immer werden Körper geöffnet, zerteilt, vernichtet, und auch »Bildbeschreibung« ist, abgesehen von der durch den Bildrahmen entstehenden Torsohaftigkeit der Frau, von der körperlich gewaltförmigen Konstellation Mann-Frau-Vogel bestimmt.

An der Selbst-Demontage eines Menschen in »Nachtstück«, das in direktem Bezug zu Brechts »Badener Lehrstück vom Einverständnis« und zu Becketts »Acte sans paroles I« und »Acte sans paroles II« steht, wird Müllers Körper-Perspektive besonders deutlich. Weil dieser Mensch vergeblich versucht, ein vorbeifahrendes, aber disfunktionales Fahrrad zu bekommen, reißt er sich nach und nach alle vier Gliedmaßen aus und blendet sich mit »zwei Beckett-Stachel(n)«. »Aus den leeren Augenhöhlen des Menschen, der vielleicht eine Puppe ist, kriechen Läuse und verbreiten sich schwarz über sein Gesicht. Er schreit. Der Mund entsteht mit dem Schrei.«[25] Angesichts demontierter und destruktiver Technik zerstört ein sprachloser, weil mundloser Puppen-Mensch seine Bewegungs- und Sehfähigkeit und damit seine spezifische Beziehung zur Außenwelt: seine individuelle (Arbeits-) Funktionsfähigkeit und seinen abstrakten Sehsinn. Aber in einer Art Schöpfungsakt – am Anfang war nicht das Wort, sondern der vitale, gleichermaßen körperliche und sprachliche Schrei – entsteht etwas Neues: der Mund, die Körperöffnung, die gleichermaßen für Sprache wie für Geschmacks- und Sexuallust steht. So tritt durch Autodestruktion an die Stelle des individuellen Körpers, seines Gesichtes, seiner Augen und seines Systems der Muskeln[26] der groteske im Sinne Bachtins. Aus der absoluten Negation entsteht etwas anderes, ein Glücksversprechen, das auf archaische Mythen und ihre rituellen Realisierungen wie etwa im Dionysos-Kult mit der Zerstückelung (Sparagmos) und dem Essen von rohem Fleisch (Omophagia) verweist und unsere Zivilisation bedroht.

Die Körpergeschichte ist für Müller eine Geschichte des Leidens und des Widerstands, ein Widerstand vor allem auch »gegen die Notzucht durch den Sachzwang der Ideen, das WORT DAS MORD WIRD«.[27] Körpersprache verweist demnach in Müllers Texten nicht auf den heilen, ganzen Körper, denn dieser »sprechende Körper« wird in unserer Gesellschaft totgeredet, er ist zutiefst beschädigt und angesichts von »Sportstadion, Pornoschuppen und

25 Heiner Müller: Germania Tod in Berlin, in: H.M.: *Germania Tod in Berlin*, Berlin 1977, S. 75

26 Vgl. Anmerkung 11

27 Heiner Müller: Brief an den Regisseur der bulgarischen Erstaufführung von Philoktet am Dramatischen Theater Sofia, in: H.M.: *Herzstück*, Berlin 1983, S. 104

Intensivstation« stumm geworden[28]; vielmehr entsteht sie erst aus der Destruktion[29] des sprachlosen Körpers, denn die »Wirklichkeit« »schneidet ins Fleisch«.[30] Autoren wie Müller gehen deshalb anders als in der Körper-Therapie, die »es mit der Körpersprache hält, also mit einem aktiven Körper, dessen präverbale Realität spontan zur Sprache gebracht werden kann und muß«, von der »Schrift des Körpers aus, also von einer passiven, erlittenen Geschichte, (...). Vereinfacht könnte in der einen Hinsicht von einem immer neuen Subjekt des natürlichen Lebens, in der anderen vom uralten Objekt kultureller Praktiken gesprochen werden.«[31] »Ehe es zur Gegenwart der erfüllten Zeit kommt, hat der Körper schon eine unendlich lange Geschichte der Verwundungen und Vernarbungen hinter sich. Doch erst mittels der Frucht der Lippen kann der dunkle Einschlag der Opfer, deren Spuren ebenso zum Vergessen wie zum Erinnern taugen, zur Sprache gebracht werden.«[32] – das ist der Schrei als Ausdruck des Schmerzes in Müllers »Nachtstück«.

Die Gefährdung des Körpers

In der Ambivalenz dieses vitalen Körper-Ausdrucks zeigt sich nicht nur die Leidensgeschichte des Körpers, sondern auch seine grundsätzliche Gefährdung, denn in der Arbeit an der Beseitigung von Tod und Geschlecht, den beiden »Hauptskandalen des körperlichen Lebens«[33], deutet sich das drohende »Verschwinden des Körpers«[34] an. Körper-Therapie wie Körper-Theater dagegen bemühen sich, indem sie die Materialität des Körpers ernstnehmen,

---

28 Dietmar Kamper/Christoph Wulf: Zwischen Archäologie und Pathographie: Körper-Subjekt und Körper-Objekt, in: Dies. (Hg.): *Der andere Körper,* Berlin 1984, S. 4f.

29 Der Prozeß des Herausreißens und Einverleibens findet seine formale Entsprechung in Müllers Methode der Zitation; vgl. Florian Vaßen: Wider das Vergessen. Heiner Müllers Theater der Erinnerung, in: Bernd Ruping, Florian Vaßen, Gerd Koch (Hg.): *Widerwort und Widerspiel. Theater zwischen Eigensinn und Anpassung. Situationen, Proben, Erfahrungen,* Lingen/Hannover 1991, S. 139-162

30 Heiner Müller: Brecht gebrauchen, ohne ihn zu kritisieren, ist Verrat, in: *Theater* 1980, S. 134

31 Dietmar Kamper/Christoph Wulf: *Zwischen Archäologie und Pathographie*, S. 3f.

32 Ebenda., S. 6

33 Dietmar Kamper/Christoph Wulf: Die Parabel der Wiederkehr. Zur Einführung, in: Dies. (Hg.): *Die Wiederkehr des Körpers*, S. 20

34 Ebenda., S. 16. »Nicht nur die Sterblichkeit und das Siechtum sind dabei auszumerzende Momente der Unvollkommenheit, sondern auch die durch Empfängnis, Schwangerschaft, Geburt verhängte Verwicklung der menschlichen Natur ins Vegetative. Die künstliche Erzeugung von Leben, darüber hinaus von Fruchtbarkeit steht deshalb seit langem auf dem Programm.« Ebenda

auf sehr unterschiedlichen Ebenen und mit ständig in Frage gestelltem und gefährdetem Erfolg um die Wiederkehr des Körpers auch angesichts zunehmender Mediatisierung.

Ist zum einen der Ausgangspunkt primär der biologische Körper, so zum anderen der symbolische Körper; das Bemühen um Ganzheit steht dem Artefakt als Zerlegung und Konstruktion gegenüber. Könnte dem einen falsche Authentizität sowie Ganzheitsideologie vorgehalten werden, so dem anderen die bloße Reproduktion von gesellschaftlichen Prozessen der Segmentierung und Parzellierung; Narzismus, Regression und billige Kompensation stünde gegen Aggressivität, Herrschaft und blinde Zerstörungswut.

Auch kunstimmanent setzt sich dieser Widerspruch fort. Der ästhetischen Moderne, gekennzeichnet vom Fragmentarischen, von Montage und Torso[35], d.h. von der Dekonstruktion des bürgerlichen Subjekts, »das sich selbst als Einheit – als autonome Entität – denkt«[36], wird nicht mehr uneingeschränkt ästhetische Subversivität attestiert, vielmehr wird sie als kalter, zerstückelnder patriarchalischer Blick auf die Wirklichkeit gesehen. Idealisierte Bilder schöner, ganzheitlicher Körper, wie wir sie aus Faschismus und Stalinismus kennen, finden sich folglich auch in einem Teil der neuen »alternativen« Körper-Kultur, u.a. in bestimmten Strömungen der Frauenbewegung.

Dabei scheint mir die Hoffnung, im ganzen, heilen Körper könnten die unheilsamen Folgen der abendländischen Zivilisation und ihrer »res cogitans« korrigiert werden angesichts des deformierten, von gesellschaftlicher Macht »beschrifteten« Körpers in der Geschichte ebenso bedenklich, weil einseitig, wie die Vernachlässigung und Ausgrenzung des Körpers in technologischen Fortschrittskonzeptionen. Eher schon wäre ein Weg zu erproben, der über Stationen der Zerstörung im szenischen Agieren, über symbolische Erfahrungen von Tod und Sexualität, zu einem ganzen, nicht jedoch heilen Körper führte. Hier könnte z.B. das Brechtsche Lehrstück ein Wegweiser sein – mit seiner »Lehre« vom Einverständnis und von der kleinsten Größe[37], die ohne

---

35 Offensichtlich korrespondiert die malerische Abstraktion mit der Fragmentarisierung des Körpers; insbesondere der Torso – zumeist ein zerstückelter weiblicher Körper – ist als Widerspruch gegen die bürgerliche Ästhetik des traditionellen Frauenaktes zu verstehen.

36 Sigrid Schade: Der Mythos des »Ganzen Körpers«. Das Fragmentarische in der Kunst des 20. Jahrhunderts als Dekonstruktion bürgerlicher Totalitätskonzepte, in: Ilsebill Barta u.a. (Hg.): *Frauen Bilder Männer Mythen. Kunsthistorische Beiträge*, Berlin 1987, S. 241

37 »2. Als der Denkende in einen großen Sturm kam, saß er in einem großen Fahrzeug und nahm viel Platz ein. Das erste war, daß er aus seinem Fahrzeug stieg, das zweite war, daß er seinen Rock ablegte, das dritte war, daß er sich auf den Boden legte. So überwand er den Sturm in seiner kleinsten Größe.(...) 4. Wenn der Denkende den Sturm überwand, so überwand er ihn, weil er den Sturm kannte und er einverstanden war mit dem Sturm. Also, wenn ihr das Sterben überwinden wollt, so überwindet ihr es, wenn ihr das Sterben kennt und einverstanden seid

Gewaltförmigkeit und Schrecken nicht realisierbar ist, und seinem Ansatz bei der wiederholbaren, »zitierbaren« Geste, die »Hand« an den Körper legt, ihn für einen Moment einfriert, die Bewegung stillstellt und gewaltsam Teile vom Ganzen abtrennt. Dies alles aber, um an der Haltung, der inneren wie der äußeren, der Spielenden, d.h. am ganzen Menschen, zu arbeiten, und zwar sowohl im realen theatralen Handeln wie im sprachlichen Reflektieren. Wie das Lehrstück, das hier nur als *ein* möglicher Weg verstanden wird, zeigt, ist die Trennung von Körper-Therapie und Körper-Theater wie die zwischen Kopf und Bauch oder zwischen res cogitans und res extensa selbst Folge der gesellschaftlichen Entwicklung der letzten vierhundert Jahre in Europa und damit historisch bestimmt und aufhebbar. Gegen eine neue Identität mit der Natur als falscher Authentizität – handelt es sich dabei doch eher um die Restitution des bürgerlichen Subjekts – und gegen einen Körper-Kult als seinerseits wiederum barbarisches Zeichen politischer Macht geht es um das Aushalten ökonomischer Verdinglichung und politischer Unterdrückung am eigenen »Leib«. Im theatralen Experiment, sei es im spielerischen Gruppenprozeß oder in der ästhetischen Produktion auf der Bühne, kann der reduzierte, gefährdete, bedrohte Körper erfahrbar werden. Die Folge ist zwar nicht Heilung, aber das Ertragen und eventuell auch produktive Wenden von Vielheit und Differenz, von Heterogenität und Anderssein. Dieser Weg, der die Körper-Zerstörung – vom Schönheitswettbewerb bis zur Folter – nicht tabuisiert, sondern theatralsymbolisch realisiert, könnte eine katharthische Wirkung haben und damit Theater und Therapie doch nahe aneinander rücken: »Die erste Gestalt der Hoffnung ist die Furcht, die erste Erscheinung des Neuen ist der Schrecken.«[38]

---

mit dem Sterben.« Bertolt Brecht: Das Badener Lehrstück vom Einverständnis, in: B.B.: *Gesammelte Werke Bd. 2*, Frankfurt a.M. 1967, S. 602

38 Heiner Müller: Der Schrecken die erste Erscheinung des Neuen, in: H.M.: *Rotwelsch,* Berlin 1982, S. 98.

Joachim Fiebach
Das Theater und die Phantasien des Körpers

Als *The Drama Review* 1967 ein Heft zum Thema Bertolt Brecht herausbrachte, steuerte Alf Sjöberg, sehr einsam mit seinem Akzent, Gedanken zur »Sensuality in Brecht« bei. Sein Punkt war, der »sinnliche Genuß, der in Brechts Haltung zu Charakteren und Objekten vorhanden sei«, verdiene mindestens genau solche Aufmerksamkeit wie Brechts Ideologie oder, wie ich es bezeichnen würde, Brechts stark aufklärerische Haltung. Sjöberg zielte vor allem auf die Stücke, der Genuß des Sinnlichen bestimmte aber Brechts ganze Kunst. Sein Theater war vor allem ein gestisches. In der Regel bringt man das Gestische oder den Gestus mit den Episierungen, dem Fragmentarisieren und dem Zitatcharakter (Walter Benjamin) zusammen. Sie werden so auch als Momente seiner aufklärerischen Schwerlastigkeit und sozialen Gerichtetheit (sozialer Gestus) gesehen. Jedoch machen sie das ganze sinnliche Gefüge des Brecht-Theaters aus. Das Gestische ist das Körperliche. Es bestimmt nicht nur, wie man sich bewegt, wie man sich »grob-körperlich« verhält und wie man sich mimisch äußert, sondern auch, wie man Worte spricht, wie man Sätze schreibt. Die Haltung, ein zentraler Begriff bei Brecht, ist eine Umschreibung dieser fundamentalen Rolle des Gestischen. Nur in dem unerschöpflichen Verhaltens-, daher Bewegungs-Potential des Körpers sind Visionen, Bilderstürze, eben Phantasien letztlich theatralisch präsent. Nur so, körperlich-gestisch, können sie sich äußern und zur Welt sprechen (sinnlich). Die Körper bewegen sich nicht nur sinnfällig-berührbar, gleichsam massiv in ihrem So-sein. Mit ihnen entfalten sich zuerst und vor allem immer wieder alle Emotionen, Assoziationen, alles Wahrnehmen und so das Phantasie-Denken. In der gestischen Bewegung verwirklichen sich auch solche Phantasien, die, verborgen, verbal nur ungenügend oder gar nicht faßbar, den Körper (um)treiben mögen. Diese körperliche Sinnlichkeit, die ihr Eigenleben führt, kann als das Gestische in die Theater-Zeit-Räume ausschweifen.

Ich nenne besonders Brecht, weil sein Theater für viele als das gilt, was Sjöberg so deutlich relativierte, als ein (das?) Paradigma für die anmaßende Herrschaft des Aufklärerisch-Rational-Verbalen und seiner Schriftlichkeit, gegründet auf der scheinbar unüberbrückbaren und sich ständig vertiefenden Kluft zwischen dem Denken-Reden-Schreiben und dem Körperlich-Sinnlichen.

Aber nicht zuletzt sein gestisches Theater war einer der ersten großen Entwürfe, die europäischen (Theater)-Kulturen zu befreien aus der langen, fast totalen Hegemonie des rein Verbalen, der abstrakten Schriftlichkeit, daher der

Literatur. Es brach mit einer einäugigen Aufklärung, die die Körper diktatorisch verdrängte, verhüllte, verachtete, zumindest mißachtete.

Natürlich war Brecht nicht der einzige in dieser emanzipativen Linie. Für viele war es allein Artaud, der dem alten dürr-unsinnlichen Theater jenen Umbruch visionär vorzeichnete, der mit anarchischen Ausbrüchen, den Explosionen der Körperlichkeit europäischer und nordamerikanischer Truppen der sechziger Jahre seinen ersten Höhepunkt hatte. Nach Artaud dränge, so könne man sagen, die menschliche Existenz zur ununterbrochenen Produktion wilder Appetite oder eben Phantasien, deren Sinnlichkeit unabweislich ist. Wie sie »sprechen«, daher wirksam werden, vor allem was sie sprechen, ist das Physische selbst. In diesem Sprechen, so in den Sprachen ihres Theaters, sind Körper und Sprechen verschmolzen, ist das Geistige zum Körperlichen geworden. So zählen vor allem, vielleicht überhaupt nur, die Präsenz, die Sinnlichkeit des Da-Seienden, also der Körper aller Teilnehmer am theatralen Ereignis. Kein Riß, kein Spalt würde mehr klaffen. In der realen Aktion der Körper ist alles entfaltet, was zählt. Was sie tun, wie und was sie phantasieren, dürfte nur noch bedingt, recht unzulänglich in Szenarien zu beschreiben, daher zu verbalisieren sein. Das Wesentliche, woran man teilhat, wäre nicht (mehr) in die Unkörperlichkeit des Schriftlichen, der Literatur zu übersetzen, nur unmittelbar am Körper und seinen intensiven Begegnungen erfahrbar. Sich auf Artaud zu fixieren, auf seine Zusammenarbeit mit dem Pantomimen Barrault, könnte aber den Blick dafür verstellen, daß das tradierte Theater Europas viele differente, komplexe Wege in der – erhofften – Emanzipation des Körperlichen zu gehen hat. Brecht und Artaud müßten als Wegbereiter immer zusammen genannt werden, vielleicht schon deshalb, weil sie als Dichter, als Literaten, auf unterschiedliche Weise, einem absolut gestischen Theater zum Durchbruch verhalfen. Und mit ihnen sind zwei andere bedeutsame Schritte verbunden: Für sein gestisches Theater, ja für die Kunst wohl überhaupt, sah Brecht Clowns, Mimen oder allgemein populäre Körper-Künstler wie Chaplin als Modelle, und für Artaud wurden außereuropäische Kulturen exemplarisch. Artauds bekanntester Bezugspunkt, das streng zeremonalisierte Balinesische Theater, könnte mit seinem starren Zeichensystem und so mit einer aufdringlichen Last, Bedeutung zu entziffern, vielleicht nur eine andere die Leiber fesselnde Kunst sein. Weniger mißverständlich, daher wichtiger, wäre Artauds Interesse für Indio-Kulturen Mittelamerikas. Sie hatten die Körper noch nicht durch umfassende Schamzwänge und andere Domestizierungs-Werte rigoros kolonialisiert und so ihr Phantasie-Potential auf ein Minimum reduziert.

Hier dürfte sich eine Linie abzeichnen, auf der sich heute unterschiedlichste Darstellungs-Künste versuchen, die sinnlich präsenten, die sich enthemmt entfaltenden Körper als Widerstandsinseln in den Gesellschaften zu behaupten, die durch die Medien-Technologien, daher durch Abstraktionen vom Körper, zunehmend beherrscht werden. Es wäre die Spur, die die populäre

Kunst, die nicht durch die Literatur dominiert wurde, in allen geschichtlichen Phasen und Kulturen geschaffen hat. In dieser Spur sich mühsam bewegend, sollte sich unser Blick nicht zuletzt auf ihre außereuropäischen Punkte richten, von denen noch wenig für das alte Europa gewonnen wurde. Daß Phänomene außereuropäischer Kulturen (noch) die Phantasiearbeit unserer Körper stimulieren können, mag das Theater der Erzähler-Darsteller, der afrikanischen Dario Fos, aus den Dörfern der Xhosa Südafrikas zeigen, die ihre Körper nicht völlig diszipliniert hatten. Ihre Erzähler-Darsteller, so eine Beobachtung des Amerikaners Scheub vor mehr als zwanzig Jahren, fänden es unmöglich, auf einer Stelle zu verharren. »Sie bewegen sich in das Publikum hinein, genau die Handbewegung mimend, die die Erzählung ausdrückt. Frau Sidima schöpft Essen mit ihren Händen, kaut es mit fröhlicher Übertreibung. Sie erklettert Bäume, und ihr Körper widerspiegelt die magische Verwandlung von Menschen in Tiere.«

Romana Maria Trautmann

Die Beziehung zwischen Körper, Geist und Text
Antonin Artaud und die Performance

Die Performance grenzt sich gegenüber dem Theater ab, indem sie nicht mehr allein Kunstobjekt, sondern ein Prozeß ist. Besonders seit den sechziger Jahren beschäftigten sich experimentelle Künstler mit dieser neuen Methode. Vorläufer waren die Futuristen, Dadaisten, Surrealisten und Bauhauskünstler. Besonders wichtig sind die sogenannten »Outsider«, die sich aus dem bestehenden Kunstbegriff gelöst und ganz eigene, neue Dinge geschaffen haben. Dazu zählt Antonin Artaud. Das individuelle Schaffen des Künstlers steht im Vordergrund, es kennzeichnet neue Phasen des persönlichen und gesellschaftlichen Umbruchs.

»Das wahre Theater ist mir immer wie die Übung einer gefährlichen und schrecklichen Handlung erschienen, wo übrigens die Idee des Theaters und des Schauspielers ebenso verschwindet wie die jeder Wissenschaft, jeder Religion und jeder Kunst. Die Handlung von der ich spreche, zielt ab auf die wahre organische und physische Transformation des menschlichen Körpers.

Warum?

Weil das Theater nicht dieser szenische Aufmarsch ist, wo man virtuell und symbolisch einen Mythos entwickelt, sondern dieser Schmelztiegel aus Feuer und wirklichem Fleisch, wo sich anatomisch, durch das Stampfen von Knochen, Gliedern und Silben, die Körper erneuern, und sich physisch und unverfälscht die mystische Handlung darstellt, einen Körper zu machen.«[1]

»Wo denn?
In gewissen überstürzten Hautabschürfungen des organischen tiefen Empfindungsvermögens des menschlichen Körpers.
Ohne Trance
wurde das rhythmische, ausgeprägte und methodische Keuchen des Appells
das schimmernde Leben des Schauspielers in seinen tiefen Adern
entblößt,
und es gab dabei weder Muskeln noch Knochen,
keine Wissenschaft des Muskels

---

[1] Antonin Artaud: Le théâtre et la science, 1949, 17, zit. nach Elena Kapralik: *Antonin Artaud. Leben und Werk eines Schauspielers, Dichters und Regisseurs,* München 1977, S. 320

oder
des Knochens,
sondern die Projektion eines holzartigen Skeletts,
das ein ganzer Körper war,
gleichsam wie entblößt und sichtbar,
und der zu sagen schien:
Achtung
Vorsicht darunter,
das wird scheißen,
das wird explodieren.
...
Die magnetischen Entwurzelungen des Körpers, die grausamen Muskelabschürfungen, die Erschütterungen des begrabenen Empfindungsvermögens, die das wahre Theater bilden, können nicht so – mehr oder weniger lange,
in jedem Fall nicht entkräftigt und wollüstig wie die Katze um den heißen Brei gehen,
den das sexuelle Leben bildet.
Das wahre Theater ist viel zuckender, es ist viel verrückter.
Krampfzustand des offenen Herzens,
das alles dem gibt,
was nicht existiert,
und nicht ist,
und nichts dem, was ist und was man sieht,
was man einkreist,
wo man bleiben
und sich aufhalten kann.« [2]

Das permanente Schaffen einer erlebten, schlussendlich authentisch gelebten Bühnenrealität.

Das Theater der Grausamkeit ist eine Analogie. Grausamkeit steht für die kosmische Unerbittlichkeit, erbarmungslose Urkraft, es ist ein unbeschreibbarer Ort, wo eine andere grausame Wirklichkeit lebt.

Artaud schreibt in seiner Schrift zu Theater und Pest:

»Das Theater müsse gleich der Pest wie eine Epidemie um sich greifen. Die Pest rufe einen Ausnahmezustand hervor, in dem die soziale Ordnung aufgehoben sei und die Mitglieder einer Gesellschaft auf tiefe unbewußte Antriebe antworten; der Geizhals werfe das Gold aus dem Fenster und der ehrwürdige Bourgeois werde von einem erotischen Fieber gepackt. Auch das Theater müsse eine Krise sein, die sich entweder durch den Tod oder Heilung löse, es müsse die Menschen darauf stoßen, sich so zu sehen, wie sie sind. Es müsse die Masken herunterreißen, Lügen, Niederträchtigkeiten und Heucheleien bloßlegen und der Gesellschaft ihre eigenen, dunklen Kräfte und ihre verborgene Macht offenbaren.« [3]

2 Antonin Artaud: *Schluß mit dem Gottesgericht*, München, 1988, S. 79-80

3 Vgl. Sanche de Gramont: A Vovation for Madness, *Horizons,* Vol. XII, No. 2,

Artauds Theatervision kann nicht verstanden werden, ohne seine Biographie zu kennen. Artaud hatte sein Leben lang Schmerzen, aber eine nicht erlahmende Geisteskraft. Er litt unter Paranoia, die ihn zu neuen Gedankenkonstellationen kommen ließ. Die visionäre Dichtung, seine Zeichensprache, könnte als Selbsttherapie gesehen werden. In seinem nichtsprachlichen Theater wurden neue Mythen mit ursprünglichen Mitteln wie Körper der Schauspieler, Geräusche, Schreie, Töne mit symbolischen Gegenständen kreiert. Artaud wünschte, daß die Zuschauer zu tieferen Lebensschichten gelangen. Im Gesamtgeschehen der Theatervision Artauds ist der Darsteller, die Stimme, der Körper im Raum eines von vielen Elementen wie Musik, Ton, Beleuchtung, Kostüme und außergewöhnlich geformte, symbolische Gegenstände. Aus der Gesamtheit dieser Elemente entsteht die Zeichensprache des Raums. Artaud spricht von einer »vorsprachlichen Raumsprache, von einer körperlichen und gewaltsam neu zu findenden Bilderschrift.« [4]

Der Darsteller wird zum lebendigen Instrument im Zusammenwirken mit den anderen Elementen. Der Schauspieler sollte sich aufwühlen lassen wie ein Pestkranker, der verfolgt von Wahnvorstellungen ein Abbild des unumgänglichen Leidens ist. Artaud forderte eine sinnliche Wahrnehmung mit äußeren Sinnen und ein geistiges Fühlen des Sich-Bewußtseins der Aktion. Sinne und Geist bilden eine Einheit. Innerlich wird der Darsteller verändert durch eine außergewöhnliche Sensibilität. In der körperlichen, stimmlichen, emotionalen Qualität wird der Darsteller zur mitgestaltenden Kraft der realen Aktion auf der Bühne.

»Man muß Schluß machen mit dem Aberglauben der Texte und der geschriebenen Poesie. Die geschriebene Poesie taugt nur einmal, und dann verdient sie zerstört zu werden (...) Unsere Anarchie und unsere geistige Unordnung hängt von der Anarchie alles übrigen ab – oder vielmehr, alles übrige hängt von der Anarchie ab. (...) Ich schlage daher ein Theater vor, in dem körperliche, gewaltsame Bilder die Sensibilität des Zuschauers, der im Theater wie in einem Wirbelsturm höherer Kräfte gefangen ist, zermalmen und hypnotisieren.« [5]

Die Bewegungsperformance verwandelt eine Idee in ein Körperideal und in einen idealen Körper. Das Körperideal abstrahiert und überhöht die gesellschaftliche Realität und bietet einen Genuß durch die Disziplin und die Strukturierungen der Ausdrucksformen.

Die Zuschauer können sich der Repräsentationsfigur lustvoll hingeben. Den Inhalt des Geschehens trägt der Körper. Ziel ist ein Ausgleich zwischen den subjektiven Prozessen und den äußeren Ansprüchen. Gestaltete Bewe-

1970, S. 49-55

4 Antonin Artaud, *Oeuvres complètes, Bd. 2,* Paris 1956, S. 33

5 Antonin Artaud. *Das Theater und sein Double,* Frankfurt a.M. 1969, S. 83, 84, 88

gungen und fixierbare Körperhaltungen werden materialisiert. Die Performance fixiert das Ereignis für die kurze Zeit seiner Existenz.

Auf der Bühne wird nur ein Teil, ein Ausschnitt im Leben eines Menschen dargestellt. Der Charakter des Menschen hat seinen Ursprung in seiner sozialen und psychologischen Entwicklung, die auf der Bühne natürlich nie dargestellt wird. Diese Lücken im Lebenslauf der Bühnenfigur werden von der Akteurin durch die sozialpsychologische Kenntnis und durch die Phantasie ausgeglichen. Hilfreich für die Annäherung an Antonin Artaud ist das Improvisieren eines Ausschnitts aus dem Alltag.

Die Begrenzung der Bewegungsmöglichkeit gibt der Performance eine Gestalt. Die Form wird Leitfaden. Impulse werden aufgegriffen, verändert, ausgefeilt und bearbeitet, bis sie der Akteurin auf den Leib geschneidert sind. Der ästhetische Entwurf steht. Während er zur Performance heranreift, verwächst das Subjekt/die Akteurin mit dem Bild und dem Text zu einer Einheit. Die Erfahrungen des Subjekts werden zur Wirklichkeit, dem tatsächlichen Erlebnis oder, wie Antonin Artaud sagen würde, zum Lustgewinn des unbewußten Kollektivs.

Die Auseinandersetzung mit Artaud führte zwangsläufig zur Beschäftigung mit sozialen/asozialen Themen, denen man in der Realität immer wieder begegnet. Das löste einen Forschungsdrang und gleichzeitig auch eine Faszination aus. Artauds Texte und Biographie sind exemplarisch für mögliche Daseinsformen und damit Grundlage der Performance. In der Bewegungsarbeit lag der Anspruch nach dem absoluten Gegenwartsbezug. Dies erfordert eine Auseinandersetzung mit der Biographie Artauds und der Performerin. Es muß eine Struktur erarbeitet werden, die es für die Zuschauer möglich macht, den Motiven Schritt für Schritt zu folgen.

Durch die Vielschichtigkeit der Performance in Bild, Handlung, Bewegung, Text und Sprache hat der Zuschauer die Möglichkeit, ein surreales Thema auf mehreren Ebenen zu begreifen. Die Komposition der verschiedenen Disziplinen fügt die Elemente zu einem Kunstwerk zusammen.

Wichtige strukturelle Aspekte der Bewegungs-Performance sind ihre Ästhetik; die Perspektive als Einteilung des Raums, als Präsentation des Raums; die Rhythmik als die Koordination der Bewegung des Körpers im Raum.

Während ein Bewegungsablauf erarbeitet wird, gilt es, sich mit dem Thema Trance auseinanderzusetzen. Trance ist ein ekstatischer Zustand mit (totaler) Selbstaufgabe, die Unbegreiflichkeit beim Publikum hervorrufen würde. Trance ist ein Zustand, der sich loslöst von allen Disziplinen des Körpers und des Geistes und sich willenlos sich selbst überläßt. Eine Katharsis liegt in dem Erlebnis einer Annäherung an das Unbewußte.

Die Performance will aber auf der Bühne in Kommunikation mit dem Publikum treten. Um mit dem Gegenüber in einen lebendigen Austausch zu treten, müssen räumliche und inhaltliche Voraussetzungen geschaffen werden. Eine entsprechende Ordnung, Reihenfolge und Wiederholungen der Szenen, bekommt einen rituellen Charakter.

Die Performance vermittelt zwischen dem dargestellten Objekt und der Darstellerin. Durch den Körper, die Stimme und durch die Auswahl der Motive seitens der Akteurin erhält die Textgrundlage eine neue Dimension, wird zu einem eigenständigen Kunstwerk. Die Performerin wird ein autonomes Subjekt. Während das Publikum »nur« das Endprodukt, also die Performance, erleben kann, ist für die Darstellerin der Weg dorthin ein kathartischer Prozeß. Artaud fragt nicht danach, was er tut, er tut es einfach.

Mit der Performance wird eine Annäherung an das Unbewußte versucht. Dazu müssen jedoch zunächst Formeln gefunden werden, und die Kategorien Raum und Zeit werden gestaltet, abstrahiert und wieder in kausalen Zusammenhang gebracht. Es entsteht ein selbständiger Rhythmus in der nonverbalen, körperlichen und bildlichen Äußerung. In der Performance werden Poesie und Bewegung verbunden.

Der Körper ist eine Darstellungsform und konkretisiert sich in der Figur, in der Handlung, einer Lebenslage, durch das Dasein auf der Bühne.

Der Körper auf der Bühne wird öffentlich. Damit wird ein gesellschaftlicher Bezug hergestellt. Das Publikum fragt nach dem gegenwärtigen Bezugspunkt und beginnt, die dargestellten Symbole zu deuten. Die Bewegungen des Körpers fügen sich oft zu sehr abstrakten Formen zusammen. Der Körper selbst wird zur Form und schließlich zum Zeichen. In diesem Zusammenhang muß eine ganze Reihe von Zeichen über die Ebene des Körpers entschlüsselt werden. Das Fehlen von Zeichen ist Zeichen für das Verlorengegangene oder nie Erworbene.

Der natürliche Mensch fand seine Orientierungspunkte in Bezug auf die Sonne und Sterne. Der Körperrhythmus war auf die Natur eingestellt und wurde von den Jahreszeiten geprägt. Dagegen lebt der moderne Mensch in den hochentwickelten Ländern eher unnatürlich. Ein künstlicher Raum aus Beton, Glas und Elektronik ersetzt den natürlichen Lebensraum. Die Körperlichkeit geht dabei verloren. Um diese zurückzugewinnen, muß sich der Mensch gezielt ein neues Körper-Raum-Zeit-Gefüge schaffen, so wie es in der Performance geschieht.

Dabei wird mit der Kraft der Symbole gearbeitet. Die Akteurin teilt ihr subjektives Raumempfinden mit dem kollektiven Raum. Der Körper mutiert in dem Stück zum Archetypus. Hilfsmittel dafür sind rituelle Bewegungsabläufe. [6]

Daraus entwickeln die Empfänger, die Zuschauer, ihre Projektionen. Der

[6] Vgl. S. Pierre: *Médecines Initatiques,* Paris 1976

verwandelte, veränderte Körper kommuniziert mit den Gegebenheiten in Raum, Bild, Text, Gegenständen und mit dem Gegenüber, dem Publikum.

Theater und Performance leben vor allem von der unmittelbaren Kommunikation zwischen Darstellern und Publikum. Gelingt dies, so ist das wie eine »Verschmelzung«. Peter Brook sagt dazu: »Von großer Bedeutung ist, daß das Phänomen Theater nur dann existiert, wenn die chemische Verbindung von dem, was eine Gruppe von Menschen vorbereitet hat und was dabei unvollständig geblieben ist, zu einer anderen Gruppe, einem größeren Kreis von Menschen, die die Zuschauer sind, in Beziehung tritt. Wenn diese Verschmelzung stattfindet, ereignet sich Theater. Wenn sie nicht stattfindet, ereignet sich nichts.« [7]

[7] Peter Brook: *Wanderjahre*, Berlin 1989, S. 172

Reinhold Görling

Rahmen – Zeuge – Körper: Das Feld der *performance*

Der Auftritt, die Vorstellung, die Vor-, Durch- und Ausführung und weitere Handlungen, die im Englischen als *performance* bezeichnet werden können, haben vielleicht zur einzigen unumgänglichen Bedingung die Präsentierung des Körpers. Es muß nicht nur der Körper des Schauspielers sein, es kann auch, wie es bei Rauminstallationen der Fall ist, der Körper des Betrachters sein. Doch nicht nur deshalb ist gerade dieses Spezifikum höchst vieldeutig: Der präsentierte Körper ist wohl präsent, also zum Beispiel greifbar, zugleich ist er aber nicht mehr nur »einfach da«, er ist als vorgeführter immer schon ein Körper für den Zuschauer, ein reflektierter, gedoppelter, gerahmter, und damit gerade wieder ein distanzierter, abwesender, gezeichneter. Rahmung, das hat Erving Goffman als Bedingung der *performance* oder des Theater-Spielens herausgestellt. Es ist auch das, was alle Formen des Theater-Spielens auf ihre mögliche Vorform, den Ritus, verweist. Victor Turner (1989 und 1995) und vor ihm schon Arnold van Gennep zeigen, daß zu allen Übergangsriten eine Eingangs- und eine Ausgangsphase gehört, ein Rahmen also, in dem der Körper des Initianten präsentiert und gezeichnet wird. Die Rahmung scheint zunächst die Funktion zu haben, den Ritus vom Alltag abzugrenzen. Zeit und Raum des Überganges unterscheiden sich dabei von den Ordnungen des Alltags, sie haben ein weit höheres Maß der Unbestimmtheit, verweisen als höchst gegenwärtig und zugleich unbestimmt sowohl zeitlich auf Vergangenheit und Zukunft wie räumlich auf andere Orte. Man könnte sie, nach einem von Michel Foucault geprägten Begriff, Heterotopien nennen. Sie stellen die Ordnungen in Frage, weil sie Gegensätze, binäre Schemata, unterlaufen: An- und Abwesenheit, Unmittelbarkeit und Reflexion, Innen und Außen, Vergangenheit und Gegenwart.

Foucault unterscheidet Ausgrenzungs- und Übergangsheterotopien, wobei für ihn die Ausgrenzungsheterotopien für die Neuzeit charakteristisch sind: Orte wie der Friedhof werden an die Stadtränder gedrängt, Asyle und Anstalten für Wahnsinn, Krankheit und Delinquenz geschaffen. So zutreffend die Beobachtung dieser Tendenz für einzelne traditionelle Heterotopien ist, sie läßt sich vielleicht nicht verallgemeinern, denn es bilden sich zugleich neue, die eher als Übergangs- denn als Ausgrenzungsheterotopien zu beschreiben sind. So entsteht, zeitgleich mit dem Irrenhaus, das Theater mit seinem eigenen Haus. Auch die anderen Theaterformen, das Hof-, Schul-, und Ordenstheater, die Wanderbühne haben hohe Konjunktur. Dazu kommen die theatralen Inszenierungen im religiösen, politischen und juristischen Kontext, wie sie im Barock entworfen werden: Prozessionen, Krönungen, Hinrichtungen und andere öffentliche Mißhandlungen des Körpers. Dann Heterotopien wie der Park, in der Stadt des 19. Jahrhunderts die Passage: beides Räume, die als Bühne der sich in ihnen aufhaltenden Körper komponiert sind. Und nach, bzw. mit den genannten kommen eine Vielzahl an Einrichtungen auf, die man als nicht-repräsentierende oder, im Aristotelischen Sinne, nicht-mimetische Formen der Kunst bezeichnen könnte und von denen nur einige, wie der Zirkus, eine kontinuierliche Tradition aufweisen: Ausstellungen und Museen, Sport, Messen, Volksfeste, Varietés usw. Keine von ihnen dürfte ganz ohne die Präsentation des Körpers auskommen, einige aber, wie der Zirkus, der Sport oder das Varieté stellen oftmals nichts anderes dar als den Körper, wenn auch einen manipulierten, besonders geschulten oder geschmückten, ungewohnt gestaltigen oder bedrohten: also in der einen oder anderen Weise fremden und gezeichneten Körper.

Rahmung und Zeichnung scheinen Elemente zu sein, die die Darstellung des Körpers als Ereignis begleiten. Was repräsentieren sie, was ist das Konstativ der *performance*, um in Analogie zur Sprechakttheorie zu formulieren. Und was ist das Performativ? Anders gesagt: Wenn in all diesen *performances* der Körper präsentiert wird – und dies das wichtigste Unterscheidungsmerkmal des Theaters zum Beispiel gegenüber der Literatur ist (vgl. Grädel 10) – was macht die Faszination aus? Vielleicht die Sichtbarkeit selbst (vgl. Blau 5)? Ich möchte dieser Frage anhand von drei Beispielen nachgehen: einem der Malerei, einem der Literatur und schließlich einem der Performance-Kunst im engeren Sinne.

Die Reflexion auf das Verhältnis von Rahmen und Körper: sie gehört wohl ebenso notwendig zur Malerei der Neuzeit wie die von Bühne und Welt zum Theater. Es war Velázquez, der sie für die Malerei in ähnlicher Radikalität anstellte wie Shakespeare das für das Bühne-Welt-Verhältnis des Theaters tat: den Körper der Repräsentation in »Las meninas« zum Beispiel, der fast in dem dem Betrachter gegenüberliegenden Spiegel verschwindet, oder den in der Selbstspiegelung entstehenden Körper der Erotik in »La Venus del espejo«. Ein ebenso kontradiktorisches Verhältnis von Rahmung und Entgrenzung findet sich in seinem Porträt »Innoncencio X«: Hier bildet der rechtwinklig gezimmerte Papststuhl mit seiner hohen Rückenlehne und seinen Armstützen den Rahmen für den Körper, der samtene Überwurf und vor allem der faltige, helle, mit Spitzen durchsetzte Rock überschreiten ihn zugleich. Beide Bewegungen verweisen auf den Körper; der unter und hinter den Kleidern sich aufzulösen scheint und von dem allein Kopf und die Hände sichtbar bleiben, die rechte mit einem Ring gezeichnet, die linke ein Schreiben haltend. Das Gesicht zeigt einen zusammengepreßten Mund und Augen, die mit Mißtrauen oder Angst auf den Betrachter zu blicken scheinen.

Francis Bacon hat in seinen Bildern dieses Gemälde mehrfach interpretiert.

Dabei verstärkt er nicht nur die Rahmung und Auflösung des Körpers, er öffnet den Körper, indem er den Mund zu einem Schrei verzerrt, zu einem gezahnten Rahmen, der nichts zeigt als ein dunkles Loch, eine intensive Leere (»Study after Velázquez's portrait of Pope Innocent X«, 1953). Diese Leere ist verschlingend und verschlungen zugleich. Die Augen jedoch sind fast abwesend: ein angedeuteter Kratzer auf der Farbschicht der Leinwand, so als hätte der schreiende Mund auch ihre Funktion übernommen.

Auch in seinen anderen Gemälden forscht Bacon dieses Verhältnis von Rahmen und Körper immer neu aus. Der Rahmen scheint vom Körper nicht ablösbar zu sein, ihm überhaupt erst eine Grenze zu geben. Zerbricht der Rahmen, sind auch die Grenzen des Körpers von Auflösung bedroht. Der Körper verschwindet dadurch nicht, aber er verliert seine Form. Zwischen den Rahmen und den Formen der Auflösung des Körpers oder seinen Deformationen besteht dabei eine enge Beziehung. Oft werden die Formen der Rahmen – Spiegel, Schirme, Kloschüsseln oder Arenen – auf die Körper unmittelbar übertragen. In anderen Fällen ist es die schwarze Fläche eines leeren Rahmens, welche, wie in »Triptych, August 1972«, den Körper deformiert und aufsaugt. Diesen mit dem zerbrochenen Rahmen auch entgrenzten Körper nennt Gilles Deleuze – mit Verweis auf das Theater von Antonin Artaud – den »organlosen Körper«, der im Gegensatz zum Körper der Organe und ihrer Organisation ein intensiver, dichter, von Wellen durchströmter Körper der Schwellen und Ebenen oder ein Körper der Intensitäten ist (32).

Auf dem erwähnten »Triptych, August 1972« ist jedoch neben der leeren schwarzen Fläche im (Tür?)Rahmen noch eine zweite zu sehen, die am unteren Bildrand liegt und das Triptychon zur Darstellung eines Bühnengeschehens macht. Wie schon bei Velázquez läßt sich auch bei Bacon ein drittes Element benennen, das zur Präsentation des Körpers gehört: der Betrachter. Bei Bacon wird seine Bedeutung bisweilen mit der des Rahmens identisch oder austauschbar: beide zeichnen den Körper, bewirken die Auflösung seiner Grenzen, obwohl sie ihn in seiner Deformation auch bestimmen. Insofern zeichnet der Beobachter auch den präsentierten Körper, oder ist seine Zeichnung eine Spur seines Gesehenwordenseins.

So selbstverständlich es ist, daß es keine Präsentation des Körpers ohne einen Betrachter geben kann, die Frage, wie dieser die Präsentation selbst mitprägt und -bestimmt, ist so selten untersucht worden wie das vergleichbare Verhältnis zwischen Bühne/Text, Schauspieler und Zuschauer im Theater, das sich wie jenes nicht in einzelne (binäre) Gegensätze aufteilen läßt (Gantar 542 f.). Der Zwischenraum der *performance* ist ein Raum zwischen Rahmen, Körper und Betrachter. Erst in ihm werden seine Teile zu dem, was sie sind, entsteht die *performance* als Prozeß. Maurice Merleau-Ponty spricht vom »totalen philosophischen Irrtum(s), der in dem Glauben besteht, daß das Sichtbare objektive Präsenz ist« (324). Das Sichtbare wird sichtbar, weil es Teil eines nicht oder nur unvollkommen Sichtbaren ist, eines Feldes, das die eigene Sichtbarkeit des Betrachters immer schon miteinschließt. Körper, Rahmen und Betrachter oder dessen Spur, die Zeichnung, sind die notwendigen Teile dieses Feldes. Macht dieses Sichtbarwerden das Performativ? Ist mithin die Entstehung dieses Feldes das Ereignis?

Deleuze wählt in seiner Lektüre der Gemälde Bacons den Begriff des Zeugen, um dieses dritte Element der Präsentation des Körpers zu benennen (16 u. 47). Vom Beobachter und vom Betrachter oder Voyeur unterscheidet den Zeugen, daß er selbst gar nicht an dem, was er sieht, interessiert sein muß oder sogar nicht interessiert sein sollte, daß er aber die Aufgabe hat, das Gesehene im Gedächtnis zu bewahren, um es gegebenenfalls bezeugen, wahrheitsgemäß berichten zu können. Insoweit dieses Zeugen aber konstitutiv für das Feld des Ereignisses ist, kommt dem Verb auch der zweite Bedeutungshof zu, den es im Deutschen haben kann, den des Erzeugens, Verursachens und Befruchtens. Es ist die Anwesenheit des anderen, durch die mein Körper erst anwesend wird. Nicht jedoch, weil er meinen Körper zu seinem Objekt macht. Diese Anwesenheit ist ursprünglicher, sie ist elementarer als das Begehrt-Werden und Begehrt-Werden-Wollen, jedenfalls das sexuelle. Sie ist ursprünglicher als ich selbst, sie geht mir voraus. Und sie ist in dem Sinne vorsprachlich, als sie individualgeschichtlich vor der Einführung von Sprache als differentiellem System erlebt wird, was ihrer späteren Versprachlichung und Repräsentation, nicht aber ihrer Wirkung, Grenzen setzt. In ihrer Wirkung ist sie gerade entgrenzend, weil diese Anwesenheit des anderen allen meinen Grenzen vorgängig ist.

Dieses vom anderen Gesehenworden-Sein bevor ich da bin, dieses körperliche Angesprochen-Sein birgt eine traumatische Dimension in dem Sinne, wie sie von der Psychoanalyse verstanden wird: als eine Einwirkung oder Erfahrung, die ich nicht oder nur unvollständig bearbeiten oder integrieren kann, die mich also entgrenzt. Doch ist das aus der Perspektive der Nachträglichkeit formuliert, denn insoweit dieses mich entgrenzende andere das ist, was ich mir gegenüberstellen werde, um mich zu konstituieren, begrenzt es mich auch, bildet es Trennungen – zwischen Bewußtsein und Unbewußtem im Sinne von Sigmund Freuds Begriff der Urverdrängung, zwischen Realem und Imaginärem in der Theorie Jacques Lacans, zwischen Außen und Innen in Julia Kristevas Theorie der Abjektion, sowie den auf diesen Trennungen beruhenden Dynamiken. Dies macht den Körper sowohl zur Figur des Vergessens als auch zum Ort der Erinnerung, aber wohl nicht zum »Werkzeug der Erinnerung« (vgl. Grädel). Vielmehr bestimmt diese traumatische Dimension »das zentrale Moment der Ästhetik« des dargestellten Körpers als »Erinnerung an ein Nicht-Zuerinnerndes und Nicht-Darstellbares« (Siegmund 101). Weil es als solches nicht erinnerbar bleibt, wird es wirksam nur in einer Weise, die der Psychoanalyse als Übertragung bekannt ist, insbesondere der Übertragungsposition, die Christopher Bollas »Übertragung des ungedachten Bekannten« nennt (255). Bollas rechnet zu diesem ungedachten Bekannten sowohl das Unbewußte der primären Verdrängung wie »jene Erfahrungen im Leben eines Kindes, die einfach über seine Fassungskraft gingen.« (ebd.)

Ein Element des ungedachten Bekannten besteht für Bollas im somatischen Wissen (292). Er führt den modernen Tanz als ein Beispiel an, »wo der Tänzer dem ungedachten Bekannten durch ein Körper-Wissen Ausdruck verschafft.« (ebd.) Liest man Theorien zum Theater wie die Äußerungen Jerzy Grotowskis zu seiner Arbeit mit Schauspielern, so scheint es hier genau um dieses Körper-Wissen zu gehen, das Erinnerung an eine Beziehung zum anderen ist, die die Subjekt-Objekt-Trennung überschreitet und ihr vorausgeht; eine Beziehung zum andern, die deshalb auch nie ganz in einer Objektbeziehung repräsentiert werden kann, so sehr sie auch in ihr als Übertragung wirken mag: »Man fängt damit an, jene Szenen herauszufinden, die dem Schauspieler die Möglichkeit geben, seine Beziehung zu anderen zu erforschen. Er durchdringt die Elemente des Kontakts im Körper. Er forscht konkret nach jenen Erinnerungen und Assoziationen, die die Form des Kontaktes entscheidend bestimmt haben. Er muß sich dieser Forschung total hingeben. In diesem Sinne ist das wie authentische tiefe Liebe. Aber auf die Frage ›Liebe zu wem?‹ gibt es keine Antwort.« (274)

Kafkas »Hungerkünstler«

Wenige Schriftsteller haben die Bedeutung der nicht-repräsentativen Formen der Kunst so früh und intensiv wahrgenommen wie Franz Kafka. Sein Interesse für den Zirkus oder für das körperbetonte jüdische Volkstheater ist nicht nur autobiographisch belegt, es kehrt auch in seinen Texten wieder (vgl. Bauer-Wabnegg). Thematisch ist das leicht zu zeigen, es prägt jedoch auch ihre Form. Von den vielen möglichen Texten, dem »Theater von Oklahama« bis hin zu »Josefine, die Sängerin«, von »Auf der Galerie« über »Eine Rede für die Akademie« bis hin zu »Erstes Leid« will ich nur einen streifen, »Ein Hungerkünstler«, und ihn nach dem Verhältnis von Rahmen, Zeuge/Zeichnung und Körper befragen.

Fasten im Kontext mystischer, religiöser und politischer Praktiken ist ein in vielen Kulturen bekanntes Phänomen (vgl. Ellmann), wobei der jeweilige Kontext auch Rahmen oder Begrenzung der Nahrungsabstinenz bildet. Oberflächlich betrachtet gibt der Kontext der sukzessiven Selbstverzehrung des Körpers ein Ziel, läßt sie als ein Mittel erscheinen, um einen Zweck zu erreichen. Doch selbst dort, wo dies besonders deutlich ist, wie beim politisch begründeten Hungerstreik, kann die Zweck-Mittel-Relation die emotionale Intensität und wohl auch die ethische Bedeutung einer solchen Handlung nicht mehr erklären. Merkwürdig ist auch, daß der Hungerstreik ungefähr zur selben Zeit zu einer relativ häufig praktizierten politischen oder sozialen Kampfform wird, in der auch die Hungerkunst als reine Schau oder *performance* entsteht. Deren Geschichte begann 1880 in New York, als der Arzt Henry Tanner öffentlich das Hungerexperiment 40 Tage lang an sich vollzog. Ihre Blütezeit hatte die Hungerkunst – dieser Begriff ist im Deutschen ab 1897 belegt – in den beiden Jahrzehnten um 1900, im Ersten Weltkrieg ebbte sie ab; in den zwanziger Jahren kam sie wieder, wenn auch in geringerem Maße, in Mode. In Berlin gab es in dieser Zeit Menschen, die mitten in Restaurants in einem Käfig hungerten. Vereinzelt traten Hungerkünstler noch nach dem Zweiten Weltkrieg auf. So verbrachte Willy Schmitz, alias Heros, 1950 im Frankfurter Zoo 56 Hungertage in einem Glaskasten (Vandereycken 121).

Der Hungerkünstler aus Kafkas 1922 publizierter Erzählung ist in Dilemmata eingefangen, die dadurch entstehen, daß seine Autophagie alle konventionellen Begrenzungen auflöst. Schon das Hungern selbst entgrenzt in paradoxer Weise, weil es die orale Grenze, mit der wir uns in einem Verhältnis des Austausches mit den anderen befinden, verschließt und den Körper zu einem von allem Außen unabhängigen Innenraum macht. Es nimmt in dieser Verkehrung die vollständige Auflösung der Grenze zwischen Innen und Außen im Tod vorweg. Die Hungerkunst scheint vollständige Autonomie zu verbürgen, ist aber immer auf den anderen bezogen. Ein ähnliches Dilemma kommt in der zeitlichen Organisation auf. Aus sich selbst heraus kennt die Hungerkunst keine zeitliche Begrenzung. So ist denn der Grund der »Traurigkeit« (267) des Hungerkünstlers, daß sein Impresario die Höchstzeit für das Hungern auf (biblische) 40 Tage festgesetzt hat: »Warum wollte man ihn des Ruhmes berauben, weiter zu hungern, nicht nur der größte Hungerkünstler aller Zeiten zu werden, der er ja wahrscheinlich schon war, aber auch noch sich selbst zu übertreffen bis ins Unbegreifliche, denn für seine Fähigkeit zu hungern, fühlte er keine Grenzen.« (265) Doch auch dafür, ins Unbegreifliche – was, buchstäblich verstanden, ein Körperloses ist – zu kommen, bräuchte er einen Zeugen (und einen Körper).

Kafkas Hungerkünstler präsentiert seinen Körper, indem er ihn sich selbst verzehrend zum Verschwinden bringt. Doch hungert er auch danach, gesehen zu werden, also gerade danach, sichtbar zu sein. Dieser unauflösliche Widerspruch wird noch überlagert dadurch, daß die *performance* durch die Inszenierungen des Impresario und von den Zuschauern immer wieder willkürlich gelesen, kontextualisiert und bedeutet wird, insbesondere durch die Aufnahme christlich bedeuteter Zeichen. Sie bilden so etwas wie eine zweite Einschreibung oder Zeichnung – der Name Impresario leitet sich vom Verlagswesen, eben dem Eintrag des Impressums her. Mit dem Vollzug der zweiten Einschreibung ist das Ansinnen des Hungerkünstlers immer wieder gescheitert. Er bringt ihn in anderer, fremdbestimmter Weise zum Verschwinden: als bloße Referenz einer Inszenierung oder eines Bedeutungssystems.

Schließlich löst sich der Hungerkünstler von seinem Impresario und schließt sich einem Zirkus an, der ihm wohl kein zeitliches Limit mehr für seine Kunst setzt, wo er aber – und das ist wiederum eine Variante des Dilemmas – in Vergessenheit gerät. Schließlich fällt einem »Auf*seher*« der scheinbar unbenutzte Käfig auf, in dessen verfaultem Stroh man den Hungerkünstler findet. »›Du hungerst noch immer?‹ fragte der Auf*seher*, ›wann wirst du denn endlich aufhören?‹ ›Verzeiht mir alle‹, flüsterte der Hungerkünstler.«

(272) Er wollte, daß sein Hungern bewundert werde, es solle aber nicht bewundert werden. Der Widerspruch zwischen Wunsch und Gebot scheint den anderen analog: bewundert zu werden setzt eine Freiheit voraus, die der Wunsch nach Bewunderung gerade wieder negiert. So antwortet der Hungerkünstler auf die Frage des Aufsehers nach dem Grund des Gebots: »›Weil ich hungern muß, ich kann nicht anders‹ (...) ›Da *sieh* mal einer‹, sagte der Auf*seher*, ›warum kannst du denn nicht anders?‹ ›Weil ich (...) nicht die Speise finden konnte, die mir schmeckt. Hätte ich sie gefunden, glaube mir, ich hätte kein Auf*sehen* gemacht und mich vollgegessen wie du und alle.‹« (Hervorh. d. Verf.) Die Verweigerung des (oralen) Innen-Außen-Austausches geht einher mit dem Wunsch oder der Notwendigkeit, ein »Aufsehen« zu machen. Wenn es richtig ist, daß der Blick mich erschafft, das Essen mich bloß oder bestenfalls erhält, dann ist auch der Hunger, gesehen zu werden elementarer als der nach oraler Einverleibung.

Diese Vorgängigkeit des anderen bedingt meine Unfreiheit. Ihr zu entkommen, scheint nur über immer weiteres Entweichen möglich. Insoweit ist der Blick, der mich erschafft, zugleich ein verschlingender. Deshalb sind die Figuren in Bacons Gemälden genauso angewiesen auf den Zeugen wie sie ihn auch fliehen und von ihm gezeichnet sind. Und nicht minder sind der Hungerkünstler und alle anderen Figuren Kafkas auf den anderen angewiesen und zugleich von ihm verfolgt und bedroht. Solche Verstrickung nennt Emmanuel Lévinas, in Anlehnung an die Begrifflichkeit des Theaters, »une intrigue de responsabilité« (29).

Dieses Aufeinanderbezogensein, das zugleich ein Voneinandergetrenntsein ist, ist nicht komplementär, nicht intentional und nicht reversibel. Aber es betrifft auch den Zeugen. Nachdem man den Hungerkünstler samt dem Stroh begraben hat, gibt man einen jungen Panther in den Käfig: eine Figur, die sich in Kafkas Text schon in der ersten Beschreibung des Hungerkünstlers – »im schwarzen Trikot, mit mächtig vortretenden Rippen« (262) – angedeutet hat. Des Panthers »edle(r), mit allem Nötigen bis knapp zum Zerreißen ausgestattete(r) Körper schien auch die Freiheit mit sich herumzutragen; irgendwo im Gebiß schien sie zu stecken; und die Freude am Leben kam mit derart starker Glut aus seinem Rachen, daß es für die Zuschauer nicht leicht war, ihr standzuhalten.« (273) Nun sind es die Zuschauer, die sich dem anderen hingeben. Der Panther mit Glut im Rachen, er wird zu einer mythologischen Figur, einem Drachen. Schlangenähnlich, mehrköpfig und feuerspeiend treibt dieses Phantasma sein gott- und ordnungsfeindliches Unwesen: in der Bibel wird es von der Genesis bis zum Missionsbefehl Christi als Gegenbild beschworen. Die Helden der Zivilisation müssen ihn töten, ihn als das andere der Kultur opfern, so will es unsere Mythologie. Aber vielleicht ist es gerade die Vorgängigkeit des anderen, die damit vergessen werden soll, aber nie ganz vergessen werden kann.

Die Faszination am präsentierten Körper verwickelt mithin Darsteller und Zeuge in eine doppelte Intrige, deren Verwicklung nicht reversibel und deshalb auch unauflöslich ist. Kafkas Texte sind immer wieder in einer solchen Intrige verfangen, sie setzen sie in Szene oder werden von ihr in Szene gesetzt, sie verfolgen ihre Verwicklungen oder werden von ihnen verfolgt. Sie unterliegen der Logik des Ereignisses oder der *performance*, nicht der Darstellung.

Nähe – Distanz – Dynamik

Vielleicht kann man es von allen Ereignissen sagen, von denen, die durch die Präsentation des Körpers entstehen, ganz bestimmt: sie bilden eine Verschränkung von zu großer Nähe und zu großer Distanz. Die Gleichzeitigkeit von Rahmung (als Distanz) und Zeichnung (als Spur zu großer Nähe) ist die sichtbare Form dieser Verschränkung. Sie ist nicht nur ein räumliches, sondern auch ein zeitliches Verhältnis. Das Ereignis charakterisiert, daß ich darauf nicht oder nur unvollkommen vorbereitet bin, es also eine Ungleichzeitigkeit artikuliert. (Individualgeschichtlich bedeutet das, daß das Kind sich immer schon als ein vom anderen angesehenes und angesprochenes erfährt, noch bevor es ein Bewußtsein seiner selbst, ein Ich, hat.) Zugleich ist es in einer Weise gegenwärtig, daß es die Zeitfolge von Vergangenheit, Gegenwart und Zukunft bricht. Das gilt für unvorhersehbare Ereignisse wie Unfälle, es gilt aber auch für inszenierte, wie etwa eine Sportveranstaltung. So bekannt die Spielregeln sind, eine Spannung erhält auch der Sport durch die in ihm organisierte Dimension der Unberechenbarkeit oder des Zufalls. Letzteres läßt sich, wie Glücksspiele zeigen, ohne den ausgestellten Körper des anderen inszenieren, obwohl er auch da meist metaphorisch präsent ist; aber ohne den des Spielers sicher nicht, der entweder bis an die Grenze seiner Geschicklichkeit gefordert ist oder darauf wartet, daß es (das Los, das Glück, der andere) ihn trifft.

Performance-Kunst, so meine These, arbeitet mit dieser Verschränkung von zu großer Nähe und zu großer Distanz. Nun ist aber die Dynamik dieser Verschränkung in den kulturellen Formen einer Gesellschaft weitgehend stillgestellt oder kanalisiert. Dies geschieht, ähnlich wie es Kafkas Hungerkünstler durch seinen Impresario erleidet, mittels einer zweiten Einschreibung oder Zeichnung, die vorhandene Spuren bedeutend liest oder auch neue realisiert. Diese zweite Einschreibung macht es möglich, daß der andere sowohl in das eigene Bedeutungssystem integriert wie zugleich als anderer gegenübergestellt werden kann. Die Gegenüberstellung sichert die Differenz, die von der zu großen Nähe, dem Immer-schon-Angesprochensein bedroht ist, die bedeutende Lektüre sichert die Verstehbarkeit ab, die von der Unbegreiflichkeit des anderen in Frage gestellt ist. Damit diese Stillstellung und Kanalisierung der alltäglichen Intrige in der *performance* prozessualisiert werden kann, muß es zu einer Dissoziation der zweiten Beschriftung vom Körper kommen. Mögliche Techniken, dies zu erreichen, sind unter anderen die Dekontextualisierung und Hybridisierung von Zeichen und ihre parodistische Lektüre. Aber schon jede Konfrontation mit dem Neuen, dem anderen, dem Unbekannten und Erschreckenden kann die Stillstellung und Kanalisierung der Verflechtung von zu großer Nähe und zu großer Distanz ein Stück prozessualisieren und öffnen. Darin liegt das wichtigste Moment der Faszination, die es ausübt.

In den massenkulturellen Präsentationen des Körpers der anderen oder des anderen Körpers wurden neben Hungerkünstlern oder Skelettmenschen auch Fettleibige, siamesische Zwillinge und andere Menschen ausgestellt, deren Körper nicht den Normen entsprachen (vgl. Scheugl). »Freaks«, der berühmte, 1932 hergestellte Film von Tod Browning, ist schon ein Rückblick auf die hohe Konjunktur dieser Körperpräsentation. Zu ihr zählten auch die Völkerschauen. Ihre Geschichte könnte man 1493 beginnen lassen, als Kolumbus einen Arawak-Indianer an den spanischen Hof verschleppte. 1501 wurde in Bristol ein Eskimo ausgestellt. Wie eng die Faszination an der Neuen Welt mit der Neugierde über den Körper des anderen verquickt war, seinem Aussehen und vor allem seiner Sexualität, läßt sich an den berühmtesten und erfolgreichsten der Reiseberichte, denen Amerigo Vespuccis, ablesen. Das, was Vespucci beschreibt, stellt über weite Strecken eine karnevaleske Verkehrung der europäischen Sitten dar (vgl. Görling). Wenn Vespucci zurecht der erste Ethnograph genannt worden ist, dann nicht nur deshalb, weil er ein großes Interesse für die Sitten und Gebräuche der Bewohner der Neuen Welt gehabt hat, sondern auch, weil er eine Form der Beschreibung findet, in der das Fremde zu einer Art Bühne wird, von deren Schauspiel ein Bericht gegeben wird. 1562 schreibt Michel de Montaigne seinen Essay »Des Cannibales«, nachdem er einem nach Frankreich gebrachten Angehörigen der Tupinamba begegnet ist – einem Stamm, der wegen seiner anthropophagen Rituale noch heute die Ethnologie beschäftigt. Und mit diesem Essay beginnt das, was man als die Umdrehung des ethnografischen Blicks oder *reverse ethnography* nennen könnte: aus der angenommenen Perspektive des anderen werden die kulturellen Formen der eigenen Gesellschaft beschrieben.

»reverse ethnography» & »performance«

Eine besondere Intensität bekam diese Ausstellung des Fremden zu Beginn des 19. Jahrhunderts, ihren Höhepunkt erreichte sie in den Jahrzehnten um 1900, als in allen Welt- und Kolonialausstellungen sogenannte Eingeborene als Exponate präsentiert wurden und als die Völkerausstellung zum festen Bestandteil des Unterhaltungsprogramms der europäischen Massen gehörte. Carl Hagenbeck, einer der berühmtesten Tierhändler und Tierparkgründer, veranstaltete Völkerausstellungen regelmäßig ab 1874. Sie fanden meist in den Zoologischen Gärten, oder, wie in Berlin, auch im Panoptikum statt – übrigens in enger Zusammenarbeit mit der entstehenden Ethnologie. 1885/86 zum Beispiel stellte Hagenbeck Bella-Coola-Indianer von der amerikanischen

Nordwest-Küste aus: sie schnitzten Masken, die sich noch heute im Berliner Völkerkundemuseum befinden, führten Tänze, Gesänge, Spiele und schamanistische Behandlungen vor. »Besondere Sensation machte der sogenannte ›Hametzen‹ oder Menschenfressertanz, die Inititation in den Geheimbund der Bella-Coola.« (Fischer-Lichte 157) Vergleichbares wurde auch in Amerika organisiert (vgl. Rydell).

»Amerindians: Einer von vielen englischen Namen für die Bewohner von Guatinau. Das Wort, mit dem sich das Volk der Guatinau selbst bezeichnet, bedeutet in ihrer eigenen Sprache ›außergewöhnlich schön‹ und ›ungezähmt unabhängig‹. Sie sind eine joviale und ausgelassene Rasse mit einer aufrichtigen Liebe für die Produkte der westlichen Industriegesellschaft. In früheren Zeiten jedoch überfielen sie häufig spanische Schiffe, wobei sie sich als englische Piraten verkleideten. Dadurch wurden sie mit der europäischen Zivilisation bekannt.« (Fusco 59) – Dies ist ein Ausschnitt aus einem simulierten Artikel der Encyclopedia Britannica, den die beiden Performance-Künstler Guillermo Gómez Peña und Coco Fusco an einem goldenen Käfig angebracht hatten, in dem sie sich selbst als Exemplare dieser fiktiven ethnischen Gruppe präsentierten. Auf einer anderen Tafel stand zu lesen, sie seien Angehörige des Mintomani-Stammes. »Der Mann wiegt 72 Kilo, ist 1,77 Meter groß und ungefähr 37 Jahre alt. Er liebt scharf gewürztes Essen und Diet-Coke, seine bevorzugte Zigarrettenmarke ist Marlboro. Sein häufiges Hin- und Hergehen im Käfig hat Experten zu der Annahme geführt, daß er auf seiner Insel ein politischer Führer war. – Die Frau wiegt 63 Kilo, ist 1,74 Meter groß und wahrscheinlich Anfang 30. Sie liebt Sandwiches, pad thai und Kräutertee. Sie ist eine vielseitige Tänzerin und zeigt gerne ihre häuslichen Talente beim Nähen von Voodoo-Puppen, Servieren von Cocktails und Massieren ihres männlichen Partners. Ihre Gesichts- und Körperbemalung zeigt an, daß sie in eine höhere Kaste ihres Stammes eingeheiratet hat.«

Gómez Peña stammt aus Mexiko, lebt zwischen Mexiko-Stadt und New York, Tijuana und San Diego, Fusco ist in New York geboren, als Kind von Exilkubanern. Beide realisierten diese *performance* 1992/93, anläßlich des »Kolumbusjahres«, in verschiedenen Städten der USA, in London, in Madrid, in Sydney und Buenos Aires, meist in Museen für Natur- und Völkerkunde, an einigen Orten auch in Kunstgalerien. Im Käfig gingen sie ihren »traditionellen« Tätigkeiten nach, die vom Nähen der Voodoo-Puppen über Fernsehen bis hin zum Schreiben auf einem Lap-Top-Computer reichten. Auf einer kleinen Geldkassette mit Schlitz war angezeigt, daß, für eine kleine Summe, die Frau tanzen (zu Rap-Musik) und der Mann authentische Geschichten der Amerindians erzählen würde (in einer erfunden Sprache) oder beide für Polaroids mit den Besuchern zu Verfügung stünden. Zwei »Zoo-Wächter« hielten sich bereit, um mit den Besuchern zu sprechen, da die beiden Amerindians keine Sprache außer der eigenen beherrschten. Im Käfig befanden sich neben den schon erwähnten Utensilien zwei gepolsterte Stühle in barockisierendem Design, ein Tisch, dessen Decke die Wahrzeichen der

Weltstädte zeigte, und ein Mickey-Mouse-Badetuch. Mit nicht minder kulturell hybrid zusammengestellten Utensilien gezeichnet präsentierten beide ihren Körper: Fusco in einem Hawai-Bastrock, Turnschuhen und Sonnenbrille, Gómez Peña in einem an eine aztekischen Kriegertracht erinnernden bestickten Zweiteiler und einer Maske, die neben Federn auch Buttons aufwies, wie man sie in vielen Krimskramsgeschäften kaufen kann.

Fusco hat in einem Essay ausführlich über ihre Erfahrungen bei dieser *reverse ethnography* geschrieben. Sie schätzt, daß ungefähr die Hälfte der Besucher – alleine in Washington waren es 120 000 – der *performance* glaubte: das heißt, sie wurden von ihnen unter dem Kriterium der Authentizität wahrgenommen und beurteilt. »Merken Sie nicht«, sagte, laut Fusco, ein englischer Gentleman in Covent Garden zu den Zoo-Wächtern, »daß diese armen Menschen überhaupt keine Vorstellung davon haben, was mit ihnen geschieht?« (52) Vor allem in Spanien kam es zu Zweifeln an der Authentizität, weil die Haut der beiden nicht dunkel genug für »richtige« Eingeborene sei. (Die Zoo-Wächter antworteten darauf, daß sie aus einem Regenwald stammten, in den kaum Sonne eindringe.) Beschwerden bei der jeweiligen Museumsleitung, daß man Menschen nicht so ausstellen dürfe, kamen in solcher Zahl, daß Museumsbeamte den beiden Künstlern nicht selten vorhielten, sie würden mit ihrer *performance* den erzieherischen Aufgaben ihrer Institution zuwiderlaufen. Ähnlich die Reaktion von vielen, die die Performance als eine Fiktion begriffen und den beiden Künstlern mit moralischer Entrüstung vorwarfen, sie führten die Leute hinters Licht. Fuscos Rap-Tanz wurde sehr oft als nicht-authentisch kritisiert, dagegen gab es nie Zweifel an der Sinnhaftigkeit von Gómez Peñas Spracherfindungen.

Es stellte sich zunehmend heraus, daß die Frage, welche Wirklichkeit dem Ganzen zugesprochen wurde, zweitrangig war, denn die Reaktionen spiegelten sich nur zu genau. Eine ganz häufige Reaktion war das Anbieten von Eßbarem, das Füttern. Kinder reichten ihre Süßigkeiten durch das Gitter, ein Mann in Anzug und Krawatte zahlte fünf Dollar, um sich fotografieren zu lassen, während er Fusco eine halb geschälte Banane hinhielt. Körperberührungen richteten sich vor allem auf den Mann, sein Arm wurde angefaßt, oder auch anderes, meist von Frauen, während die Männer unter den Zuschauern die angenommene Situation, die Ausstellungsobjekte würden ihre Sprache nicht verstehen, zu verbalen sexuellen Anzüglichkeiten nutzten. Vereinzelt steigerte sich das zu analen Akten der Verwerfung: so stellte in Madrid ein Mitglied einer Gruppe Jugendlicher eine mit Urin gefüllte Bierdose in den Käfig.

Es kam auch zu Identifikationen, aber fast immer durch Angehörige von Minderheiten. African-Americans etwa erinnerten die Geschichte der Sklaverei, ein Pueblo-Häuptling äußerte im Smithonian: »Ich sehe die Gesichter meiner Enkel in diesem Käfig.« Und er fügte hinzu, daß diese Präsentation wirklicher sei als das, was dieses National Museum of Natural History sonst zeige (56). Viele Latin- und Native-Americans dokumentierten ihre Solidarität mit einem Händedruck durch die Gitter, während sie für das obligatorische Erinnerungsfoto posierten.

Keiner aus den letztgenannten Gruppen äußerte übrigens eine Kritik an der »Nicht-Authentizität«, der kulturellen Hybridität der ausgestellten Zeichen (56). Wenn die, die sich selbst als ethnische oder kulturelle Minderheit erfahren, an der Hybridität der Zeichen sich nicht stören, dann zeigt das wohl, wie sehr solche Zuschreibungen wie die der Authentizität und der Homogenität dem Zusammenhang der zweiten Zuschreibung angehören und daß diejenigen, die erfahren, daß und wie solche Zuschreibungen der Diskriminierung dienen, eher bereit sind, sie beim anderen nicht unter identitätslogischen Gesichtspunkten wahrzunehmen. Zugleich ist bei vielen Betrachtern auffällig, wie schnell Elemente des kolonialen Diskurses bei der Hand sind, um eine Distanz herzustellen. Zu diesen Diskursstrategien gehört etwa das Infantilisieren oder gar Bestialisieren, indem man den anderen füttert, oder das Wahrnehmen des anderen als sexuelles Objekt. Kinder und Tiere haben keine eigene Sprache, sie sind zur Beschriftung ebenso freigegeben wie das sexuelle Objekt. Beschrieben werden Körper auch durch den rassistischen Diskurs, der körperliche Differenzen zu Merkmalen, zu Zeichen macht. Eine andere Strategie, die Spannung, die durch die Dekontextualisierung der Zeichen entsteht, aufzulösen oder zu reduzieren, zeigten die »wissenden« Besucher, wenn sie zum Beispiel den beiden Künstlern ihre »bürgerlichen« Namen zuriefen.

Gómez Peñas und Fuscos *performance* dekontextualisiert die Zeichen und rekontextualisiert sie am eigenen Körper. Aber diese Rekontextualisierung läßt die semiotischen Systeme gebrochen, weil der Körper jenseits seiner Bedeutung durch die Sprache nicht als Einheit erscheint, sondern eher als groteske Entgrenzung wie in den Inszenierungen des Karnevals oder als organ(isations)lose Intensität wie bei Bacon. Dadurch wird die Subjekt-Objekt-Struktur des Betrachtens verkehrt und aufgelöst: nun blickt der Körper des anderen den Betrachter an, wird er Zeuge seines Angesehenwordenseins. In der *performance* als *reverse ethnography* werden die Zuschauer zu Schauspielern, die, in der Intrige der Körper verstrickt und im Versuch, ihr zu entkommen, ein Drama aufführen.

Literatur

Bauer-Wabnegg, Walter. *Zirkus und Artisten in Franz Kafkas Werk. Ein Beitrag über Körper und Literatur im Zeitalter der Technik.* Erlangen: Verlag Palm u. Enke, 1986

Blau, Herbert. »The Prospect Before Us«. *Discourse* 14.2 (1992), 1-25

Bollas, Christopher. *Der Schatten des Objekts – Das ungedachte Bekannte: Zur Psychoanalyse der frühen Entwicklung.* Stuttgart: Klett-Cotta, 1997

Deleuze, Gilles. *Francis Bacon – Logik der Sensation.* Trans. Joseph Vogl. München: Wilhelm Fink Verlag, 1995

Ellmann, Maud. *Die Hungerkünstler – Hungern, Schreiben, Gefangenschaft*. Stuttgart: Reclam, 1993

Fischer-Lichte, Erika. »Inszenierung des Fremden. Zur (De-)Konstruktion semiotischer Systeme.« In: *TheaterAvantgarde. Wahrnehmung – Körper – Sprache*. Erika Fischer-Lichte (ed.). Tübingen und Basel: Francke Verlag, 1995, 156-241

Foucault, Michel. »Andere Räume«. In: *Stadt-Räume*. Ed. Martin Wentz. Frankfurt a.M./New York: Campus, 1991, S. 65-72

Francis Bacon 1909-1992 Retrospektive (Ausstellungskatalog Haus der Kunst München), 1996

Fusco, Coco. *English Is Broken Here – Notes on Cultural Fusion in the Americas*. New York: The New Pr., 1995

Gantar, Jure. »Catching the Wind in a Net: The Shortcomings of Existing Methods for the Analysis of Performance«. *Modern Drama* 39,4 (1996), 537-546

Gennep, Arnold van. *Übergangsriten*. Frankfurt a.M./New York: Campus, 1986

Goffman, Erving. *Rahmen-Analyse – Ein Versuch über die Organisation von Alltagserfahrungen*. Frankfurt a.M: Suhrkamp, 1977

Görling, Reinhold. »Warum heißt Amerika nicht Kolumbia? Fiktionalisierung als Mittel von Macht und Subversion in der Erfindung und Eroberung der Neuen Welt«. In: *Amerika – das andere Gesicht Europas?* Ed. Claus Füllberg-Stolberg u. Reinhold Görling. Pfaffenweiler: Centaurus, 1996, 35-56

Grädel, Jean. »Der Körper als Werkzeug der Erinnerung«. In: *Der sprechende Körper – Texte zur Theateranthropologie*. Ed. Walter Pfaff u.a.. Zürich: Museum für Gestaltung, 1996, 9-36

Grotowski, Jerzy. *Für ein armes Theater*. Berlin: Alexander Verlag, 1994

Kafka, Franz. »Ein Hungerkünstler«. In: *Ein Landarzt und andere Drucke zu Lebzeiten*. Frankfurt a.M: Fischer, 1994, 261-273

Lévinas, Emmanuel. *Jenseits des Seins oder anders als Sein geschieht*. Freiburg: Karl Alber, 1992

Merleau-Ponty, Maurice. *Das Sichtbare und das Unsichtbare*. München: Wilhelm Fink Verlag, 1994

Rydell, Robert W. *All the World's a Fair. Visions of Empire at American International Expositions, 1876-1916*. Chicago and London: University of Chicago Pr., 1984

Scheugl, Hans. *Show Freaks & Monster – Sammlung Felix Adanos*. Köln: DuMont, 1978

Siegmund, Gerald. *Theater als Gedächtnis – Semiotische und psychoanalytische Untersuchung zur Funktion des Dramas*. Tübingen: Narr, 1996

Turner, Victor. *Das Ritual – Struktur und Antistruktur*. Frankfurt a.M./New York: Campus,1989

Turner, Vicotor. *Vom Ritual zum Theater – Der Ernst des menschlichen Spiels*. Frankfurt a.M: Fischer, 1995

Vandereycken, Walter/Ron van Deth/Rolf Meermann. *Hungerkünstler, Fastenwunder, Magersucht – Eine Kulturgeschichte der Eßstörungen*. München: dtv, 1992

Velázquez (Ausstellungskatalog Museo de Prado Madrid). Ed. Santiago Saavedra, 1990

Hans Georg Rosenstein

Seine Majestät – der Körper
Gebärde und Körperlichkeit in der frühen deutschen Filmtheorie

In seinen Anfängen fand das neue Medium Film sein Zuhause auf Jahrmärkten und in Varietés, als Mittler der Unterhaltung, der, überwiegend von den unteren gesellschaftlichen Schichten rezipiert, Möglichkeiten zu preiswerter Kurzweil und zum Amusement bot. Etwa ab 1905 nahm der Film vorwiegend Quartier in Gaststätten und einfachen, kaschemmenartigen Kientopp-Kinos. Diese Häuser genossen einen eher zweifelhaften Ruf. »Sie boten den Armen ein Obdach und den Liebenden eine Zuflucht. Hin und wieder schneite auch ein verrückter Intellektueller herein.«[1] Einer dieser »Verrückten« war Alfred Döblin, der 1909 die Erfahrungen und Eindrücke seiner Kino-Besuche in dem Essay »Das Theater der kleinen Leute« festhielt:

»Panem et circenses sieht man erfüllt: Das Vergnügen notwendig wie Brot; der Stierkampf ein Volksbedürfnis. [...] Man nehme dem Volk und der Jugend nicht die Schundliteratur noch den Kientopp; sie brauchen die sehr blutige Kost ohne die breite Mehlpampe der volkstümlichen Literatur und die wässerigen Aufgüsse der Moral.«[2]

Ironisch gebrochen grenzte Döblin das frühe Kino von etablierten bürgerlichen Kunstinstitutionen, wie dem Theater, ab, beurteilte das Gesehene eher unter sozialhygienischen denn ästhetisierenden Maßstäben. Aus der Sicht des teilnehmenden Beobachters schilderte er das neue Medium als eine auf Bewegung und Visualität basierende Unterhaltungsform, deren künstlerische Entwicklungsfähigkeit er in ironischer Distanz konstatierte. »Oh diese *Technik* [Hervorhebung des Verfassers] ist sehr entwicklungsfähig, fast reif zur Kunst.« (ebd.)

Etwa um diese Zeit sah das Kino in Deutschland sich jedoch tatsächlich mit den Forderungen einer künstlerischen und sozialen Nobilitierung konfrontiert, die vor allem durch zwei Neuerungen augenfällig wurden. Zum einen wurde durch eine verbesserte Technik eine flimmerfreiere und längere Projektion möglich, in deren Gefolge eine anspruchsvollere Filmdramaturgie

---

1 Siegfried Kracauer: *Von Caligari zu Hitler. Eine psychologische Geschichte des deutschen Films.* Frankfurt a.M. 1979. S. 22

2 Vgl. Alfred Döblin: Das Theater der kleinen Leute. In: *Das Theater. 1* (1909/10), Heft 8

erst realisierbar wurde. Zum anderen entstanden vermehrt prunkvolle, theaterähnliche Kinoneubauten, die vor allem helfen sollten, ein bürgerliches Publikum für das noch stigmatisierte neue Medium zu rekrutieren.

Infolge dieser Innovationen und der damit verbundenen Literarisierung des Films begannen in den zehner Jahren erste Versuche einer ernsthaften und zunehmend unabhängigen Film-Kritik, die als Ausgangspunkt einer beginnenden systematischen Filmtheorieschreibung angesehen werden können.[3] Aufgrund des Fehlens eigenständiger filmischer Kategorisierungen ist es nicht verwunderlich, daß dabei zunächst literarische und theatralische Bezugspunkte im Vordergrund des Interesses standen.

Aber nicht nur für den Film stellten diese Neuerungen einen tiefen Einschnitt dar. Auch für das Theater konnte die zunehmende Konkurrenz des Kinos nicht folgenlos bleiben, zumal es durch diese Entwicklung sein Monopol auf die darstellende Kunst zwangsläufig verloren hatte. Diese beginnende Rivalität, die in einer offensiven publizistischen Auseinandersetzung kulminierte, war nicht allein in den hohen finanziellen Einbußen der Theater begründet, sondern wurde auch über die Funktion und Rolle des Schauspielers ausgetragen.

Der Theater-Kino-Streit

»Die darstellende Kunst soll dem Theater erhalten bleiben, sie muß in jeder Form aus den Lichtspielen verschwinden.«[4]

Diese Forderung des Bühnenvereins aus dem Jahre 1912 zeigt, wie umstritten das Engagement professioneller Bühnen-SchauspielerInnen im Film in der Frühzeit des neuen Mediums war. Die forcierte Konkurrenzsituation, das Kino hatte dem Theater einen nicht unerheblichen Teil des angestammten Publikums abgeworben, ließ die wechselseitigen Attacken wesentlich an Schärfe gewinnen. Ähnlich wie wichtige Vertreter der sogenannten »Kinoreformbewegung« wollten auch die Wortführer des Bühnenvereins das Kino auf die reine Realitätsabbildung, die bewegte, dokumentarische Fotografie beschränkt sehen.

Mit dem »Autorenfilm« der Jahre 1912 bis 1914 kulminierte dieser Streit zwischen Bühne und Kino und endete mit einem wichtigen Etappensieg des neuen Mediums. Die Maxime des Autorenfilm: »Berühmte Schauspieler in Stücken berühmter Schriftsteller, inszeniert von berühmten Theaterregisseuren« forderte das bürgerliche Theater heraus. Auch wenn dieser Filmtypus nicht den erhofften Publikumszuspruch fand, gelang dem als plebejisch stig-

---

3 Vgl. Helmut H. Diederichs: *Anfänge deutscher Filmkritik.* Stuttgart 1986

4 Die Schauspieler und der »Kientopp«. In: *Die Deutsche Bühne 4*, (1912), Heft 2, S. 18

matisierten Kientopp mit der Verpflichtung bekannter Schriftsteller als Drehbuchautoren (Gerhart Hauptmann, Arthur Schnitzler) und vor allem bekannter SchauspielerInnen (Albert Bassermann, Paul Wegener, Tilla Durieux) der erhoffte Einbruch in die bürgerlich dominierten »Kulturreservate«. Die oft prunkvoll gestalteten, theaterähnlichen Kinoneubauten taten ein übriges, um die anrüchige Jahrmarktsherkunft des neuen Mediums langsam vergessen zu machen.

Etwa zeitgleich zu diesen ersten Engagements bekannter Theatermimen entstanden im deutschen Film die Ansätze zu einem Starwesen, das sich primär mit den Namen Henny Porten und Asta Nielsen, die beide in den frühen zehner Jahren im Film reüssierten, verbinden läßt.[5] Der Beruf des professionellen Kinoschauspielers war entstanden, entweder als Grenzgänger zwischen Theater und Film, wie etwa bei Paul Wegener oder als ausschließlich für das neue Medium agierender Darsteller wie etwa bei Max Linder.

Die Spielweisen der KinoschauspielerInnen verlangten jedoch eine eigene Dramaturgie der Darstellung im stummen Film: Mimik und Gestik mußten das gesprochene Wort nicht nur begleiten, sondern ersetzen. Sprache war ausschließlich über Zwischentitel, Programmhefte oder Rezitatoren in die Filmvorführung zu integrieren. Die Möglichkeiten, durch genuin filmische Mittel (Kameratechnik, Montage usw.) eine eigene »Filmsprache« prozeßhaft herauszubilden, waren in Deutschland (im Gegensatz zu D. W. Griffith in den USA) noch nicht in ausreichendem Maße ausgearbeitet worden; die Kamera blieb zunächst überwiegend reproduktionstechnischer Chronist – die »Kunst« hatte vor der Kamera stattzufinden. Wenn jedoch das Spiel vor der Kamera den eigentlichen Kunstcharakter des Films determinierte, dann fiel dem Schauspieler und seiner – noch – theatralen Ästhetik eine zentrale Bedeutung in der Filmkritik und der sich daraus entwickelnden Theorieschreibung des frühen Films zu. Körperlichkeit, Mimik und Gestik wurden so zu den zentralen ästhetischen Kategorien filmischer Darstellung, die das neue Medium künstlerisch und theoretisch definierten.

Der Schauspieler als das eigentliche Kunstmaß des Films

In den frühen zehner Jahren entwickelten sich aus den immer regelmäßiger erscheinenden Filmkritiken in der Tages- und Fachpresse erste längere theoretische Standortbestimmungen zum Film und seinen künstlerischen Möglichkeiten. Die Rolle des Kinoschauspielers rückte dabei mehr und mehr in den Mittelpunkt der Betrachtungen. Erste Kritiker versuchten eine Herleitung des

---

[5] Zu den beiden genannten weiblichen Stars des frühen deutschen Films und deren unterschiedlicher Rollenverteilung zwischen prototypischem und emanzipiertem Rollenverhalten vgl. Heide Schlüpmann: *Unheimlichkeit des Blicks: das Drama des frühen deutschen Kinos.* Frankfurt a.M. 1990.

stummen Spiels vor der Filmkamera aus den ästhetischen Gesetzen der Pantomime. Sie bemängelten etwa, daß die Schauspieler während des Drehens dialogisierten und erachteten die Bewegung der Lippen in einem stummen Medium als grundsätzlich fehlerhaft.[6] Doch das rein pantomimische Agieren vor der Kamera blieb nur Episode (Beispiel: Sumurun, Regie: Max Reinhardt), wirkte zu artifiziell, um in den populären Genres des frühen Kinos erfolgreich sein zu können.[7] Vielmehr wurde vom Schauspieler verlangt, die fehlende Sprache nicht durch eine überstilisierte (= pantomimische) Bewegung wettzumachen.

Herbert Tannenbaum, einer der ersten Theoretiker des deutschen Films, gehörte zu jenen, die sich gegen eine einfache Übernahme theaterästhetischen Regelwerks aussprachen, die im Film mehr erkannten als abgefilmte Theaterpantomime.[8] Tannenbaum sah im Kinodrama durch das Fehlen der Sprache bei gleichzeitiger Sichtbarkeit der handelnden Person die »aparte« Sonderstellung des Filmdramas gegenüber Bühnenstück und Pantomime (ebd., S. 34).

Das zentrale Problem für Filmkritik und beginnende Theorieschreibung blieb weiterhin die Stummheit des Mediums. Sprache, über Zwischentitel oder einen Rezitator eingebracht, unterbrach die Vorführung oder lenkte von der filmischen Narration ab. Eine subtile Charakterzeichnung war somit kaum möglich; der handelnde Mensch rückte als das eigentliche Wesensmerkmal des Films in den Vordergrund. Georg Lukács schreibt dazu:

»Das Wesen des ›Kino‹ ist die Bewegung an sich, die ewige Veränderlichkeit, der nie ruhende Wechsel der Dinge. (...) Das Kino stellt bloß Handlung dar, nicht aber deren Grund und Sinn, seine Gestalten haben bloß Bewegungen, aber keine Seelen, und was ihnen geschieht, ist bloß Ereignis, aber kein Schicksal. (...) Der Mensch hat seine Seele verloren, er gewinnt aber dafür seinen Körper; seine Größe und Poesie liegt hier in der Art, mit der seine Kraft oder seine Geschicklichkeit physische Hindernisse überwältigt, und die Komik besteht in seinem Erliegen ihnen gegenüber. Die für jede große Kunst völlig gleichgültigen Errungenschaften der modernen Technik werden hier phantastisch und poetisch packend wirken.«[9]

Zwei Aspekte standen hier im Vordergrund: einerseits hatte der Mensch durch den Film eine neue Körperlichkeit entdeckt, seinen Körper »wiedergefunden«, andererseits war erst das Kino in der Lage, die technischen Errun-

6 Vgl. etwa Adolf Koelsch: Die Mimik der Kinoschauspieler. In: *Berliner Tagblatt.* Nr. 616. 1912

7 Oskar Geller: Kino und Pantomime. In: *Bühne und Welt.* 15 (1913). S. 292

8 Vgl. Herbert Tannenbaum: Kino und Theater. (1912) In: *Der Filmtheoretiker Herbert Tannenbaum.* Hrsg. Helmut H. Diederichs. Frankfurt a.M. 1987. S. 33-46

9 Georg Lukács: Gedanken zu einer Ästhetik des Kinos. (1913). In: Anton Kaes (Hg.): *Kino-Debatte.* Tübingen 1978. S. 112-118. Hier S. 114-116

genschaften der Moderne, etwa das Automobil, wirkungsvoll in seine Darstellungen zu integrieren. Nicht umsonst gehörten wilde Verfolgungsfahrten in Eisenbahn, Auto oder Aeroplan zu den ständigen Höhepunkten des actiongeladenen Kinorepertoires. Bewegung und Tempo beherrschten neben den genannten Kategorien von Gebärde und Körperlichkeit die gängige Filmpraxis sowie die Theorieschreibung[10] und charakterisierten die temporeiche Bewegung des Films als Signatur des modernen (groß-)städtischen Lebens.

Die verschiedenen fiktionalen Genres zwischen sozialem Kinodrama und Filmgroteske benötigten ihre eigene spezifische Körpersprache. Während die Groteske ihr gestisches Repertoire dem »gröberen« Gebärdenarsenal der Akrobatik und Clownerie entleihen konnte[11], war vor allem das um künstlerische Anerkennung bemühte soziale Kinodrama auf eine nuanciertere Gebärdensprache angewiesen. Emilie Altenloh, Schülerin Alfred Webers, unterschied in ihrer Untersuchung *Zur Soziologie des Kinos*[12] zwischen stark affektgeladenen Gebärden (Schreck, starker Schmerz), die auch im Film verständlich wirkten, und solchen, die das differenziertere »Helldunkel von Gefühls- und Willensarbeit in einem Menschen« (ebd., S. 27) nicht hinreichend genug verdeutlichten. Das Fehlen einer einheitlichen Gebärdensprache, »die bis in die feinsten Nuancen entwickelt wäre« (ebd.), beschrieb für sie das eigentliche (defizitäre) Merkmal des Films gegenüber dem Bühnendrama. Sie forderte daher die Entwicklung einer »Ausdrucksplastik«, einer »Sprache der Bewegung«, die nicht nur den Gesichtsausdruck (die Großaufnahme gehört zu diesem Zeitpunkt noch nicht zum festen Repertoire filmischer Darstellung in Deutschland), sondern den ganzen Körper miteinbezog (ebd., S. 32).

Diese Ausführungen Altenlohs zeigen, warum eine psychologisch differenzierte Erzählweise für das frühe Kino kaum möglich war. Während Teile der literarischen Intelligenz (Döblin, später Brecht) zeitweise diesen scheinbaren Mangel als eigentliche Stärke begriffen, weil er deren – literarischer – Forderung nach Entpsychologisierung nahe kam, versuchten kulturkonservative Kreise, allen voran Teile der sogenannten »Kinoreformer«, das Filmdrama als geistlos abzutun und das neue Medium ausschließlich zu dokumentarischen, nicht-fiktionalen Aufnahmen zu gebrauchen (Der Bühne gehört der Geist, dem Kino gehört der Körper!).[13]

Hermann Häfker, einer der Protagonisten der Reformer, beschrieb in seiner

---

[10] Vgl. etwa Egon Friedell: Prolog vor dem Film. (1912) In: *Kaes*. S. 42-47

[11] Thomas Koebner: Der Film als neue Kunst. In: Kreuzer, Helmut (Hg.): *Literaturwissenschaft – Medienwissenschaft*. Heidelberg 1977. S. 1-31. Hier S. 13

[12] Emilie Altenloh: *Zur Soziologie des Kinos*. Jena 1914

[13] Es sei hier nur am Rande erwähnt, daß der frühe Film, gerade wenn er mit Körperlichkeit und Gebärde spielte und die Auseinandersetzung »Körper – Umwelt« thematisierte und ironisch brach, einige seiner bleibenden Leistungen erbrachte, international bei Chaplin, national vor allem bei Karl Valentin.

Schrift *Kino und Kunst* (1913) die weitgehende Ablehnung fiktionaler Filmgenres und forderte zumindest die Abkehr von der gewohnten Bühnengebärdensprache, wenn ein Schauspieler sich denn überhaupt zur Filmschauspielerei herablassen sollte:

»Wer für das Kinobild spielt, kann das als Künstler nur tun, indem er eine für sich sprechende Gebärden›sprache‹ erfindet und sich auf das beschränkt, was sich mit Gebärden aussprechen läßt. Da im Bilde ja noch von der wirklichen Mimik vieles verloren geht, so ist der Kinoschauspieler in der Tat auf einen geringen Formenschatz angewiesen und auch von diesem Gesichtspunkte her empfiehlt sich der Ausweg einer mechanikartigen Stilisierung und einer mit wenigen übereingekommenen Handgeberden [sic!] *al fresco* wirkenden Körpersprache.«[14]

Das angemessene Genre für ein filmisches Engagement der Schauspieler sah Häfker dabei im pädagogischen Wirken des Films. Nicht die dramatischen (= fiktionalen) Formen sollten vom Schauspieler ausgearbeitet, sondern allein »geschichtliche Vorgänge« in diesem Sinne volkspädagogisierend schauspielerisch dargestellt werden. Selbstredend war der Gelehrte dafür weit mehr gefragt als der (Kino-)Dichter – der vorgeblich sozialpädagogische Impetus dieser Forderung zeugte dabei mehr von den Ängsten vor dem eigenen sozialen Wirkungsverlust bürgerlich-intellektueller Kreise als von einem wirklichen Reformwillen zugunsten des frühen Kinos.

Diametral entgegengesetzt zu Häfkers Wünschen nach Beschränkungen des sozialen Dramas charakterisierte der Dadaist Walter Serner die Funktionen des Körperlichen im frühen Film mit dem in diesem Falle nicht pejorativ verstandenen Begriff der *Schaulust*[15]. Jenseits kulturbürgerlicher Reglementierungswünsche und Vorurteile emanzipierte Serner das physische Moment der Filmbetrachtung, indem er das klassenlose Bedürfnis nach »Wollust des Schauens« als eigentliche Basis des Kinoerfolgs definierte:

»Es war die aufregende Abenteuerlichkeit einer Tigerjagd, eines abertollen Gebirgsritts, einer todesmutigen Autofahrt; es war die atemberaubende Verfolgung eines angeschossenen blutenden Rowdys über die schwindelnd hohen Dächer New Yorks; (...) Ein Schauen wars, das Tempo hatte und Leben, und das eine Lust war.« (ebd., S. 190)

Der noch vorhandene Mangel an situationsentsprechender Gestik und Mimik wurde für Serner durch die »erfrischende Stummheit« des Mediums kompensiert, eine Stummheit, die »den Akteur zum Nichts, sein Tun zur Hauptsache« (ebd., S. 191) machte und die Dominanz der Handlung in den Vordergrund stellte.

In Opposition zu den Reformern rehabilitierte Serner die Schaulust als

---

14 Zit. nach Hermann Häfker: *Kino und Kunst*. M.Gladbach 1913. S. 47

15 Vgl. Walter Serner: Kino und Schaulust. In: *Die Schaubühne*. Jg. 9. Heft 34/35. 28.08.1913. Hier zit. nach: Fritz Güttinger (Hg.): *Kein Tag ohne Kino. Schriftsteller über den Stummfilm*. Frankfurt a.M. 1984. S. 189-193

Triebfeder des Kinoerlebnisses jenseits der Kategorien von sozialer Klasse und Bildung. Mehr noch: Die zentrale Bedeutung des Körperlichen im frühen Kino wurde von Serner als eine Mischung aus Sexuellem und Verbrecherischem (v)erklärt, als Ausdruck des Scheiterns kultureller Sublimierung[16] und als Hingabe an die verdrängte Lust an archaischen Grausamkeiten. (Diese wurden freilich nicht im Film, wohl aber schon ein Jahr später im Krieg realiter zur Bedrohung menschlicher Zivilisation. Filmgegner und Filmreformer waren schnell zur Hand, den Film zu einer gewaltigen Waffe der Kriegspropaganda zu machen – freilich ohne moralische Bedenken!)

Trotz der diametral entgegengesetzten sozialen Wertung der kulturbürgerlichen Reformer einerseits und Serners anarchischer Betrachtung andererseits, konstatierten diese beiden Pole eine Gemeinsamkeit: Nicht der denkende, sondern der handelnde, sich bewegende Mensch ist die Attraktion des frühen Films; seine Dramaturgie wird primär durch Körperlichkeit, Gebärde und Tempo bestimmt.

Der Körper – durch das Objektiv betrachtet

In den zahlreichen filmtheoretischen Abhandlungen, die in den Anfangsjahren der Weimarer Republik entstanden, nahm weiterhin die Funktion des Schauspielers die zentrale Rolle ein.[17] Sein Körper wurde als mimisches Instrument beschrieben (Pordes, S. 21), die Filmprojektion als das technische Mittel, Mimik und Gestik adäquat zu vermitteln, besser als es das Theater je konnte (ebd., S. 17). Urban Gad, vor ihm noch Paul Wegener[18], rückten die Verknappung und die Konzentration von Gestik und Mimik und die Eindeutigkeit des körpersprachlichen Ausdrucks in den Mittelpunkt ihrer praxisnahen Betrachtungen[19]. In den Bemühungen um eine künstlerische Emanzipation wurde die Gebärde als der »Urbereich aller seelischen Mitteilung«[20] aufgewertet, die Internationalität der Körpersprache als Mittel des politischen Ausgleichs und der Völkerverständigung gepriesen: »Das Bioscop kann mehr als Malerei

[16] Vgl. Schlüpmann. S. 296-307, hier besonders S. 299

[17] Beispielhaft seien genannt: Urban Gad: *Der Film. Seine Mittel, seine Ziele.* Berlin 1921. Victor E. Pordes: *Das Lichtspiel. Wesen, Dramaturgie, Regie.* Wien 1919. Wälter Bloem: *Seele des Lichtspiels.* Leipzig 1922. Auch allein auf den Filmschauspieler bezogene Lehrbücher gelangen auf den Markt: Oskar Diehl: *Mimik im Film. Leitfaden für den praktischen Unterricht in der Filmschauspielkunst.* München 1922

[18] Paul Wegener: Neue Kinoziele. (Vortrag von 1916) In: Güttinger. S. 341-350

[19] Vgl. Knut Hickethier (Hg.): *Grenzgänger zwischen Theater und Kino.* Berlin 1986. S. 36

[20] Vgl. Carl Hauptmann: Film und Theater (1919) In: *Kaes.* S. 123-130. Hier S. 125

und Bildhauerei. Sein *einzigartiges*, ganz *spezifisches* Vermögen ist, den Ablauf aller bedeutungsvollen Bewegung, die lebendige Gebärde aller Wesen, der lebendigen und der toten Dinge, absolut zu objektivieren. (...) Die Seele macht sich *ohne* Wortsprache in der Gebärde verständlich. Indianer aus Amerika verstanden sich grundsätzlich durch Gebärden mit den Taubstummen in einer Anstalt Berlins.« (ebd., S. 124 f.)

Das gerade in den Werken der Filmindustrie, die ihre großindustrielle Organisationsform in Deutschland letztlich der Entscheidung der Obersten Heeresleitung zur Gründung der UFA in Kriegszeiten zu verdanken hatte, eine Möglichkeit zur internationalen Verständigung gesehen wurde, mag im Nachhinein blauäugig anmuten, entscheidend ist in diesem Zusammenhang der Glauben an das allgemeinverständliche Ausdrucksmittel der Gebärde – selbst auf internationalem Felde.

Die Erfahrungen mit der spezifischen Rolle der Schauspieler im expressionistischen Film in Deutschland, deren wichtigste und einzige »formreine« Beispiele der Caligari-Film und Karl-Heinz Martins Verfilmung »Von morgens bis mitternachts« waren, beschrieb Herbert Ihering.[21] Besonders interessant ist dabei eine von Ihering benannte doppelte Rückkopplung zwischen Bühne und Film. Einerseits bedurfte der Film der vom Theater und der Pantomime entlehnten Schauspielkunst und seiner Techniken, um daraus die eigene darstellerische Kunst entwickeln zu können, andererseits gewann auch die Bühne durch die neuen Techniken und Sehgewohnheiten zu einer neuen schauspielerischen Darstellungsweise. Knut Hickethier charakterisiert in diesem Zusammenhang die darstellerische Betonung auf den Rhythmus als »zentrale Kategorie expressionistischer Spielweise« als die »ästhetisch gestaltete Antwort auf die Dynamisierung der Zeit in dieser Epoche«[22] – im Film wie auch auf der Bühne. »So wie Gebärde für die allgemeine Stummfilmdebatte zu einer zentralen Kategorie wurde, suchte der filmische Expressionismus deren Stilisierung.« (ebd.) Diese in ihrer Stilisierung äußerst konzentrierte und präzise Form der Darstellung rückte den Schauspieler vollends in das Zentrum der Filmbetrachtung.

Carlo Mierendorff ging es in seiner Schrift »Hätte ich das Kino (Berlin 1920)[23] nicht primär um eine kunsttheoretische Standortbestimmung des Films, vielmehr stand hier die Massenwirksamkeit des Mediums und seine politische Wirkungsmöglichkeit im Vordergrund. Den bürgerlich kapitalistischen Produktionsverhältnissen zum Trotz sah der Sozialist Mierendorff im Kino eine gewaltige kulturrevolutionäre Kraft, die den Massen, den »ohne

---

21 Vgl. Herbert Iheringt: Der Schauspieler im Film. Artikelserie im *Berliner Börsen-Courier*, 31.10.1920 - 16.10. 1921

22 Vgl. Hicket, hier. S. 38

23 In: Güttinger, S. 384-399

Buch lebenden«, die eigene Existenz in ihrer Ursprünglichkeit näherbringen konnte. Der Primat des Sichtbaren im Film beinhaltete für Mierendorff die Möglichkeit zur Emanzipation der Mehrheit: Im Kino konnte die Masse an Kultur partizipieren und damit gleichzeitig das herrschende Kultursystem untergraben. Mittler dieser Indienstnahme ist auch hier wiederum der Schauspieler durch seine lebendige Gebärde.

»Nichts aber teilt jäher und direkter innere Bewegtheit mit als die Gebärde. (...) Aber unter unserem Breitengrad ist der Gebärdenschatz gering. Die Gesten der Menschen genügen nicht. Die Gebärde der Dinge muß hinzu.« (ebd., S. 390 f.)

Diese Forderung zielte auf eine kompositorische Einheit der Dinge (etwa Filmarchitektur) und der handelnden Menschen ab, erst deren Gesamtzusammenhang ermöglichte die filmische Ganzheit. In dem Terminus der »Physiognomie der Dinge« wird später Béla Balázs diese Gedanken aufnehmen und weiterführen.

In der ersten umfassenden Filmtheorie von Balázs[24] verbanden sich die Vorstellungen von einer im marxistischen Sinne verstandenen Volkskunst mit einer kunsttheoretisch fundiert argumentierenden Ästhetik des Films.[25] Obwohl Balázs filmästhetische Gesetzmäßigkeiten wie Großaufnahme und Bilderführung (= Montage) thematisierte, fokussierte er primär die Bedeutung des »sichtbaren Menschen«, der »Physiognomie der Dinge«, auf die künstlerische Wirkung des Films. Emilie Altenlohs Gedanken zu einer allgemein verständlichen Gebärdensprache weiterführend, forderte Balázs die Entwicklung eines »Gebärdenlexikons«, einer international gültigen Gebärdensprache als »universale Muttersprache« (Balázs, S. 52 f. und S. 67 f.), die er am Beispiel der Arbeit Asta Nielsens konkretisierte. Diese neue visuelle Kultur begriff Gebärde und Mimik als Kommunikationsform, die letztlich sowohl der »verwaschenen« Alltagssprache als auch einer intellektualisierten Literatursprache überlegen sei. Die Großaufnahme war dabei die filmtechnische Bedingung, Gebärde und Mienenspiel hervorzuheben und das Medium künstlerisch zu nobilitieren.

Die Bedeutung der Sprache des Körpers und der Physiognomie, die in »allem Äußeren ein Inneres« zu erkennen gibt, wurde von Balázs stilisiert; die Konzentration der Filmtheorie auf den Schauspieler und seine Körperlichkeit als determinierender Faktor des künstlerischen Films erreichte in Balázs' Theorie ihren Höhepunkt. Zu Recht bezeichnete Helmut H. Diederichs, Filmhistoriker und Mitherausgeber der Schriften Balázs, »Der sichtbare Mensch« als das Hauptwerk der Schauspielertheorie des Films.

---

24 Bela Balázs: Der sichtbare Mensch oder die Kultur des Films (1924). In: Ders.: *Schriften zum Film*. Band 1. Berlin 1982

25 Vgl. Heinz-B. Heller: *Literarische Intelligenz und Film*. Tübingen 1985. S. 231 ff.

Montage als Grundlage einer neuen Filmkunst – und Filmtheorie

Durch die Arbeiten der sowjetischen Filmemacher erfuhr mit einiger Verzögerung die Filmtheorie auch in Deutschland einen entscheidenden Paradigmawechsel. Beispielhaft sei hier auf die Folgen der Rezeption von Eisensteins »Panzerkreuzer Potemkin« verwiesen, der, nachdem er die deutsche Zensur 1926 mühsam passiert hatte, für Publikum und Filmschaffende ein revolutionierendes Kinoerlebnis darstellte[26] und auch nachhaltigen Einfluß auf die Theorieschreibung gewann.

Montage, wie vor allem in den Filmen Eisensteins und Pudowkins demonstriert, wurde danach auch in der Theorieschreibung zur entscheidenden Kategorie der Filmkunst, zum zentralen Ort der Bedeutungsproduktion.[27] Zwar behielt auch der Schauspieler im sowjetischen Stummfilm, entscheidend beeinflußt vom bio-mechanischen Darstellungsstil Meyerholds[28], eine zentrale Funktion, doch Pudowskis Diktum *Grundlage der Filmkunst ist die Montage* wurde zum Leitsatz der Filmtheorie am Ende der Stummfilmära.

Obwohl Montage und Filmschnitt keine neuen filmerzählerischen Kompositionstechniken darstellten, wirkten gerade die von Eisenstein am Moskauer Proletkult-Theaterprojekt entwickelten Theorien (»Montage der Attraktionen«) revolutionierend. Im Kern zielten sie auf die Kreation eines neuen, sinnstiftenden Elements, das erst durch Montage entsteht, indem zu der realen Abbildungsebene eine zweite, bewußt ausgewählte begriffliche oder symbolische Ebene hinzutritt, um so einen neuen Sinngehalt zu schaffen. Dieser von der japanischen Hieroglyphik beeinflußte Gedanke setzte Montage nicht mehr primär als Mittel der kompositorischen Harmonisierung, als rein additive Aneinanderreihung von Einzelszenen, ein und wandte sich gegen die traditionellen filmerzählerischen Kompositionstechniken.

Der Einfluß dieses Montagegedankens auch auf die deutsche Filmtheorie wird deutlich, wenn man Balázs' zweite umfassende Filmtheorie »Der Geist des Films« von 1930 heranzieht: die »Flucht vor dem Schauspieler« und die Bedeutung der Montage als zentrale filmkünstlerische Kategorie stehen jetzt im Vordergrund.

---

26 Vgl. hierzu etwa: Alfred Kerr: Der Russenfilm. In: *Russische Filmkunst.* Berlin 1927. S. 7-25

27 Vgl. Hicket, hier. S. 39

28 Vgl. Ulrich Gregor: Meyerhold und das Theater der Revolutionäre. In: *Theater heute.* 1963, Heft 3. S. 30-32

II. KörperTheaterAusbildung

Dieser Teil ist auch als Einleitung zu den beiden folgenden zu verstehen – geht es doch in den folgenden Abschnitten darum, Ausbildung in integrative Praxis zu überführen (Teil III: Kapitel: KörperTheaterPraxis) und den Ausbildungsstand durch mannigfache Übungen zu erhalten und zu erweitern (Teil IV: KörperTheaterÜbungen)

Der Bewegungsunterricht ist aus der professionellen SchauspielerInnen-Ausbildung nicht mehr wegzudenken, doch fehlt noch eine grundlegend stimmige Konzeption. *Volker Jurké* entwickelt auf der Grundlage von Stanislawskis »Körperkultur« und Brechts gestischem Prinzip eine Körper- und Bewegungserziehung im Dienste der theatralen Handlung und betont dabei besonders die Innen-Außenverschränktheit von körperlichen Prozessen. Das künstlerische Bewegungsstudium charakterisiert er schließlich als eine Abfolge von unbewußtem Tun, Lust am Entstehen einer Bewegung und theatraler Formung.

Im nicht-professionellen Theater-Spiel wird häufig gerade der Körper bzw. das Körperliche in den Mittelpunkt des Tuns gestellt – ja, theaterpädagogisch fundierte Kurse sollen nach Ansicht der Teilnehmerinnen und Teilnehmer vor allem den Körper zum Sprechen bringen, ihn emotional alphabetisieren. Oft steht bei solchen Wünschen allerdings ein kulturpessimistischer Wunsch Pate: weg mit dem Geist/dem Intellekt, hin zum »Eigentlichen«/zum Archaischen – zum Körper... Es gilt jedoch beides zu verbinden, auch bei dem lange vergessenen Meyerhold und der allseits bekannten Pantomime.

Über die Wiederentdeckung der Meyerhold'schen Biomechanik am *Mime Centrum* Berlin informieren *Jörg Bochow* und *Thilo Wittenbecher. Ralf Räuker* (Schauspieler, Regisseur und Experte für Biomechanik) berichtet von seiner Kontaktaufnahme zu Meyerholds Biomechanik auf dem Theater: von staksigen Maschinen-Tänzen hin zu fließenden Bewegungen unter dem Motto von Meyerhold: körperliche »Übungen – Übungen – Übungen – sehr gut. Vorausgesetzt aber, sie wecken auch den Geist auf und nicht nur den Körper«, ergänzt durch Räukers Motto: »Erkenntnisse – Erkenntnisse – Erkenntnisse – sehr gut. Vorausgesetzt aber, sie wecken auch den Körper auf und nicht nur den Geist.«

»An Hand eines Buches hat noch niemand Boxen, Singen oder Tanzen gelernt.« – »Es ist wichtig, daß die Mimen ihren Körper benutzen und nicht, daß sie von ihrem Körper benutzt werden.« Das sind zwei Merksätze aus den Erfahrungen des Pantomimen und Lehrers *Jiri Kaftan*. Wenn ein Pantomime während seiner Aufführung »schweben« kann, dann verlangt das »Gleichgewicht, Sicherheit, bewußte Wahrnehmung das Zentrums des Körpers und gute

Vorbereitung der Beine« – viel Arbeit also. Und nachher sieht dann alles so leicht aus ...

Ein zusätzlicher Lesehinweis: Reiner Steinweg: Am Nervpunkt. Arbeiten an Haltungen. In: ders.: *Lehrstück und episches Theater. Brechts Theorie und die theaterpädagogische Praxis.* Frankfurt a.M.: *Brandes & Apsel,* 1995, S. 61-73

Volker Jurké
Zum künstlerischen Körper- und Bewegungsstudium und zu seiner Problematik in der Schauspielausbildung und an anderen Studiengängen für Darstellende Kunst

1. Zur aktuellen Situation

Spätestens mit Antonin Artaud und in seinem Gefolge mit Jerzy Grotowski und anderen bekannten Künstlern und Schauspielpädagogen wird dem Körper- und Bewegungsaspekt der theatralen Handlung und ihrer körperlich-geistigen Vorbereitung eine überragende Stellung innerhalb einer schauspielpädagogischen Ausbildung zugemessen.

Fachleute sind längst der Meinung, daß dies nicht nur unbedingt erforderlich ist, sondern sogar die Basis darstellt, auf der alle anderen Bereiche in der Ausbildung aufbauen und von der sie profitieren. Dieser Grundsatz, die entsprechend deutliche Gewichtung der Körper- und Bewegungserziehung in der Schauspielausbildung, findet auch in den anderen darstellenden Künsten immer mehr Anerkennung.

Dennoch sieht die aktuelle Situation an Schauspielschulen und Kunsthochschulen mit Studiengängen für Darstellende Kunst (Oper, Gesang, Musiktheater, Schauspiel, Musical) nicht immer »sachgemäß« und zufriedenstellend aus[1]. Auch an den Theatern, an denen ebenfalls ein regelmäßiges Bewegungsangebot für die Akteure nutzbar sein sollte, wird zumindest an dieser Stelle paradoxerweise schnell das Spargument angeführt bzw. das Vorurteil gepflegt, daß dies am Theater nicht mehr nötig sei, weil dies ja bereits an der Hochschule absolviert worden sei.

Die allgemeine Akzeptanz eines regelmäßigen, körper- und bewegungsbezogenen Trainings, so wie man es vom Tanz her kennt, ist in anderen Bereichen der Darstellenden Kunst (Schauspiel, Oper usw.) noch lange nicht etabliert. In einigen Schulen ist der Bereich Körper und Bewegung extrem

1 Tanz wird hier, auch wenn es einige Überschneidungen gibt, nicht miteinbezogen. Wenn im folgenden von Darstellender Kunst oder Theater gesprochen wird, ist in erster Linie an Schauspiel gedacht. Schauspiel meint Drama als »Ober- und Sammelbegrif für alle Gattungen und Untergattungen desselben. (vgl. Schneilin, in: Brauneck, 760f.). Jedoch gilt die Problematik selbstverständlich auch für andere Studiengänge wie Oper, Gesang, Musiktheater usw.

unterrepräsentiert, nur wenige wiederum sind vorbildlich mit hauptamtlichen Lehrkräften ausreichend ausgestattet.[2]

Grundsätzlich ist man sich darüber einig, daß das gemeinsame pädagogische Anliegen einer optimalen individuellen Förderung im Hinblick auf eine anspruchsvolle szenisch-ästhetische Qualität von Theater/Schauspiel insbesondere auf dem Studium der Bewegung und des Körpers basiert.[3] Über die Inhalte, Zielsetzungen und Methoden eines Bewegungsunterrichts als Teil der handwerklich-künstlerischen Ausbildung herrscht jedoch keine Einigkeit. Mehr noch: hier ist ein diffuses Nebeneinander von oft beliebigen Ansätzen zu verzeichnen. Eine didaktisch-methodische Konzeption für ein theaterspezifisches Fach Bewegungsstudium[4] sucht man häufig vergebens.

Dies liegt auch daran, daß es im deutschsprachigen Raum erst einen einzigen ernstzunehmenden Versuch an einer Hochschule gab, die Ausbildung der Bewegungsdozenten entsprechend zu professionalisieren.[5] Problematisch ist nach wie vor, daß viele Dozenten in diesem Bereich Autodidakten sind, d.h., daß sie, ausgehend von irgendwelchen Spezialgebieten der Bewegung (Tai Chi Chuan, Aikido, Tanz, Sportfechten o.ä.), ihre hier gewonnenen Erkenntnisse auf Schauspiel übertragen, meist ohne vom Theater her zu reflektieren, ob dies wirklich für den zukünftigen Darsteller nützlich ist.

Dabei soll sich dieses Fach dem Anspruch stellen können, je nach der in der künstlerischen Praxis intendierten Theaterästhetik flexibel anwendbar bzw. ergänzbar zu sein. Denn die Bedingungen und ästhetischen Anforderungen an den Theatern verändern sich ständig. Von daher müssen Teile eines solchen Körper- und Bewegungstrainings immer wieder in Frage gestellt werden, auswechselbar und veränderbar sein, ohne sich kurzlebigen, unreflektierten Moden zu unterwerfen.[6] Dies ist ein schwieriges Unterfangen.

---

2 Im sogenannten Off-Theater wird der Körperarbeit oft erstaunlicherweise mehr Raum gegeben, was ab und zu allerdings auch dazu führt, daß dieser Aspekt überbetont wird. Abgesehen davon existiert auch hier ein diffuses Nebeneinander von mehr oder weniger brauchbaren Bewegungsmethoden.

3 Hierbei wird Theater nicht als reines funktionales Medium für Dramen verstanden, sondern die Theatralität im Sinne einer Inszenierungskunst als tendenziell autonome Kunstform (vgl. H.T. Lehmann, in: Brauneck, 880) wird als umfassender gesehen bzw. mitgedacht, weil sie neuere Theaterformen mit einschließt. Wenn ich hier dennoch wieder auf den Begriff Schauspiel zurückgehe, hat das rein pragmatische Funktion. Nicht zuletzt ist der Begriff Schauspiel sehr nahe an dem, um den es geht, dem des Schauspieler (im allgemeinen Sinne).

4 Bewegungsstudium betont eher den Blick auf die Bewegung selbst, schließt aber das Körperbewußtsein, die Körpererfahrung und den geistigen Aspekt mit ein. Körperarbeit oder -training wird nicht bevorzugt, weil es eher den äußeren Aspekt betont.

5 Dies geschah in einem vierjährigen Aufbaustudium an der Hochschule für Schauspielkunst Ernst Busch Berlin.

6 Abgesehen davon bergen die Hochschule oder ähnliche Einrichtungen die Gefahr,

Die bunte Palette verschiedener Bewegungsformen und -methoden

Zur Zeit wird behauptet, African Dance, Tai Chi Chuan[7], Aikido, body mind, Gindlerarbeit und die Feldenkraismethode[8], Shiatsu-Elemente und noch einige andere »Bewegungssysteme« und -ansätze seien unverzichtbar oder ausgezeichnet geeignet, die Bewegungsausbildung in einem Studienfach der Darstellenden Kunst inhaltlich wesentlich mitzubestimmen und zu gestalten. Diesen »Bausteinen« wird ein unterschiedlicher Stellenwert eingeräumt. Er reicht von Schnupperangeboten bis hin zu mehrstündigen, in der Stundentafel fest installierten Angeboten über mehrere Semester. Manchmal werden sie als inszenierungsbegleitende Bewegungsarbeit angeboten.

Pantomime wird an einigen Schulen nicht in Frage gestellt, hat sich anscheinend etabliert, an anderen Schulen wird dieses Fach gar nicht angeboten. Tanz in verschiedenen Varianten, Höfischer Tanz, Jazz- und Steptanz tauchen häufiger als Angebot auf. Bühnenfechten wird oft durch beliebiges Sportfechten ersetzt, und Akrobatik wird meistens falsch verstanden und rein sportlich gelehrt, oder sie wird als Zirkustechnik und dadurch einseitig normiert weitergegeben. Hin und wieder sind beide Fächer gleichzeitig vertreten. Falsch verstandene Gymnastik im Sinne eines unspezifischen, mechanischen Körper- und Konditionstrainings (warming-up) ist leider häufiger anzutreffen.

Training nach ...

Neben den oben skizzierten gibt es »Bewegungsangebote«, die sich von bestimmten französischen Schauspielschulen ableiten bzw. mit diesen in enger

---

durch institutionelle Zwänge eine gute Bewegungsausbildung zu behindern. Dies geschieht oder kann geschehen durch schlecht koordinierte Stundenpläne sowie beispielsweise durch extrem lange vorlesungsfreie Zeit, die nicht als »Bewegungszeit« genutzt wird bzw. bestenfalls mit Werkstattangeboten überbrückt wird. Auch die oft zu beobachtende Beschränkung des Bewegungsunterrichts auf das Grundstudium trägt sicherlich nicht zur Professionalisierung der Schauspielausbildung bei.

Hinzu kommt eine unsachgemäße, übermäßige Akzentuierung bestimmter Bewegungsinhalte (Tai Chi Chuan vier Jahre lang oder ähnliches), die dazu beiträgt, daß Ausbildungen ineffektiv sind.

Der Blick über die europäischen Grenzen ist sicherlich anregend. Brecht, Meyerhold und andere haben sich ganz stark vom asiatischen Theater beeinflussen lassen. Es bleibt aber die Tatsache, daß die großen asiatischen Meister ihr Leben auf etwas verwenden, was die Europäer mal kurz im Workshop oder in wenigen Jahren »mitnehmen« wollen. Das schließt sich von der Sache her aus.

7 vgl. auch Kulow/Zantke 1989.

8 Speziell zu dieser Körperarbeit habe ich in *»Korrespondenzen«, Zeitschrift für Theaterpädagogik* 3, Heft 17/18, 1993, versucht, einen schauspielorientierten, bewegungspädagogischen Standpunkt zu entwickeln. Zu wissenschafts- und erkenntnistheoretischen Grundlagen dieser Methode und ihrer eventuellen Bedeutung in der ästhetischen Bildung vgl. Jurké 1997.

Verbindung stehen, wie z. B. Training nach Le Cocq oder Decroux (Mimenausbildung). Oder die Bewegungslehrer und Bewegungslehrerinnen orientieren sich an der Körperarbeit Grotowskis, Meyerholds (plastic elements, Biomechanik usw., vgl. Jurké 1992) und anderer Theaterleute. Hier mischen sich dann spezielle Aufgaben zum Körperbewußtsein mit schon eher szenisch orientierten Komponenten, die wesentlich gezielter theaterspezifische Fähigkeiten schulen bzw. der allgemeinen Improvisationsfähigkeit dienen sollen. Aber auch bei diesen Methoden ist in der Praxis leider oft zu beobachten, daß unzeitgemäße und als überholt geltende Inhalte unkritisch und ohne Sachverstand weitergegeben werden.

Es kann hier zunächst zusammenfassend festgehalten werden, daß zumindest die Gefahr besteht, daß unkritisch, von der Sache Theater her wenig sinnvolle, ungeeignete Bewegungsangebote aufgenommen bzw. un- oder sogar kontraproduktiv miteinander kombiniert werden. Es wird nicht konsequent genug nach einer stimmigen Konzeption der Körper- und Bewegungserziehung für Schauspieler gesucht, die den späteren Berufsanforderungen effektiver gerecht wird. In diesen Kontext paßt auch die Befürchtung, daß langfristig die jeweiligen Ausbildungsprofile so ähnlich werden (alle Schulen bieten Tai-Chi-Chuan an), daß von einem eigenen Schulprofil kaum mehr die Rede sein kann und eine der Theaterkunst angemessene Vielfalt und Differenziertheit nicht mehr erkennbar ist. Eine Pseudoobjektivität nimmt diesbezüglich ihren Lauf, und das suggestivkräftige Vorurteil greift um sich, ohne bestimmte, meistens asiatische, weil so exotisch und schwer einschätzbare Angebote, sei eine gute Ausbildung nicht mehr zu gewährleisten.

Die Frage nach dem Warum, der dezidierten Begründung und genauen Überprüfung, ob diese Angebote den Studenten und Schauspielern wirklich nützen, bleibt oft nur oberflächlich berührt oder außen vor. Wie es denn unterrichtet werden soll, d.h. ob denn die Chance einer theatergerechteren methodischen Umwandlung exotischer Stoffe oder beispielsweise der Feldenkrais-Lektionen bestünde, weiß niemand so recht zu beantworten.[9]

Es wird von der Annahme ausgegangen, daß o.g. Inhalte bisher noch niemandem geschadet haben, und daß diese dann, wenn für alle Menschen gut, dem Bühnenakteur auch nicht schaden können. Theatertheoretische und -praktische oder ästhetische Überlegungen werden kaum, nicht konsequent oder gar nicht in Betracht gezogen, geschweige denn didaktisch-methodische.

Um dieser unbefriedigenden Situation etwas entgegenzusetzen, scheint mir als erster Schritt wichtig, nach einer pragmatischen Definition von Theater/

---

[9] Hier an dieser Stelle wird spätestens das ungeheure Forschungspotential deutlich, was diesen Komplex der Bewegungsausbildung angeht. Darüberhinaus wäre eine historische Fragestellung und intensive Quellenanalyse sinnvoll. Eine genaue Untersuchung östlicher Bewegungsweisen in Abhängigkeit zu weltanschaulichen Prämissen, ihr Sinn und Unsinn im europäischen Theater müßte hier einbezogen werden.

Schauspiel zu fragen. Hiervon abgeleitet wird die Suche nach den Merkmalen einer speziellen, künstlerischen (Schauspiel-)bewegung aufgenommen. Dann wird die bewegungspädagogische Problemlage zu skizzieren sein, um anschließend bei den bekannten Schauspielmethoden nach ihren Bezugspunkten und Vorschlägen zum Themenkomplex Körper und Bewegung zu fragen. Hierbei beschränke ich mich auf Stanislawski und Brecht[10] (vgl. zu anderen Schauspielmethoden Jurké 1992), weil sich die Konzeption, die ich im letzten Teil erläutern möchte, mit ihren didaktisch-methodischen Vorschlägen genau auf diese beruft. Diese Konzeption soll modellhaft verdeutlichen, welchen Ansprüchen sich eine Bewegungserziehung für Schauspiel/ Darstellende Kunst stellen muß bzw. welchen sie gerecht werden sollte.

2. Schauspiel und Bewegung[11]

Das folgende pragmatische, ausbildungsspezifische und praxisrelevante Verständnis von Schauspiel und seiner spezifischen Bewegung wird zugrunde gelegt. Der Akteur handelt vornehmlich sinnlich-praktisch auf der Bühne – als und mit Partner (auch nur vorgestelltem) –, um menschliche Beziehungen in ihrer Widersprüchlichkeit darzustellen, häufig auf der Grundlage literarischer Texte.[12]

K.S. Stanislawski schreibt dazu: »Auf der Bühne muß man handeln, Handlung, Aktivität – das ist es, worauf die dramatische Kunst, die Kunst des Schauspielers basiert. Das Wort ›Drama‹ bedeutet im Altgriechischen ›sich vollziehende Handlung‹.« Und weiter unten : »Auf der Bühne muß man handeln – innerlich und äußerlich.« (Stanislawski, Teil I, 45f.)

Der Blick richtet sich daher auf dieses Handeln, denn Handeln ist auch immer gleichzeitig Bewegungshandeln. Handlung und Bewegung sind nicht zu trennen. Die theatrale Bewegung ist somit in eine innere und eine äußere Handlung eingebettet.

Folglich geht es ganz zentral um die Rolle und Bedeutung dieser konstitutiven Merkmale der schauspielerischen, theatralen Handlung und um die Wege zur Entwicklung der für diesen künstlerischen Prozeß notwendigen Handlungskompetenzen des Darstellers.

---

10 Liest man beispielsweise die Beiträge zum Musiktheater von Walter Felsenstein (1976), werden die gleichen Probleme in diesem Genre sichtbar. Er bezieht sich genau auf diese beiden Theaterkollegen.

11 Auf die bewegungs- und wahrnehmungstheoretischen Hintergründe, also sensomotorische sowie gestalt- und tätigkeitstheoretische Erkenntnisse aus den verschiedenen Wissenschaftsdisziplinen wird hier verzichtet.

12 Bewegungstheater, Performance, Körpertheater und andere zeitgenössische Erscheinungsformen und Stilrichtungen des Theaters werden hier zunächst aus dem Blick genommen, auch wenn das Problem der Adäquatheit innerer und äußerer Handlungskomplexe ebenso besteht.

Die Problemlage

Im Verlauf der Ausbildung sind immer wieder Probleme im Spiel auszumachen, die die Stimmigkeit oder Glaubwürdigkeit der Handelnden und die szenische Handlung und Wirksamkeit insgesamt beeinträchtigen. Die Schauspielpädagogik versucht, diesen Problemen auf unterschiedliche Art und von verschiedenen Zugängen her (Bewegung, Sprechen) zu begegnen und sie abzubauen. Dem Studenten soll abhängig von seinen individuellen Entwicklungschancen, insbesondere durch die Vermittlung von handwerklichen Fähigkeiten geholfen werden, um in seiner künstlerischen Praxis ein möglichst hohes Maß an Stimmigkeit in szenischen Vorgängen zu erreichen. Dies ist, knapp umrissen, die allgemeine Zielvorstellung schauspielpädagogischen Handelns, der sich auch die Bewegungspädagogik mit ihren verschiedenen Fächern verpflichtet sieht.

Die hinlänglich bekannten »Bewegungsprobleme« (vgl. z.B. Jurké 1992) lassen sich m.E. auf den Nenner der gewünschten Adäquatheit innerer und äußerer Handlungsanteile oder Vorgänge konzentrieren; dies im Interesse einer Stimmigkeit des theatralen Geschehens auf allen Ebenen und in bezug auf die genannten Merkmale innerhalb der pragmatischen Definition von Schauspiel. Dieses Hauptproblem stellt sich auch in den anderen theatralen Künsten.

Deswegen wird im folgenden das besondere Augenmerk darauf zu richten sein, welche Vorschläge zum Problem der Verkörperung innerer Vorgänge gemacht werden, und welche Vorstellungen von den wechselwirkenden Zusammenhängen innerer und äußerer Prozesse beim handelnden Spieler in den Schauspielmethoden vorhanden sind. Die besondere Relevanz dieses Sachverhalts wird in der folgenden Äußerung Tairows besonders sinnfällig:

»Nur in der Kunst des Schauspielers sind die schöpferische Persönlichkeit wie auch das Material, das Werkzeug und das Kunstwerk selbst in ein und demselben Objekt vereinigt und schon organisch nicht imstande, sich voneinander zu trennen.« (Tairow 1980, 55)

Da das schauspielerische Handeln auf der Bühne neben dem Sprechanteil vornehmlich und offensichtlich als Körperbewegung im Raum wahrgenommen wird, kommt diesem Aspekt zentrale Bedeutung in der Ausbildung zu. Die schauspielerische Handlung ist neben dem Texthandeln (isoliert) wahrnehmbar als die Aus- und Weiterführung der Rolle mit den Mitteln der Bewegung. Schauspielerische Bewegung ist die Bewegung während, vor und nach dem Sprechen, die Haltung, kurz, die motivierte Handlung oder die gestische Bewegung.

Mit den o.g. konstitutiven Merkmalen von Schauspiel und dem davon abgeleiteten skizzierten Bewegungsverständnis sind nunmehr die Orientierungspunkte genannt, denen ein Bewegungsstudium im Dienste der theatralen Handlung folgen kann und soll.

3. »Körper und Bewegung« in den schauspielpädagogischen Systemen[13]

Im folgenden sollen vor allem K.S. Stanislawski und B. Brecht und ihre Vorstellungen und Ansichten zum Aspekt Körper und Bewegung in der Ausbildung und im theatralen Prozess zu Wort kommen.

W. E. Meyerhold, M. Tschechow, J. Grotowski, E. Barba und L. Strasberg stehen den beiden inhaltlich mehr oder weniger nahe, haben Grundkomponenten ihrer »Systeme« trotz unterschiedlicher theaterästhetischer Intentionen in ihre jeweilige Methodik aufgenommen. Sie werden hier nicht speziell bearbeitet, aber mitgedacht.

K. S. Stanislawski

Im letzten Teil des Werkes von K. S. Stanislawski, dessen System maßgeblich die Schauspielpädagogik beeinflußt hat und dominiert, steht die »physische Handlung« im Zentrum seiner schauspielpädagogischen Bemühungen.[14] Von ihr aus soll ein praktischer Zugang zur Rolle gefunden werden.

Will man herausfinden, wie Stanislawski die Körper- und Bewegungsausbildung begreift, trifft man zunächst auf eine Vielzahl von Vorschlägen (vgl. insbesondere Stanislawski 1963, II) und auf diffuse und mißverständliche Begrifflichkeiten. So wird im Kapitel »Die Entwicklung der körperlichen Ausdrucksfähigkeit 1. Gymnastik, Akrobatik, Tanz«, die er für wichtigere Übungen funktionalisierte, die Gymnastik der Akrobatik gleichgesetzt (ebd., 14ff.). Er empfiehlt an einer Stelle trockene Ballettübungen, dann wieder betont er, daß das Ballett für Schauspiel wegen seiner formalistischen Tendenz unbrauchbar ist (vgl. ebd., 409). Im Gegensatz dazu hebt er die Nützlichkeit von Akrobatik für die »intensivsten Seelenregungen – für die schöpferische Intuition« hervor (vgl. ebd. 16f.). Unter dem Stichwort »Bewegung auf der Bühne« versteht Stanislawski »Handgemenge, Ringkampf, Sprünge, Stürze usw. (...), daß einer den anderen schlägt, ihm eine Ohrfeige versetzt, hinfällt, stolpert (...)« (ebd., 458f., vgl. auch hier Kap. Schauspielakrobatik) und »alle möglichen Manipulationen mit Degen (tragen, sich hinsetzen, die Klinge ziehen) (...), mit Mänteln ...« (ebd.).

Im weiteren grenzt er sich von der als zu mechanisch einzuschätzenden Dalcroze-Gymnastik ab (vgl. ebd., 423 und Hoffmeier 1993, 220 ff.) und legt

[13] Dieses Kapitel geht auf meinen Aufsatz Training im Theater – Theater im Training, 1992 zurück. In: U. Hentschel, u.a. (Hg.): *Theater als Ausdrucksform von Jugendlichen, Beiträge zur ästhetisch-pädagogischen Diskussion.* Er wird hier um einige wesentliche Gesichtspunkte erweitert.

[14] Der Begriff »physische Handlung« ist eher ungünstig gewählt, da er die Ganzheit jeden Vorgangs nur ungenügend wiedergibt. Stanislawski selbst betonte später, besser von einer psycho-physischen Handlung zu sprechen (vgl. Hoffmeier in Stanislawski 1988 II, 408).

größten Wert darauf, daß es keine Bewegung ohne inneren Gehalt und ihren Ausdruck geben darf (vgl. ebd., 23ff.).[15]

Auffällig ist der experimentelle Charakter, der in diesem Wandel zum Ausdruck kommt und der sich durch die gesamte Arbeit Stanislawskis zieht.

Der Begriff des Trainings wird einerseits im Sinne täglichen Übens verwendet (vgl. ebd., 19f.), andererseits fallen im Gegensatz zur Umgangssprache unter das berühmte »Training und Drill« Übungen und Etüden zur Phantasieentwicklung und Sensibilisierung innerer Erlebnisfähigkeit mit Hilfe des »magischen Wenn«. Es werden auch gymnastische Übungen genannt (vgl. ebd., 395), die aber unbedingt eine innere Vorstellung beinhalten und gerechtfertigt sein müssen.

Das Hauptprinzip aller möglichen verschiedenen inhaltlichen Teilkomplexe des Bewegungsunterrichts (Jonglieren, Haltungsschulung, Bühnenfechten, Akrobatik, Bewegungsstudien, Bewegung auf der Bühne, Gymnastik, Rhythmik usw., vgl. ebd., 410 und 347f.), die er unter dem Begriff »Körperkultur« zusammenfaßt (421), bleibt die Anbindung jeglicher Äußerung an bewußtes inneres Handeln. Sinnlose Bewegungen müssen vermieden werden.

»Bei der hier vorgeschlagenen Methode werden alle, selbst die kleinsten Etüden, ein für alle mal durch Überaufgabe und durchgehende Handlung von innen heraus belebt.« (ebd., 349)

Sportliche Elemente werden größtenteils aus ästhetischen Gründen abgelehnt, auch wenn einige Bereiche (Leichtathletik) zur ganzkörperlichen Entwicklung beitragen können (ebd.).

Er interessierte sich in seiner Frühphase zeitweilig sehr für Yoga (vgl. ebd., 348, 422, und Hoffmeier 1993, 221f.), insbesondere was die Konzentrationsfähigkeit und den Zugang vom Körperlichen zum Seelischen anging (vgl. Stanislawski 1988 I, 392).

An einem Beispiel soll verdeutlicht werden, daß es dabei im Gegensatz zur Frühphase in der späten Systemphase nicht um die Entscheidung eines Für oder Wider, den inneren oder äußeren Zugang geht, sondern um deren dialektische Verschränktheit.

»Die wirksamste Methode, eine bestimmte Empfindung in sich wachzurufen, besteht darin, daß man vor anderen die in Wirklichkeit noch nicht vorhandenen Gefühle zu verbergen sucht. Die Wahrhaftigkeit der Anpassungsmittel und der physischen Handlung des Verbergens bringt uns auf das noch

---

[15] Interessanterweise greift Grotowski diese Dalcroze-Gymnastik wieder auf (vgl. Grotowski, 111). Hier noch eine kleine Auswahl aus einer Fülle von Äußerungen Stanislawskis zur inneren und äußeren Bewegung: »Nur wenn man den Sinn einer Bewegung innerlich empfindet, kann man lernen, sie richtig zu begreifen.« (II, 24). »Die Grundlage der plastischen Bewegung ist nicht etwa die sichtbare äußere, sondern gerade die unsichtbare innere Bewegungslinie der Energie.(...) Das Empfinden für die durch den Körper strömende Energie nennen wir das Gefühl für die Bewegung.« (II, 30, vgl. auch Jurké 1990)

nicht vorhandene Gefühl, das durch derartige Assoziationen ganz von selbst lebendig wird.« (Stanislawski 1963 II, 332) Dieses Beispiel bezieht sich zwar nicht auf Körper- und Bewegungstraining, die potentielle Übertragbarkeit des Prinzips, der Richtung des Vorgehens, wird aber hieraus ersichtlich.

Simhandl (1990) resümiert zwar, daß Stanislawski sich nicht mehr auf bestimmte Zugänge festlegte:

»Je nach Aufgabe, Situation und individueller Disposition – so der Vorschlag von Stanislawski in der letzten Fassung seines immer wieder variierten Systems – soll der Schauspieler von der intellektuell bestimmten Handlungsabsicht, von der Aktivierung des Gefühls oder vom logischen Vollzug der Handlung in ihrer physischen Dimension ausgehen.« (Simhandl 19, 949f.)

Aber zum einen scheint es Stanislawski pädagogisch sinnvoller, über Handlungen zum Gefühl zu gelangen, statt sich in diffusen Gefühlsbädern handlungsunfähig und nicht kontrollierbar zu verhalten, und damit auch unverantwortlich gegenüber seinen Partnern: »Denkt nicht an das Gefühl, sondern handelt in den vorgeschlagenen Situationen. Handelt ihr logisch, merkt ihr nicht einmal, wie die notwendigen Gefühle zu euch kommen und die Gestalt entsteht.« (Stanislawski 1988, I, 569)

Zum anderen bleibt Stanislawskis Hauptziel das innere Erleben mit Hilfe der physischen Handlung. Denn durch die innere Absicht wird die äußere Handlung entscheidend geprägt, so daß sich dann nicht nur eine bloße Äußerlichkeit herstellt.

Der Partnerbeziehung kommt in Stanislawskis System ebenfalls eine besondere Bedeutung zu. Mit dem Terminus ist nicht nur der Mitspieler, sondern auch der Raum und das Requisit, das Bühnenbild als »Partner« gemeint. So verstanden unterstreicht er die Wichtigkeit der Außenorientierung des Spielers. In seiner letzten Schaffensperiode wird sie von Anfang an berücksichtigt, wohingegen in der Frühphase diese eine untergeordnetere Rolle spielt (vgl. Hoffmeier in Stanislawski 1988 II, 406). Zur »Theorie der physischen Handlung« bekannte sich auch Bertolt Brecht (vgl. Brecht 1967, GW 16, 844 und das Kapitel zu Brecht).

Zusammenfassung

In den Schriften Stanislawskis ist immer wieder zu entdecken, daß er auch im Bewegungsunterricht größten Wert darauf legte, motiviert zu handeln. Hauptziel müsse auch hier sein, die innere und äußere Handlungslinie in Übereinstimmung zu bringen. Empfindungen und Gefühl stellten sich fast von selbst ein, wenn man die physische Handlung zum Auslöser nimmt. Die inneren Prozesse der Rechtfertigung, des Aufbaus innerer Bilder, sollen daher ebenso im Bewegungsunterricht zentrale Anliegen sein. Dabei fordern und rechtfertigen der komplexe Arbeitsbegriff der Partnerbeziehung und ihre enorme Bedeutung für das Spiel eine bevorzugte Stellung innerhalb der Zielsetzungen des Bewegungsunterrichts.

Hoffmeier (1993) vertritt die Einschätzung, daß Stanislawski einem gewissen Dualismus (Erleben Verkörpern, Innen Außen usw.) aus der Anfangsphase seines Schaffens begrifflich verhaftet blieb, die Dinge aber später, ohne sich von irreführenden Begriffen zu lösen, in einem komplexen, dialektischen Zusammenhang gesehen hat. (Hoffmeier, 132)

Im Gegensatz zum (Unter-)Brechen als Prinzip der Herausstellung von Gesten (vgl. im folgenden das Kapitel über B. Brecht) sind das Eins-aus-dem-anderen-Spielen und das »um zu« typisch für eine illusionistische Ästhetik im Sinne Stanislawskis und als wichtige Strukturprinzipien – neben anderen – für Bewegungsverbindungen im Bewegungsunterricht relevant (vgl. Stanislawski 1963 II, 333 und Bewegungsstudium nach Buchwald-Wegeleben Kap. 4).

Bertolt Brecht

Bertolt Brechts episches Theater und seine von der Praxis abgeleiteten theoretischen Überlegungen haben wie Stanislawski die Pädagogik und Ästhetik des Theaters nachhaltig bis in die jüngste Zeit beeinflußt. Durch Regisseure wie P. Brook und G. Tabori wird immer noch zumindest ein »subkutaner Dialog« mit ihm geführt (vgl. Ritter 1993, 66). Was er bei einer ersten Annäherung unter Bewegung versteht, wird in folgendem Zitat deutlich. Der Schauspieler »muß seine Bewegungen, was immer sie ausdrücken, so ›arrangieren‹, daß sie ihm schon durch ihre Rhythmik und Plastik Spaß machen. Das alles sind sinnliche Aufgaben, und das Training ist ein körperhaftes.« (Brecht, *Ges. Werke,* Band VI, 216, zit. nach Stockholmer Protokoll, 58)

Doch ein viel entscheidenderer Gedanke mit enormen Auswirkungen auf die Schauspielmethodik, wenn sie seinen Überlegungen aus Stückeschreiber-Perspektive folgt, ist die Tatsache, daß das mimische Prinzip vom gestischen Prinzip abgelöst wird, ohne es auszuschalten. (vgl. Ritter 1986, 18f.). Dieses gestische Prinzip steht in enger Verbindung zum Verfremdungseffekt, einer weiteren zentralen ästhetischen Kategorie seiner Theorie und Praxis des Theaters, die konkret in der Bewegungsausbildung eine Rolle spielt: »Besondere Eleganz, Kraft und Anmut der Geste ergibt den V-Effekt.« (III, 174, zit. nach Stockholmer Protokoll, 58)

Der Gestus als Gestaltungsprinzip kann sich beziehen »auf eine mimische Bewegung, eine Handbewegung, eine Körperhaltung, (...) einen Rhythmus, (...) einen Handlungsvorgang, (...) auf kleinste Momente also und große Zusammenhänge: eben alles, was die Beziehungen zwischen Menschen prägt oder von diesen Beziehungen geprägt wird oder in Zusammenhang und Wechselbeziehung mit ihnen sich ereignet.« (Ritter 1986, 7)

Die »gestische Bewegung«, wie sie, abgeleitet aus diesen Überlegungen charakterisiert werden kann, kann ebenso wie das »gestische Sprechen« (vgl. Klawitter/Minnich 1981) als Teileinheit analytisch aus dem komplexen Gesamtzusammenhang des schauspielerischen Vorgangs herausgelöst werden, und beinhaltet doch gleichzeitig noch die tragenden Elemente des schauspielerischen Schaffensprozesses, behält also ihren wesentlichen Charakter bei. Die »gestische Bewegung« leitet sich aus den Überlegungen über die gestische Sprache ab, die in den Meti-Texten beschrieben steht:

»Er wandte eine Sprachweise an, die zugleich stilisiert und natürlich war. Dies erreichte er, indem er auf die Haltungen achtete, die den Sätzen zugrunde liegen: Er brachte nur Haltungen in Sätze und ließ durch die Sätze Haltungen immer durchscheinen. Eine solche Sprache nannte er gestisch, weil sie nur ein Ausdruck für die Gesten der Menschen war. Man kann seine Sätze am besten lesen, wenn man dabei gewisse körperliche Bewegungen vollführt, die dazu passen, Bewegungen welche Höflichkeit oder Zorn oder Überreden wollen oder Spotten oder Memorieren oder Überrumpeln oder Warnen oder Furchteinflößen bedeuten.« (Brecht GW 12, 458, zit. nach Ritter 1986, 36)

Es ist also die äußere Bewegung und Haltung, die der inneren Haltung, die im Text aufscheint, (»Zorn ...«) adäquat sein soll. Die gesamtkörperliche Bewegung wird zur gestischen, weil sie eine innere Haltung widerspiegelt und in einem Kontext menschlicher Beziehungen stattfindet (Partner und Situation). Sie ist gleichzeitig Voraussetzung für die Erfassung des Sinns einer Äußerung, und die Innen-Außen-Adäquatheit ist Voraussetzung für ihre volle Wirkungsentfaltung. Im Falle sprachloser Aktionen tritt an die Stelle der sprachlichen Komponente die körpersprachliche, bzw. unterstützt sie die sprachliche Äußerung und paßt sich an sie an.

Brecht favorisiert wie Stanislawski den Weg, von den physischen Handlungen zu den Gefühlen zu gelangen (vgl. Brecht 1967, GW16, 861). »Er (Brecht, V. J.) bekämpft mit aller Kraft die üble Gewohnheit vieler Schauspieler, die Fabel des Stücks sozusagen nur als unbedeutende Voraussetzung ihrer Gefühlsakrobatik zu benutzen, wie der Turner den Barren benutzt, um seine Gewandtheit zu beweisen.« (ebd. 844f.) Brecht macht konkrete Vorschläge, wie durch einfachste physische Handlungen, z.B. beim Reden den Oberarm anklemmen (vgl. Ritter, 143) und ähnliches, also durch den Weg von außen nach innen, neue Haltungen gefunden werden können. Auch H.M. Ritter ist dieser Auffassung. »Die Vorgehensweise Brechts, die Haltungen aus den Handlungen und konkreten Verrichtungen zu entwickeln und ganz unten am ›Nullpunkt‹ anzusetzen (vgl. Brecht GW 15, 375), entspricht in manchem dem, was in Stanislawskis Theorie unter dem Begriff der physischen Handlung verstanden wird.« (Ritter 1986, 50)

Neben dem »gestischen Prinzip« als Gestaltungsprinzip verwendet Brecht den V-Effekt. »Der V-Effekt besteht darin, daß das Ding, das zum Verständnis gebracht, auf welches das Augenmerk gelenkt werden soll, aus einem gewöhnlichen, bekannten unmittelbar vorliegenden Ding zu einem besonderen, auffälligen, unerwarteten Ding gemacht wird. Das Selbstverständliche wird in einer gewissen Weise unverständlich gemacht, das geschieht aber nur, um es dann um so verständlicher zu machen.« (Brecht GW 15, 355, nach Ritter 1986, 99)

In Abhängigkeit von seinem Theaterverständnis sagt Brecht in diesem Zusammenhang weiter: »Da das Publikum ja nicht eingeladen werde, sich in die Fabel wie in einen Fluß zu werfen, um sich hierhin und dorthin unbestimmt treiben zu lassen, müssen die einzelnen Geschehnisse so verknüpft sein, daß die Knoten auffällig werden.« (Brecht GW 16, 694) Die Geschehnisse dürfen nicht unmittelbar aufeinander folgen.

Das Auffälligmachen dieser Drehpunkte kann auf verschiedene Weise geschehen:

1. durch einen auffälligen Arrangementwechsel
2. durch eine auffällige Pause
3. durch eine auffällige schauspielerische Aktion
4. durch einen Bruch, eine deutliche Haltungsänderung der Figur (vgl. Stockholmer Protokoll, S. 61f.)

Das Eins-nach-dem-anderen-Spielen ermöglicht dem Zuschauer die genaue Wahrnehmung, das genaue Verständnis und das Urteil über das Wahrgenommene. Dies geschieht in deutlicher und bewußter Abgrenzung zu dem eher Stanislawski zuzuordnenden Prinzip des »Eins aus dem Anderen« (vgl. oben).

Zusammenfassung
Das »gestische Prinzip« scheint als Gestaltungsprinzip und als zentrale, handlungsleitende ästhetische Kategorie für den Bewegungsunterricht geeignet (vgl. Ritter 1986, 13). Das »Üben« selbst soll gestisch sein, um Äußerlichkeit und Mechanik zu vermeiden. Damit wird dem Prinzip der Ganzheitlichkeit als gleichzeitige innere und äußere Handlung Rechnung getragen.

Der V-Effekt durch Brüche und Drehpunkte von Vorgängen, das methodisch-ästhetische Prinzip des »Nicht sondern« als Merkmale der Schauspielbewegung sind Strukturierungsmöglichkeiten, die in der Methodik des Bewegungsunterrichts nicht fehlen dürfen. Die Bewegungsstrukturmerkmale, wie sie beispielsweise Meinel (1975) für Bewegung generell vorschlägt, reichen nicht aus, und werden um ihre künstlerische und theaterästhetische Dimension erweitert und bereichert. Auch die Verfremdung durch Begriffe wie »tatsächlich« und »eigentlich«, mit denen Aussagen in ein anderes Licht gerückt werden können, sind hier einzuordnen (vgl. Ritter 1986, 100) und grundsätzlich als mögliche methodische Orientierungspunkte verarbeitbar.

Die »gestische Bewegung« kann nach dem Gesagten als ästhetisch-methodisches Prinzip versuchen, ihren Bedingungsfaktoren der inneren Einstellung oder der Haltung, der Partnerorientierung und des sozialen Situationsbezuges gerecht zu werden.

Erste Schlußfolgerungen
In einem Körper-und Bewegungstraining muß die anthropologische und dialektische Grundtatsache der Ganzheit menschlicher Existenz und Handlung

berücksichtigt werden, d.h. Erleben und Verkörpern als Zentralbegriffe bei Stanislawski müssen in ihrer Einheitlichkeit bei Gestaltungsvorgängen wie auch bei Trainingsvorgängen zur individuellen Entwicklung bestimmter schauspielerischer Fähigkeiten mitgedacht werden und in ihrer Kraft, sich wechselwirkend gegenseitig auszulösen und zu beeinflussen, ernst genommen werden.

Eine einseitige Bevorzugung der einen oder anderen Handlungsseite ist nicht anzustreben, d.h. der inneren Form die Priorität einzuräumen (wie das tendenziell bei Tschechow zu beobachten ist), ist so wenig sinnvoll wie der äußeren eine generelle Präferenz zuzugestehen (wie z.B. bei Meyerhold). Wenn Bewegungsfolgen zu »physischer Handlung« werden sollen, müssen sie aus Abschnitten und Aufgaben bestehen, dann werden Knotenpunkte oder Drehpunkte über Absichten auffällig, dann kann die Mechanik über motivierte Bewegungshandlungen verhindert werden. Dabei kann phasenweise die Arbeit erleichtert werden, indem zunächst auf szenische Assoziationen verzichtet wird.

Der Student hat so die Möglichkeit, sich auch auf körperliche Prozesse zu konzentrieren und deren Innen-Außenverschränktheit wahrzunehmen. Bewegungen sollen innerlich motivierte Vorgänge darstellen und als gestische Bewegungen und Haltungen erkennbar sein. Sie müßten möglicherweise der Prüfung standhalten, daß sie isolierbar sind und das Moment des Herausgehobenseins und Zeigens erfüllen (vgl. Ritter 1986, 99). Privatheit kann auch im Bewegungsunterricht durch eine »Überaufgabe« verhindert werden, indem einzelne Bewegungsteile miteinander verbunden werden. Das gesamte Training kann eine »Bewegungs-Rolle« als einer »durchgehende Handlung« darstellen, allerdings nicht als mechanische Wiederholung festgelegter Einzelteile.

Vom Tanz muß man sich eher abgrenzen (vgl. auch Stanislawski II, 410), weil der Formanspruch höher ist als der für den Schauspieler wesentlich wichtigere Raumanspruch. Die innere Haltung ist eine grundverschiedene. »Kampf« bzw. seine Bühnenspezifizierung (Bühnenfechten, Bühnenkampf) als inhaltlicher Teilkomplex wird generell befürwortet.

Brechts Vorstellungen vom Sport (auch die von Strasberg und Meyerhold) in der Ausbildung bzw. vom sportlichen Charakter der Bewegung sollten allerdings als Ausbildungsinhalte ausgeklammert werden, weil sie, wie Stanislawski richtig herausstellt, der Gefahr unterliegen, den Körper einseitig auszubilden und eventuell als sportliche Bewegungsmuster oder Teile dessen auf der Bühne wieder aufzutauchen, auch wenn sie nicht gewollt sind.[16]

---

[16] Das heißt nicht, daß nicht Ballspiele oder ähnliches ab und zu zur Auflockerung und Entwicklung einer nicht-schauspielspezifischen Spielfähigkeit angeboten werden dürften. Allerdings kommt es leider vor, daß sich Studenten in bodybuilding Studios »fortbilden«, hier dann sicher nicht im Sinne von »weiter« sondern von »weg«.

Im folgenden wird auf diesem Hintergrund die schauspielspezifische Bewegungspädagogik, die insbesondere an der Hochschule für Schauspielkunst Ernst Busch entwickelt worden ist, beleuchtet. Hierbei richtet sich die Konzentration auf den »allgemeinen Bewegungsunterricht«, das Fach Bewegungsstudium. Die Spezialfächer Tanz, Pantomime, Bühnenfechten, Schauspielakrobatik sind aber konzeptionell eng mit diesem verzahnt.[17]

4. Künstlerisches Bewegungsstudium[18]

In Anlehnung an die beiden schon erwähnten Theatermacher und deren »Systeme« haben die Bewegungspädagogin H. Buchwald-Wegeleben und ihre Kolleginnen und Kollegen exemplarisch entsprechend ihrer unterschiedlichen Bewegungsfächer eine Konzeption der Bewegungsausbildung für Schauspieler vorgelegt (vgl. Ebert/Penka, Berlin 1981).[19]

Auffällig ist hierbei die inhaltliche Koordination und intensive Verzahnung der jeweilig vertretenen Fächer und ihr intensiver Bezug zum Hauptfach Schauspiel. Die Grundideen ergeben sich hier nicht aus etwaigen sportmotorischen oder gymnastisch-tänzerischen Überlegungen zum Komplex Bewegung und Körper, wie dies vielleicht vordergründig anzunehmen wäre, sondern gehen von vornehmlich an Stanislawski und Brecht orientierten schauspielmethodischen Überlegungen aus und zielen auf eine hohe handwerkliche Qualität im Sinne der handlungsleitenden Prämissse einer »Förderung leistungsstarker künstlerischer Persönlichkeiten« (vgl. Studienordnung Studiengang Schauspiel 1992, 1f.). Die Pädagogen, selbst an den Theatern arbeitend, sind insbesondere von der Frage geleitet, was den Studenten unabhängig von Stilrichtungen in ihrer zukünftigen Berufspraxis hilft und brauchbar ist. Das Handwerk steht deswegen im Vordergrund des Interesses (vgl. zu diesem Begriff Stanislawski 1961 I, 24ff.).

Im Fach Bewegungsstudium stehen nicht der Text, sondern der Körper und die Bewegung im Mittelpunkt des Interesses, aber immer in Abhängigkeit zum inneren Text oder im Verhältnis zum »Obertext«.

---

[17] Aufgrund der Begrenzung dieses Artikels wird auf die Behandlung der Spezialfächer Schauspielakrobatik (Beeck 1981) und Bühnenfechten (Walther 1981) verzichtet. Dies soll nicht ihre Bedeutung schmälern, im Gegenteil, es soll Anlaß sein, ihnen aufgrund ihrer enormen Wichtigkeit mehr Raum in einem besonderen Aufsatz zu geben und mehr Aufmerksamkeit zu widmen.

[18] Der Begriff taucht bereits bei Stanislawski auf (II, 23ff.).

[19] Meines Wissens ist dies die einzige in schriftlicher Form vorliegende Veröffentlichung in diesem Bereich. Eine solche Konzeption im Sinne einer mit dem Hauptfach Schauspiel abgestimmten Verzahnung verschiedener Bewegungsfächer ist im deutschsprachigen Raum einmalig und geht auf die langjährige Lehre, Forschung und auf die an renommierten internationalen Spielstätten gesammelten theaterpraktischen Erfahrungen meist hauptamtlicher Lehrkräfte zurück.

In dieser grundlegenden Variante innerhalb der Bewegungspädagogik für Darstellende Kunst geht es vor allem darum, die spezifischen psychisch-physischen Eigenschaften des Schauspielers individuell zu fördern. Sein Bewegungs- und Körperbewußtsein soll weiterentwickelt werden, ebenso sein kinästhetischer Bewegungssinn. Angestrebt wird eine intensive Wahrnehmungssensibilisierung gegenüber sich selbst und den Partnern bei gleichzeitigem Kennenlernen des eigenen Körpers, seiner Bewegungsmöglichkeiten und Grenzen. Es sollen neue Körpererfahrungen und Ausdrucksmöglichkeiten erschlossen werden, auch durch die Arbeit an Widerständen und die Weiterentwicklung der vorhandenen körperlichen Fähigkeiten. Dies geschieht insbesondere durch die Sensibilisierung für die schauspielspezifische Bewegung.

Didaktisch-methodisch-ästhetische Prinzipien

Entdecken und Ausprobieren sind die hauptsächlichen Vorgehensweisen im Fach Bewegungsstudium. Am Anfang stehen funktionale Körpererfahrungsaufgaben, die meistens mit körperlichen Provokationen (z.B. Dehnungen) einhergehen. Dies gewährleistet, daß auf eine besonders sinnlich-intensive, lustvolle Weise solche Erfahrungen gesammelt werden. Hier wird oft spielerisch-kämpferisch vorgegangen, d.h. es wird unterstellt, alles Spiel habe letztlich auch mit Kampf zu tun, was durchaus in sympathischem Sinne erfolgen kann[20]. Versieht man diese Aktionen mit der Aufgabe, die Bewegungen deutlich nach außen zu bringen und zu zeigen, wieviel Spaß es macht, ist ein methodischer Dreischritt vollzogen. Von der Körperlogik gelangt man zur Lust und zu ihrer Demonstration. Der Bewegungsprozeß wird also ausgehend vom unbewußten Tun vermittelt. Danach erfolgt die Entdeckung, die Lust am Entstehen einer Bewegung als produktive Neugier. Anschließend wird das Entdeckte geformt und die Entdeckung genutzt.

Gleichzeitig wird mit dem kämpferischen Charakter die Parallele zum Schauspiel aufgezeigt. Es wird angenommen, daß die Grundsituation auf der Bühne dadurch bestimmt ist, daß jede Figur in unterschiedlichster Art und Weise etwas durchsetzen will, bestimmte Interessen hat.

Motivierte Bewegungshandlungen, wie sie im schauspielerischen Prozeß gefordert werden, statt mechanisch ausgeführte Bewegungen; Bewegung als sinnerfülltes, ästhetisches Handeln im Sinne Brechts (z.B. Brüche) und Stanislawskis (»um zu«) bzw. ihrer Theatertheorie und -praxis, so könnte man die Leitidee dieses Bewegungsunterrichts formulieren. Denn die Beweggründe für das Handeln von Figuren sind das Interessanteste für Spieler und Zuschauer.

---

[20] Das aggressive Moment hierbei ist im positiven Sinne als spielerische Aktivität zu verstehen. Allerdings ist sicher auch ein Zusammenhang mit dem die gesamte dramatische Literatur durchziehenden Thema Gewalt und den konfliktbeladenen Beziehungen auszumachen.

Anhand von Aufgabenstellungen statt »Übungen« soll in ganzheitlicher Vorgehensweise die äußerlich sichtbare Bewegung immer als Ausdruck innerer Bewegung ausgeführt werden, also mit inneren Vorstellungen, Phantasien, Gefühlen, Assoziationen, Motiven und Absichten gefüllt. Hierbei werden so oft wie möglich Parallelen zum Schauspielprozeß thematisiert. Stimmigkeit und Glaubwürdigkeit als entscheidende Kriterien für die gestische Bewegungshandlung sind auch im Bewegungsunterricht die entscheidenden Orientierungspunkte (vgl. Kap. »Die Problemlage«).

Akzeptiert man als Ausgangssituation die Widersprüchlichkeit und Konflikthaftigkeit menschlichen Zusammenlebens, hat das nicht nur Auswirkungen auf die schauspielerische Arbeit, wo theaterästhetisch eine möglichst widersprüchliche Handlungsführung gesucht wird, um die Vorgänge (auch die harmonischen) für den Zuschauer interessant zu gestalten. Auch im Bewegungsunterricht kann der Widerspruch auf der körperlichen Ebene (Dehnung, Gegenbewegung zweier Körperteile, Diametralität usw.) wie auch auf der Handlungsebene zu der zentralen Kategorie erhoben werden.

Bewegungs- und schauspielästhetische Kriterien

In diesem Sinne werden konkrete Bewegungsaufgaben gestellt, die nach Kriterien wie

zentraler oder peripherer Ansatz	Ursache – Wirkung
Motivation – Mechanik	Harmonie und Brüche
Diametralität	Mit- und Gegenbewegung
Widerspruch	»um zu«
Ich-Es (Täter-Opfer)	»nicht-sondern«
»eins-aus-dem-anderen«	»eins-nach-dem-anderen«
V-Effekt (tatsächlich oder eigentlich u.a.)	

erfahren, strukturiert, gesehen und beurteilt werden (vgl. auch im folgenden H. Buchwald-Wegeleben 1981). Man könnte diese Merkmale auch zur Grundlage einer Definition der schauspielspezifischen Bewegung machen, und als Unterrichtsvokabular sind sie didaktisch-methodisch unverzichtbares Handwerkszeug des Bewegungspädagogen und des zukünftigen Schauspielers.[21]

Körper- und Bewegungsfähigkeiten

Als inhaltliche Schwerpunkte zur Entwicklung der wichtigsten Körper- und Bewegungsfähigkeiten sind folgende zu nennen:

---

21 Würde man sich auch im Bewegungsunterricht an bestimmte theaterspezifische Fachtermini halten, käme es nicht immer wieder zu Verständigungsschwierigkeiten, weil bestimmte Arbeitsbegriffe zu einfachsten Vorgängen nicht bekannt sind.

Arbeit am Zentrum
Entspannung und Lockerung
Haltungsschulung (Statik), Rumpfsensibilität und -flexibilität
Atmung und Bewegung
Dehnung, Beweglichkeit und Kraftentwicklung
Ausdauertraining
Spannung und Entspannung
Bewegungsverbindungen mit unterschiedlichen Qualitäten (leicht, schwer, entspannt, kraftvoll usw.)
spielerische und formgebundene Aufgaben
- zur Verbesserung des Rhythmusgefühls
- zur Entwicklung und Verbesserung der Raumorientierung und des Raumgefühls

Partneraufgaben
Bewegungsimprovisation

Psychisch-physische Eigenschaften und Handlungskompetenzen

Die wichtigsten psychisch-physischen Eigenschaften des Schauspielers sind in folgendem Kompetenzenkanon festgehalten:

Vertrauen in die eigene Individualität
Präsenz, Expressivität, Körperplastik
Partner – Raum – Gruppeneinordnung
Dynamik und Kondition
Koordination und Antizipation
Konzentration, Körpergedächtnis
Vordenken – Komplexes Äußern einer Absicht
Impulsverbesserung
Bewegungsphantasie und Spielfreude
Bewegungsgefühl und Bewegungslust
Gefühl für Timing und Rhythmus
Gefühl für Ökonomie einer Bewegung – Finden des individuellen Maßes
Beobachtung und Analyse von Bewegungsvorgängen
Körperliche und geistige Flexibilität – Offenheit für experimentelles Erforschen

Zusammenfassung und Ausblick

Ausgangspunkt für das Beurteilen von Bewegungsangeboten und -methoden muß das Theater sein und nicht die Motorik oder der Körper.

Mögliche Kriterien für die Einschätzung der Eignung von Bewegungsarbeit können bei aller Unterschiedlichkeit das Maß der Förderung der Bewegungslust, die Freude am Ausdruck, der Spaß und die Lust am Spiel mit und in der Bewegung sein.

Andere Methoden und Ansätze oder Bewegungsformen erheben nur begrenzt das zum Lerngegenstand, was – von Stanislawski und Brecht abgeleitet – an Ansprüchen an einen Bewegungsunterricht für Schauspiel, der sich auch die Entwicklung des Körperbewußtseins zur Aufgabe macht, formulierbar ist. Insofern ist der von H. Buchwald-Wegeleben und ihren Kolleginnen und Kollegen entwickelte Ansatz wesentlich umfassender, berufsrelevanter, und auf Theaterbedürfnisse hin zielgerichteter als viele andere Ansätze.[22]

Angesichts der zweifellos herausragenden Notwendigkeit und Wichtigkeit der Körper- und Bewegungsausbildung für die Gesamtausbildung von Studentinnen und Studenten Darstellender Künste und für das Theater im allgemeinen erstaunt das geringe allgemeine Interesse an gedanklichem Austausch in der Öffentlichkeit oder an einer intensiven Auseinandersetzung auf fachlicher Ebene mit ähnlichen Einrichtungen an anderen Hochschulen (Theaterwissenschaften, Studiengänge der Ästhetischen Erziehung, der Theaterpädagogik, Sportwissenschaft usw.). Ernsthafte Forschungsbemühungen sind schlichtweg kaum auszumachen, und die Literaturlage nimmt sich, gelinde gesagt, bescheiden aus. Diese Situation spiegelt sich auch im z.T. beliebig anmutenden konkreten Angebot an Schauspielschulen wider.

Die Physische Handlung Stanislawskis mit den daran gekoppelten methodischen Prinzipien sowie das Gestische Prinzip Brechts bestimmen maßgeblich als mögliche zentrale, handlungsleitende, ästhetische Kategorien die Bewegungspädagogik für Schauspiel.

Die innere Handlungswelt ist zum Ausgangspunkt bewegungspädagogischer Überlegungen zu machen, ohne den dialektischen Zusammenhang und den möglicherweise auslösenden äußeren Handlungsteil in einer komplexen Situation zu vernachlässigen.

Zukünftig ist bei einem Teil der Studenten damit zu rechnen, daß deren Sinne unterentwickelter, das Körper- und Bewegungsgefühl noch weniger ausgeprägt sind und diesem Bereich der Sensibilisierung noch mehr Bedeutung zukommen wird. Schon heute wirkt die Körper- und Bewegungserziehung in Schule, Verein und bei anderen Institutionen teilweise immens körperfeindlich, trotz redlicher Bemühungen seitens eines Teils der Sportpädagogen. Zur Lippe warnt in diesem Zusammenhang vor »Lebensentzug durch Entsinnlichung im Handeln« (Kükelhaus u. zur Lippe 1982, 14), von »psychischer und physischer Verelendung« durch » Unterdrückung, Deformation und Zerstörung unserer eigenen inneren Natur« (zur Lippe 1984, 13).

Abschließend ist zu hoffen, daß nicht nur im gesamten Studium der Bewegungsausbildung genügend Aufmerksamkeit geschenkt wird, sondern auch am Theater den Akteuren die Möglichkeit zur regelmäßigen Teilnahme an einem Bewegungstraining gegeben wird.

---

22 Was nicht heißt oder ausschließt, daß andere Inhalte ergänzend beispielsweise in Ferienkursen auch nützlich sein können.

Sehr selten findet sich bei Inszenierungen der Hinweis im Programmheft, daß ein Bewegungstraining o.ä. während der Probenzeit stattgefunden hat. Eigentlich eine Selbstverständlichkeit, die aber nicht allzu häufig zu beobachten ist. Wird dies dann vom Regisseur eingefordert, sind hier unterschiedliche Praktiken beobachtbar. Das Spektrum reicht von »Körperpflege« bis hin zu einer anspruchsvollen künstlerischen Mitarbeit als Bewegungsregisseur, inklusive eines regelmäßigen, theaterspezifischen Bewegungstrainings.

Literatur

Barba, E.: *Jenseits der schwimmenden Inseln.* Reinbek 1985

Beeck, H.: Akrobatik. In: Ebert, G./Penka R. (Hg.): *Schauspielen. Handbuch der Schauspielausbildung.* Berlin 1981, S. 233-245

Brauneck, M./Schneilin, G. (Hg.): *Theaterlexikon. Begriffe und Epochen, Bühnen und Ensembles,* Reinbek 1986

Brecht B.: *Gesammelte Werke 16, Schriften zum Theater 2.* Frankfurt a.M. 1967

Buchwald-Wegeleben, H.: Bewegung. In: Ebert, G./Penka, R.(Hg.) 1981, S. 199-221

Engel-Braunschmidt A.: Meyerholdmethode. In: Brauneck, M./Schneilin, G. (Hg.), *Theaterlexikon*, 2. Auflage, Reinbek 1990

Ebert, G./Penka, R. (Hg.): *Schauspielen. Handbuch der Schauspielausbildung,* Berlin 1981

Feldenkrais, M.: *Bewußtheit durch Bewegung, der aufrechte Gang.* Frankfurt a.M. 1978

Felsenstein W., Herz, J.: *Musiktheater*, Leipzig 1976

Grotowski, J.: *Für ein Armes Theater*, Zürich 1986

Hoffmeier, D.: *Stanislawskij. Auf der Suche nach dem Kreativen im Schauspieler,* Stuttgart 1993

Jurké, V.: Sich in der Bewegung fühlen und ausdrücken In: *Sportpädagogik*, Heft 4, 1990, S. 48-53

Jurké, V.: Training im Theater – Theater im Training. In: Hentschel, U. u.a. (Hg.): *Theater als Ausdrucksform von Jugendlichen, Beiträge zur ästhetisch-pädagogischen Diskussion.* Berlin 1992, S. 73-85

Jurké, V.: Der Bewegungsansatz von M. Feldenkrais und seine Relevanz in der Theaterpädagogik. In: *Korrespondenzen. Zeitschrift für Theaterpädagogik* 1993, Heft 17/18, S. 31-37

Jurké, V.: Die Feldenkraismethode, ihr theoretischer Hintergrund und ihre mögliche Bedeutung für die ästhetische Bildung. In: *Spectrum Sportwissenschaft*, Heft 1. Wien 1997, S. 56-72

Klawitter, K./Minnich, H.: Sprechen. In: Ebert G./Penka, R. (Hg.) 1981, S. 257-274

Kükelhaus/zur Lippe, R.: *Entfaltung der Sinne.* Frankfurt a.M. 1982

Kulow, K.M./Zantke, T.: *Taiji, Material zum Theater 222*, Berlin 1989

Meinel, K./Schnabel, G.: *Bewegungslehre. Abriß einer Theorie sportlicher Motorik unter pädagogischem Aspekt.* Berlin 1975

Ritter, H.M.: *Das Gestische Prinzip bei Bertolt Brecht.* Köln 1986

Ritter, H.M.: Bertolt Brecht – Unterm Strasberg begraben? Abwicklung oder Entwicklung der Brechtschen Theatertheorie in der Schauspielausbildung? Sonderdruck aus: *Der andere Brecht I, Das Brecht-Jahrbuch 17*, 1993, S. 62-74

Simhandl, P.: Theaterpädagogik. In: Brauneck, M./Schneilin, G. (Hg.): *Theaterlexikon*, 2. Auflage, Reinbek 1990, S. 949f.

Simhandl, P.(Hg.): *Stanislawski Lesebuch.* Berlin 1990

Stanislawski, K.S.: *Die Arbeit des Schauspielers an sich selbst, Teil I (Erleben)*, Berlin 1961

Stanislawski, K.S.: *Die Arbeit des Schauspielers an sich selbst, Teil II (Verkörpern)*, Moskau 1955, Berlin 1963

Stanislawski, K.S.:*Ausgewählte Schriften 1, 1885-1924.* Hg. von D. Hoffmeier, Berlin 1988

Stanislawski, K.S.: *Ausgewählte Schriften 2, 1924-1938.* Hg. von D. Hoffmeier, Berlin 1988

Stockholmer Protokoll. Szenen, Beschreibungen, Analysen, Übungen. Hg. von Penka, R. u.a., Berlin 1969

Strasberg, L.: Russian Notebook 1934, Meyerhold's Biomechanic Exercises, In: *tdr*, vol 17, Nr. 1, 1973, 113 ff.

Tairow, A.: *Das entfesselte Theater.* Leipzig 1980

Tschechow, M.:, *Werkgeheimnisse der Schauspielkunst.* Zürich 1979

Walther, C.: Fechten. In: Ebert, G./Penka, R. (Hg.) 1981, S. 222-232

zur Lippe, R.: *Am eigenen Leibe.* Frankfurt a. M. 1978, 3. Aufl. 1984

Jörg Bochow / Ralf Räuker / Thilo Wittenbecher
Zu Meyerholds Biomechanik

Jörg Bochow / Thilo Wittenbecher
Bewegungsdramaturgie
Das Mime Centrum Berlin erschließt Meyerholds Biomechanik für die praktische Theaterarbeit

Es begann 1990. In Moskau sehen Vertreter des Amsterdamer Mime Centrums eine Demonstration der biomechanischen Etüden durch Gennadij Bogdanov. Was bis dahin nur durch historische Film- und Fotodokumente aus den zwanziger und dreißiger Jahren vom »System« Meyerholds bekannt war – hier erschien es »live«. Bogdanov gehörte zu einer Gruppe junger Schauspieler am Moskauer Theater der Satire, die von 1972 bis 1976 vom ehemaligen Instrukteur für Biomechanik am Meyerhold-Theater, Nikolaj Kustov, in Biomechanik unterrichtet wurden.

Die Geschichte der Biomechanik Meyerholds ist so faszinierend, so verworren und in ihrem Ausgang so abrupt wie das Schicksal ihres Schöpfers. Entsprechend kontrovers ist Meyerholds Gegenentwurf zum System Stanislawskis aufgenommen worden. In (West)Europa und in den USA wurde durch Grotowski, Brook und Barba, durch Gruppen wie das schwedische Theater Scheherezade immer wieder versucht, Meyerholds Ansätzen nachzugehen. Lee Strasberg hatte bereits 1934 eine Fotoserie mit biomechanischen Etüden (von Kustov ausgeführt) nach Amerika mitgebracht. Aber alle Versuche, die Etüden, das Kernstück der Biomechanik, nach Fotos und Notaten zu rekonstruieren, nährten eher den Mythos von der Biomechanik und von Meyerhold als einem »Taylor des Theaters«. Lediglich verstanden als Blüte des Konstruktivismus, als ephemere Spielart der revolutionstrunkenen Konzepte von der Konstruktion des Neuen Schauspielers als Prototyp eines Neuen Menschen, bliebe die Biomechanik eine zwar schillernde, doch vergilbte Seite der Theatergeschichte. Aber da waren die Demonstrationen Bogdanovs, tänzerische Bewegungsetüden von strenger Form, doch ohne eine Spur roboterhafter Mechanistik oder monumentaler Sportparade.

Sie waren die Auslöser für das Projekt des Mime Centrums Berlin (MCB), das sowohl die Quellen der Biomechanik Meyerholds erforschen als auch praktische Theaterarbeit initiieren sollte. Im Zentrum stand die Frage, ob das visuell und körperlich prägnante Schauspieler- und Theaterkonzept Meyerholds für aktuelles Theater im Zeitalter von »virtual reality« von Belang sein könnte, ohne in musealer Fetischisierung zu erstarren.

Die mehrjährige Quellenforschung des MCB, unterstützt durch die Meyerhold-Enkelin Valentaj-Meyerhold und den Moskauer Theaterwissenschaftler V. Tscherbakov, brachte nicht nur eine große Anzahl unveröffentlichter Materialien zutage, sondern eröffnete auch eine neue Sicht auf die Biomechanik. Für das Ausbildungs- und Spielsystem, das von der Entwicklung einer körperlichen Bewegungspartitur sowohl für die einzelne Figur als auch von der körperlich-plastischen Komposition der Inszenierung ausgeht, wurden wesentliche Elemente bereits in den Experimenten in Meyerholds Petersburger Studio (1913-1917) entwickelt. Aus den Etüden und Übungen, in die Elemente der Commedia dell'arte und des japanischen Kabuki-Theaters einflossen, entstand so das Gerüst der späteren Biomechanik. Es basiert vor allem auf der gebündelten Erfahrung des Theaterpraktikers Meyerhold, weniger auf theoretischem Kalkül. So ist Meyerholds Aufnahme von Pavlovs und Bechterevs Reflexologie zur Herleitung der Entstehung von Emotionen des Schauspielers als »Reflex« auf körperliche Haltungen eher eine Krücke, um sein Konzept des »von außen nach innen« in Reinform gegen das Modell seines ehemaligen Lehrers Stanislawski zu behaupten. In seiner Inszenierungspraxis hielt sich Meyerhold selbst nicht an diesen Teil des Kanons seines »Systems«, wie ein Proben-Bericht N. Tschuschkins anschaulich belegt:

»Auf einer Probe, als Meyerhold einem Schauspieler zeigte, wie man eine bestimmte dramatische Episode spielen müsse, erbleichte er, aus seinen Augen rannen Tränen. Das rief Verwirrung in den Köpfen einiger seiner gläubigsten Anhänger hervor. ›Wie das?! Das heißt er *erlebt* und spielt *nicht*. Und wenn er *erlebt*, das bedeutet MChAT, das System Stanislawskis!‹ – erregte sich der Schauspieler N. Mologin, der sich von dieser Abkehr von den Prinzipien des agit-publizistischen, konstruktivistischen Theaters verletzt fühlte. Und Meyerhold – wie auf frischer Tat ertappt – war gezwungen, sich zu rechtfertigen, und er erklärte nicht sehr überzeugend, daß nichts Kriminelles vorgefallen wäre, daß dies nur ein ›technischer Trick‹ gewesen wäre, daß er künstlich die Tränen hervorgerufen habe, und daß von ›Erleben‹ keine Rede sein könne.«

Abgesehen von der Polemik der Meister, lag in der Frage nach der Verknüpfung von physischen und psychischen Aspekten der Rollengestaltung auch einer der »Knackpunkte« unserer Auseinandersetzungen um die Biomechanik. Wie man vom Training der Etüden zur Anwendung in der Inszenierung übergeht, das war nur praktisch zu lösen. Mit den ersten Workshops in Amsterdam und Berlin rückte immer mehr die Frage ins Zentrum, welchen Wert diese historische Trainingsmethode für heutige Theaterarbeit haben könnte. Klar war auch, daß vereinzelte Workshops mit immer wieder neuen »Biomechanik-Anfängern« keine Kontinuität der Qualitätsentwicklung bringen würden. Ein erster Versuch, Entwicklung in das Projekt zu bringen, war das vom MCB und dem GITIS Moskau organisierte internationale Biomechanik-Seminar im Winter 1993 in Moskau. Hier kooperierten all jene Akteure aus Italien, Frankreich, den Niederlanden, Deutschland und Rußland, die bereits über erste Grundlagen der Biomechanik verfügten. Der nächste Schritt war beim II. Kongreß der European Mime Federation im Mai 1993 in Berlin zu besichtigen: ein erster, noch bescheidener Versuch, von der Biomechanik als Trainingsmethode zu einer theatralen Umsetzung zu gelangen. Wie schon bei der von Etienne Decroux begründeten Mime corporel zeigte sich, daß der Übergang von der Trainingsmethode zur theatralen Umsetzung kein unmittelbarer ist, ja mehr noch, daß erst spezifische Arbeitsformen entwickelt und ausprobiert werden müssen, um diesen Übergang zu konstituieren. Dieses Problem wurde immer wieder im MCB mit Gennadij Bogdanov diskutiert, besonders nach seinen Erfahrungen in den USA und Italien, wo der Versuch, die Biomechanik in Inszenierungen anzuwenden, oft im Zitieren einzelner Bewegungsmuster und dem schlichten Einfügen von Etüdenelementen stecken blieb. Um diesen unbefriedigenden Ansatz zu überwinden, mußte neben der praktischen Erprobung auch eine wirkliche Analyse und Befragung der Quellen erfolgen. Über zwei Jahre recherchierte das MCB dazu, entdeckte längst verstaubte Foto- und Textdokumente in Moskauer Archiven, organisierte Ausstellungen und Symposien, diskutierte mit Theaterwissenschaftlern und Bewegungsdozenten, drehte alle Bogdanov-Etüden auf Video, um sie hinsichtlich ihrer Grundprinzipien in der Slow-motion-Analyse zu befragen.

Das wohl interessanteste und überzeugendste Experiment einer theatralen Umsetzung der Biomechanik war 1995 in Berlin zu erleben. Über einen Zeitraum von mehr als einem halben Jahr trainierten Gennadij Bogdanov und Ralf Räuker (MCB) eine Gruppe von Schauspiel- und Regiestudenten der Schauspielschule. In einem langwierigen und behutsamen Prozeß, in den die Ergebnisse des mehrjährigen Quellenforschungsprojektes des MCB einflossen, wurde zur Inszenierung zweier Stücke der russischen Avantgarde übergegangen: Aleksandr Bloks »Die Unbekannte« und Aleksandr Vvedenskijs »Eine gewisse Anzahl Gespräche«. Vor allem die beiden Regisseure Thomas Ostermeier und Christian von Treskow setzten sich dem für die Biomechanik notwendigen Drill aus und übertrugen ihre ansteckende Begeisterung für Bogdanovs Arbeit und ihre eigene Kreativität auf die Schauspieler. Im Rahmen des Berliner Festivals MOSKAU-BERLIN war nach einem siebenmonatigen Arbeitsprozeß Premiere. Was präsentiert wurde, sorgte für allgemeine Überraschung. »Aus der verstaubten Avantgarde der Zwanziger zu einer Avantgarde der Neunziger«, »das biomechanische Geheimnis«, »Inszenierung aus einem Guß«, »die Dynamik hakte keine Sekunde«, »die Bühnen, die diese jungen Darsteller einmal beschäftigen, können sich die Finger lecken« – so lautete übereinstimmend der Tenor der Fachkritik, die das Projekt zugleich für den wichtigsten Berliner Theaterpreis nominierte. Ebenso die Publikumsreaktion: zu einer Veranstaltung des MCB über die Biomechanik und die aktuellen Inszenierungen kamen mehr als hundert Zuschauer, um drei Stunden lang engagiert zu diskutieren.

Die Zusammenarbeit von Gennadij Bogdanov mit Thomas Ostermeier wurde 1997 an der BT-Baracke mit der Inszenierung von Brechts »Mann ist

Mann« fortgesetzt. In Frankreich erarbeitete Gennadij Bogdanov mit einem internationalen Ensemble Molières »Tartüff«. Weitere Projekte in Europa und den USA sind geplant. Bei aller Euphorie und zum Teil überschwenglicher Kritik bleiben aber auch Mißverständnisse und Widerstände, und der Impuls, den die Biomechanik geben kann, wird nur Bestand haben, wenn weitere Experimente folgen.

Ralf Räuker

Meyerholds Biomechanik – am eigenen Leib erfahren

»Am liebsten möchte ich eine Maschine sein.« (Andy Warhol)

Kurz nach Warhols Tod am 22. Februar 1987 las ich dieses Zitat in einem Nachruf auf den »King of Pop-Art«. So befremdend mir diese Aussage auch schien, so sehr beschäftigte sie mich. In Warhols unmenschlichem Wunsch ahnte ich einen menschlichen Befreiungsversuch, der mir allerdings paradox erschien.

»Im Kern des Theaters liegt das völlige Fehlen der Freiheit und die völlige Freiheit der Improvisation. Das klingt vielleicht paradox, aber es ist so!« (Meyerhold)

Von Meyerhold wußte ich 1987 noch recht wenig. Im Jahr zuvor hatte ich mein Schauspielstudium abgeschlossen, und mein Berufsbild bestand eigentlich nur aus Fetzen dessen, was ich bis dahin gehört, gelesen, gesehen und am eigenen Leib erfahren hatte. Einen dieser Fetzen, in Form von DIN A4-Kopien, zog ich hervor, als ich mich entschieden hatte, ein Theaterstück über Andy Warhol und den »Mythos der Maschine« zu entwickeln. Ein Freund hatte mir die Blätter zugesteckt und den Inhalt zur Nachahmung empfohlen. »Meyerholds Biomechanik« von Mel Gordon, ein Artikel, der 1974 in der amerikanischen *Drama Review* erschienen war, enthielt den kurzgefaßten Versuch einer historischen Einordnung, die Beschreibung einiger biomechanischer Etüden und die fotografisch festgehaltene Abfolge der Etüde »Bogenschießen« aus den dreißiger Jahren.

»Das erste Prinzip der Biomechanik ist folgendes: Der Körper ist eine Maschine, der Arbeitende ist der Maschinist.« (Meyerhold)

Ich glaubte, das schauspielmethodische Pendant zur Figur des Andy Warhol gefunden zu haben und begann, Biomechanik »vom Blatt zu spielen«. Ich kopierte die beschriebenen und fotografisch festgehaltenen Bewegungsschritte, setze sie aneinander und hoffte, daß sich daraus allmählich ein tieferes Verständnis entwickeln würde. Das Ergebnis war ein staksiger Puppentanz, der einen eigenwilligen ästhetischen Reiz hatte, aber kaum ein schauspielmethodisches Verständnis durchscheinen ließ.

Wie ein Archäologe, der begeistert von dem Bild, das er sich von einer versunkenen Welt gemacht hat, den Prozeß des sorgfältigen Ausgrabens vernachlässigt und nur noch das findet, was er sich bereits gedacht hat, vollendete ich die Rekonstruktion einiger biomechanischer Etüden. Ich glaubte vor allem, etwas über den Maschinenkult der nachrevolutionären sowjetischen Gesellschaft verstanden zu haben – über einen Menschheitstraum, der offensichtlich zum Alptraum geworden war.

Was die Biomechanik Meyerholds anbetraf, mußte ich eingestehen, daß ich nur bis zu einer musealen Fiktion durchgedrungen war. Das Geheimnis, den verborgenen Schatz, hatte ich nicht gehoben. Mir war klargeworden, daß Recherche im Theater ein Abenteuer sein kann, und daß Abenteuerlust eine wesentliche Voraussetzung ist, um einer Spur zu folgen. Unterwegs aber, auf der Suche zählt vor allem Genauigkeit, und die Genauigkeit der Wegbeschreibung ist wiederum abhängig vom Ausgangsmaterial.

Konnte eine schriftliche Wegbeschreibung eine komplexe körperliche Bewegungsfolge vermitteln? Eine Beschreibung, die bereits Rekonstruktion war aus der Erinnerung von Augenzeugen. Konnten Fotos einer Bewegungsfolge den Bewegungsfluß deutlich machen? Als ich später Mel Gordon besuchte, den Autor des Artikels, auf den sich meine Rekonstruktion gründete, erzählte er folgende Anekdote. Nach Erscheinen von »Meyerholds Biomechanik« in der *Drama Review* hörte er von einer öffentlichen Biomechanik-Demonstration. Kurz darauf wurde er Augenzeuge, wie das »Living Theatre«, ausgehend von seiner Veröffentlichung, eine Kette von Mißverständnissen präsentierte. Neben der Genugtuung, nicht der erste und einzige Fehlgetretene gewesen zu sein, wurde mir bei dem Treffen mit Mel Gordon eine Art Meyerholdscher Offenbarung zuteil. Zum ersten Mal sah ich Filmaufnahmen einiger biomechanischer Etüden und einen Ausschnitt der Revisor-Inszenierung aus den zwanziger Jahren. Als ich darin den Schauspieler Garin in der Rolle des Chlestakov betrachtete, verstand ich, was Gordon Craig mit dem »Schauspieler als Übermarionette« gemeint haben könnte. Eine schwungvolle Leichtigkeit der Bewegung, die immer vom Körperschwerpunkt auszugehen schien und den ganzen Körper beteiligte, schuf einen schauspielerischen Tanz, der lebendiger als das Leben schien. Daß der Körper eine Maschine und der Arbeitende ein Maschinist sein sollte, wie es in »Der Schauspieler und die Biomechanik« 1922 formuliert war und in der Inszenierung »Der großmütige Hahnrei« erstmals umgesetzt werden sollte, konnte ich nur entfernt erkennen.

»Man fragte mich mal: Erwuchs unser ›Großmütiger Hahnrei‹ eigentlich aus der Biomechanik oder entstand sie – umgekehrt – aus ihm? Und derlei anderes mehr... ›Der großmütige Hahnrei‹ war unser Praktikum, das parallel zu unseren Lehrveranstaltungen stattfand. Wir brauchten es, damit diese Übungen selbst nicht in eine Art Scholastik entarteten, in ein rein gymnastisches Training oder in eine Variante der Ästhetik. Als ich die Biomechanik schuf, bemühte ich mich, die jungen Schauspieler vor dem leidenschaftlichen Übereifer für das süßliche barfüßige Gehabe (auf der Bühne) à la Isadora

Duncan oder das plastische Fratzenschneiden in der Art Golejzovskijs zu bewahren. ›Der großmütige Hahnrei‹ bewies allen, daß die Biomechanik keine ›Arithmetik‹ der Schauspielkunst ist, sondern schon eine ›Algebra‹. Irgendwann dringen wir schon zur höheren Mathematik vor, dachte ich. Sie begann mit dem ›Bubus‹ und mit dem ›Revisor‹.« (Meyerhold)

Eine Offenbahrung anderer Art war und ist für mich die Begegnung mit dem Schauspieler und Lehrer für Biomechanik Gennadij Bogdanov aus Moskau. Am eigenen Leib zu erfahren, daß kein Biomechanik-Student mit der »höheren Mathematik« beginnt, war äußerst erfrischend und schweißtreibend zugleich. Mit Bogdanov machte ich einen wirklichen Neuanfang in Sachen Meyerhold. Den eigenen Bios in seiner Funktionalität zu erforschen, – die bewußt sachliche Betrachtungsweise jeder einzelnen Aktion, – die Konkretheit jeder Übung, – die vollkommene theaterpraktische Orientierung, das gibt dieser Schauspieltechnik eine Lebendigkeit, die alles Private hinter sich läßt und auf eine den Alltag überschreitende Wirklichkeit hinweist.

»Übungen – Übungen – Übungen – sehr gut. – Vorausgesetzt aber, sie wecken auch den Geist auf und nicht nur den Körper.« (Meyerhold)

Eine darstellerische Bewußtheit durch Bewegung zu entwickeln, das ist Meyerhold folgend das Credo Bogdanovs. Seit unserer ersten Begegnung 1991 in Amsterdam und während des nunmehr fünfjährigen Arbeitskontakts, der vor allem durch das Mime Centrum Berlin möglich wurde, hatte ich die Chance, einen Prozeß der pädagogischen Vermittlung zu erleben, der mich nachhaltig beeinflußt.

Erkenntnisse – Erkenntnisse – Erkenntnisse – sehr gut. – Vorausgesetzt aber, sie wecken auch den Körper auf und nicht nur den Geist.

Deshalb, Meyerholds Biomechanik – am eigenen Leib erfahren!

Jiri Kaftan
Bemerkungen eines Lehrers der Pantomime

Vorbemerkung der Herausgeber:

Jiri Kaftan ist Mitbegründer des legendären – aber nicht mehr bestehenden – Pantomimen-Ensemble des »Theaters am Geländer« (Leitung: Ladislav Fialka) in Prag. Über das Ende dieser Truppe hat Jiri Kaftan in Heft 26 (1996) der KORRESPONDENZEN. Zeitschrift für Theaterpädagogik *berichtet. Kaftan ist neben seiner Pantominen-Spiel-Praxis Professor für Pantomime am Konservatorium in Prag und hat an Sommerschulen Pantomime unterrichtet. Jiri Kaftan hat ein umfangreiches Manuskript mit Bemerkungen und Übungen zur Pantomime in tschechischer Sprache verfaßt: vorläufige Bilanz eines Künstler-Wirkens! Aus diesem Manuskript haben wir Teile ausgewählt und hier vorgelegt: Erfahrungswissen – aus der reflektierten Praxis, für Praxis und Reflexion! Die Übersetzung besorgte Ivonna Balgová M. A.*

Ich würde mich freuen, wenn jeder, der sich für die Pantomime interessiert und diese Bemerkungen in die Hand bekommt, die folgenden Zeilen, die meine Erfahrungen enthalten, ganz genau lesen würde. Erst nach langem Zögern habe ich mich entschlossen, das zu beschreiben, was man sowieso nur im Übungsraum erfahren kann. An Hand eines Buches hat noch niemand boxen, singen oder tanzen gelernt.

Es ist wichtig, daß die Mimen ihren Körper benutzen und nicht, daß sie von ihrem Körper benutzt werden.

Der Körper ist Natur. Manchmal gehorcht die Natur uns, oft aber sträubt sie sich gegen uns. Wir sollten unseren Körper bewußt beherrschen und ihn zu jeder Zeit für einen bewußten Ausdruck benutzen können. Zufällig entstandene Ausdrücke des Körpers sind zwar wunderbar, aber für eine wiederholte Ausführung benötigen wir die Technik der Körperbeherrschung. Die Improvisation ist wichtig, wir können aber nur dann improvisieren, wenn wir Erfahrungen gesammelt haben und die Grundtechnik dessen, was wir vorführen wollen, gut beherrschen. Ein Mime, genauso wie ein Schauspieler, Tänzer, Sänger oder Musiker, sollte seine Leistung immer wiederholen können und sich nicht auf eine zufällige Laune verlassen. Für die Professionellen ist das eine Selbstverständlichkeit. Für die Amateure sollte es das Ziel sein.

Die Pantomime ist zum Bestandteil vieler Gattungen in unserer Theaterwelt geworden. Deshalb ist es notwendig, daß diejenigen, die die Pantomime neben den vielen anderen Disziplinen (Schauspiel, Bildende Kunst, Text, Rezitation, Tanz, Puppenspiel, Bewegung usw.) in ihren Aufführungen verwenden, diese auch beherrschen.

Pantomime lernen und lehren ist kompliziert.

Wie fangen wir an?
Wie sollen wir unterrichten?
Wie können wir lernen?

Den Stoff, den jeder Mime beherrschen sollte, habe ich folgendermaßen aufgeteilt:

1. Gymnastische Vorbereitung des Körpers
2. Grundlagen der Technik der Pantomime
3. Elemente der Vorstellungskraft
4. Raumübungen
5. Schauspielerische und mimische Etüden (Improvisation zu vorgegebenen Themen, schöpferische Arbeit).

Dazu sollte jeder Mime auch Elemente der Akrobatik, des Jonglierens, Tanzes, Schauspiels, Yoga u.a. beherrschen.

Im folgenden beschäftige ich mich lediglich mit den Grundlagen der Technik der Pantomime.

1. Einleitung

Das Begreifen und die Fähigkeit, Impuls und Kontraktion, Zentrum und Peripherie, Muskelanspannung und -entspannung, Gewichtsverlagerung und Gegenbewegung zum fixierten Punkt richtig anwenden zu können, gehört zu den Grundlagen der Technik der Pantomime.

Bevor wir zu den bekannten Effekten der Pantomime kommen, z. B.:
Zug – Gegenzug
Druck – Gegendruck
Gehen auf der Stelle
Klettern – Leiter, Seil
Gewichtheben – Hanteln oder andere schwere Gegenstände
Schweben – im Wasser, durch das Universum, im Traum
Fläche – Schaufenster, Wand usw.,
werden wir genau die Technik der Impulse, Kontraktion, Anspannung und Entspannung lernen. Jeder Mime sollte selbstverständlich die Grundeffekte der Pantomime vorführen können.

Wenn ich als Mime die Tür oder das Fenster richtig öffnen und schließen kann, selbst hineingeworfen werden oder jemanden hinauswerfen kann, wenn

Pantomime »Neun Hüte auf Prag« – »Devet klobouku na Prahu«
links: Ivan Lukeš, rechts: Jiri Kaftan; Foto: Miloslav Veverka

ich einen schweren Gegenstand tragen oder meine eigene Leichtigkeit spüren kann, dann habe ich die Grundlagen der Technik der Pantomime bewältigt.

Machen Sie sich jetzt bewußt, mit welchen Körperteilen der Mensch in der Lage ist »zu sprechen«. Der Mime muß Gelenke und Muskeln (Sehnen) bewußt beherrschen, Muskeln aktivieren und entspannen können. Die Gelenke müssen maximal durchtrainiert sein.

Folgende Begriffe müssen wir gut kennen und richtig verstehen:

Körperhaltung
Körperachse
Zentrum – Peripherie
Anspannung – Entspannung
Lockerung
Impuls – Kontraktion
Schwere – Schwerpunkt
Gewichtsverlagerung
Achter – Verlauf einer Bewegung – Schwung
Technik der Beinarbeit
Schweben.

Bei den Übungen werden wir erfahren, wie schwer es ist, die einzelnen Bewegungen voneinander zu trennen oder im Gegenteil manchmal im gleichen Augenblick mehrere gleichzeitig durchzuführen. Später werden wir selbst erkennen, wie wichtig es ist, daß wegen einer ausdrucksvollen Bewegung eines Körperteiles alle anderen Bewegungen unterdrückt werden müssen, um einen realistischen Effekt erzielen zu können. Wer das nicht begriffen hat, der kann nicht gut mit seinem Körper spielen. Der Körper ist unser Instrument. Daß ein Musiker sein Instrument nicht beherrscht und falsch spielt, erkennt das Publikum schnell. Wenn ein Tänzer bei einer Drehung stürzt, wird es vom Publikum gesehen. Ich glaube an ein ehrliches Üben. Nur durch das Üben können gute Ergebnisse erreicht werden.

2. Grundbegriffe (einige Beispiele)

Das Zentrum

Das Zentrum ist eine Stelle des Körpers, die jeder Pädagoge »auf seine eigene Art und Weise« spürt. Es ist die Stelle zwischen Bauch und Becken. Versuchen wir, uns mit Hilfe der Bauchmuskeln an der beschriebenen Stelle zusammenzuziehen, als ob wir mit einer heftigen Kontraktion den ganzen Raum in uns aufnehmen wollten.

Ich nenne es das Gefühl »ich«. Von dort gehe ich »aus mir« heraus und dort gehe ich »in mich«. Bewegungen, die aus dem oder in das Zentrum gehen, sind am meisten »meine« Kraft. Das Zentrum lernen wir durch passive und aktive Übungen verstehen.

Lockerung

Durch Lockerung einzelner Körperteile erlernen wir die Fähigkeit, die Illusion einer »fremden« Kraft, die auf uns einwirkt, zu erzeugen. Diese Illusion ist nur dann vollkommen, wenn wir an der Stelle gut gelockert sind, wo es die Bewegung und die Logik erfordert.

Den Begriff »Lockerung« dürfen wir nicht im Sinne von »Ausschalten« der Kontrolle über die Bewegung verstehen. Wir lockern die Muskeln und sehen so, daß wir frei einzelne Körperpartien bewegen können, kontrollieren aber dabei das Gewicht des Kopfes, der Schultern, des Beckens usw., damit wir durch eine zu heftige Lockerung die Wirbelsäule (besonders die Halswirbel) nicht beschädigen.

Der Begriff »Lockerung« muß sowohl vom Schüler als auch vom Lehrer gut verstanden werden. Eine völlige Lockerung (Passivität) bedeutet eigentlich den Zusammenbruch, ein Häufchen menschlichen Körpers auf dem Boden. Wenn wir nur einen Körperteil lockern, bleiben wir dennoch immer aktiv, weil wir bewußt die Bewegung des zu lockernden Körperteiles führen. Dieses Gefühl halte ich für sehr wichtig, und ich weiß aus Erfahrung, daß es sehr schwer ist, es zu spüren. Besonders für Anfänger.

Impuls und Kontraktion

Mit Impulsen drücken wir eine auf uns von außen wirkende Kraft aus. Jemand drückt, schlägt, zieht oder tritt uns.

Wir können auch unsere eigene Kraft ausdrücken. Wir können uns heranziehen, wegziehen, wir können mit »eigener« Kraft »jemanden« wegstoßen oder wegrücken.

Mit Kontraktion drücken wir unsere »eigene« Kraft aus. Wir ziehen etwas »in uns hinein«, aber oft schützen wir uns selbst vor einer Gefahr von außen.

Schwere – Schwerpunkt

Jeder Körperteil hat sein eigenes Gewicht. Es ist nicht möglich, die Hand, den Kopf oder das Bein vom Körper zu trennen und zu wiegen. Es ist aber nötig, mit dem Gewicht der einzelnen Körperteile zu rechnen und es in der Bewegung ausnutzen zu können.

Einigen Mimen fällt es schwer, die Bewegungen der einzelnen Körperteile voneinander zu trennen. Ohne die Koordination und das Separieren bestimmter Teile unseres Körpers bleibt unser Ausdruck unverständlich.

Die Grundlage jeder Bewegung ist, den Schwerpunkt zu finden und ihn verlagern zu können.

Beintechnik

Einen wichtigen Teil der Übungen stellt die Beinarbeit dar. Für die Sicherheit der Bewegungen und das Gleichgewicht ist es notwendig, die Beine zu stärken und zu lockern.

Jeder Schritt, jede Verschiebung im Raum, kommt mit Hilfe vollkommener Koordinierung der Beine und der übrigen Körperteile zustande. Jede Unsicherheit ist zu sehen. Der Zuschauer wird unruhig, und der Mime wirkt durch seine Ungeschicklichkeit lächerlich gerade in dem Moment, in dem er würdevoll aussehen wollte. Wir müssen bei jedem Gehen (auf der Stelle oder wirklich) überzeugend wirken.

Schweben

Damit wir einen Astronauten oder Taucher imitieren, auf einem imaginären Seil balancieren, unsere eigene Leichtigkeit oder den Flug eines Vogels darstellen können, müssen wir schweben lernen. Diese Art der Bewegung halte ich für etwas sehr Außergewöhnliches und Wichtiges. Sie verlangt Gleichgewicht, Sicherheit, bewußte Wahrnehmung des Zentrums des Körpers und gute Vorbereitung der Beine.

3. Üben der technischen Grundelemente der Pantomime (zwei Beispiele)

Lockerung

Kopf – Stand breitbeinig

1. Wir kreisen locker mit dem Kopf um die Halswirbel nach links, nach rechts. Dabei bemühen wir uns um eine maximal fließende Bewegung (ohne Unterbrechungen und ohne unnötige Anspannung von Muskeln). Wir lassen den Kopf locker hängen und bemühen uns um eine möglichst große kreisende Bewegung in jede Richtung (nicht »schummeln« bei der Kopfbewegung nach hinten).
2. Locker lassen wir den Kopf nach vorne, nach hinten und zu den Seiten hängen. Dabei hängt der Kopf schwer in den Halswirbeln.

Schultern, Kopf – Stand breitbeinig

1. Wir kreisen mit dem Kopf um die Halswirbel. Die Bewegung wird von den Schultern ausgeführt, der gelockerte Kopf stellt eine lockere Veränderung der Wirbelsäule dar.
2. Wir lockern getrennt nach vorne, nach hinten und zu den Seiten. Dabei fangen wir immer mit dem oberen Teil des Brustkorbs an (in Höhe der Schultern), der Kopf folgt »schwer«. Zurück führen wir die Bewegungen analog durch den Brustkorb, und dann folgt der Kopf.

Rumpf, Schultern, Kopf – Stand breitbeinig

1. Wir kreisen locker um die Lendenwirbel. Diese Bewegung führt der Rumpf an, die Schultern und der Kopf sind locker und stellen eine Verlängerung der Rumpfbewegung über dem Becken dar.
2. Wie die vorherigen Übungen separat nach vorne, nach hinten und zu den Seiten.

Becken – Stand breitbeinig

Wir kreisen locker mit dem Becken.

Knöchel – Stand leicht breitbeinig

Wir üben zunächst mit dem einen, dann mit dem anderen Fuß. Den Fuß stellen wir dabei auf den Fußballen, heben die Ferse, die Zehen stützen sich fest am Fußboden ab.

1. Wir kreisen locker mit dem Knöchel nach links, nach rechts (dabei versuchen wir, die größtmögliche Bewegung zu erreichen).
2. Die gleiche Übung führen wir ohne das Abstützen des Fußes am Fußboden durch. Intensiv kreisen wir mit dem Knöchel!

Nach ausreichender Gymnastik versuchen wir, den Kopf so zu lockern, als ob er auf den Halswirbeln balancierte. Unter dem Kopf bringen wir den ganzen Körper in eine wellenartige Bewegung in alle Richtungen. Jeder winzige Widerstand des Körpers hat eine Kopfbewegung zur Folge.

Bei allen Übungen achten wir auf regelmäßigen Wechsel der Seiten und der Richtung (gegebenenfalls der Beine). Die Körperteile, die sich an der Übung nicht beteiligen, werden fixiert. Das Kreisen führen wir so groß wie möglich aus. Wir arbeiten nur mit dem beschriebenen Körperteil. So lernen wir bewußt, unseren Körper zu beherrschen (lockern).

Gegenbewegung

1. Stand breitbeinig. Mit den Handflächen fixieren wir zwei feste Punkte im Raum. Mit dem oberen Teil des Brustkorbs versuchen wir, uns diesen Punkten zu nähern – nach oben, unten, links, rechts, vorne und hinten. Wir achten darauf, daß sich die Handflächen von der ursprünglichen Stelle nicht wegbewegen (immer fixiert) und daß sich die beschriebenen Körperteile locker bewegen. Es entsteht die Illusion von festen Gegenständen, um die wir uns bewegen.
2. »Gegenbewegung« können wir auch in weiteren Variationen üben: eine Handfläche verschieben wir nach links, nehmen die andere dazu, fixieren beide und verschieben den Körper.

Die Gegenbewegung üben wir sehr sorgfältig in alle Richtungen. Ohne Sicherheit gibt es keine Illusion eines festen Objektes im Raum oder einer Bewegung des Mimen um einen festen Gegenstand.

4. Elemente der Illusion in der Pantomime (Effekte)

Fläche – Wand – Mauer

Ein Mime ist in der Lage, eine vollkommene Illusion einer Fläche zu erzeugen, vor der er steht oder um die er herumgeht: er schaut in ein Schaufenster hinein, er putzt einen Spiegel usw.

Dieses Gefühl entsteht mit Hilfe einer exakten Arbeit der im Raum fixierten Handflächen und mit der Gegenbewegung des Körpers.

Die Illusion einer Fläche erzeugen wir, indem wir nacheinander die Handflächen in Höhe des Brustkorbes halten. Das heißt, daß wir die Hände so vor uns halten, daß ihre Flächen die gegebene Aufgabe darstellen. Die Finger werden nicht gekrümmt. Mit dem Versetzen einer Hand nach der anderen sind wir bemüht, im Raum eine imaginäre Fläche zu erzeugen. Mit den Augen verfolgen wir diese Illusion. Um diese Fläche können wir uns bewegen. Dabei dürfen aber die im Raum fixierten Punkte (Handfläche) nicht bewegt werden. Wenn wir die Fläche vergrößern wollen, lassen wir eine Hand fixiert und verschieben gleichzeitig mit dem Körper die andere Hand, oder wir kreuzen die fixierte Hand und fixieren ein Stück weiter mit den Handflächen zwei neue feste Punkte (Fläche).

Von einer perfekt erzeugten illusionären Fläche können wir jederzeit abtreten und jederzeit eine neue Fläche erzeugen.

Wir und auch der Zuschauer haben uns daran gewöhnt, diese Fläche existiert bereits in unserer Phantasie.

Selbstverständlich müssen wir diese Fläche wieder dort aufbauen, wo sie vorher gestanden hat. Genauigkeit ist übrigens die Voraussetzung für alle illusionären Elemente der Pantomime.

Übungen

Stand breitbeinig – Arme locker

1. Wir versuchen uns vorzustellen, daß wir selbst eine Fläche sind. Wir breiten die Arme aus und verschieben die Körperachse nach vorne und nach hinten. Wir sind eine Fläche.
2. Jetzt erzeugen wir eine Fläche, die sich in unserer Reichweite befindet. Eine Hand berührt sie, die andere folgt. Dann fixieren wir beide Hände (Handflächen ohne Bewegung im Raum). Eine Hand verschiebt sich und erzeugt mit der Handfläche (in Reichweite) nebenan eine neue fixierte Fläche. Diese Übung wiederholen wir so lange, bis wir ein Gefühl der Sicherheit haben. Zunächst bewegen wir unseren Körper und die Hände nicht weiter, als unsere Arme reichen. Wir müssen das wichtigste Gesetz einhalten: Eine Hand muß immer fixiert sein, die andere kann sich bewegen und eine Fläche erzeugen.
3. Nach den vorherigen Übungen fangen wir an, uns im weiteren Umkreis unserer Fläche zu bewegen. Den Grundsatz des fixierten Punktes müssen wir dabei einhalten. Wir können die Fläche auf zweierlei Art und Weise erzeugen und vergrößern. Zunächst sind beide Hände dicht nebeneinander. Dabei kann eine Hand zur Seite verschoben werden, die andere folgt mit dem Körper.

   Dieses Verfahren ist zwar langsam, dafür aber sicher in der Erzeugung einer Illusion. Wir bewegen uns nur in Reichweite unserer Arme, zerstören nicht die Illusion einer Fläche. Die zweite Art und Weise ist das Kreuzen der Hände, sie ist komplizierter auch für die Beinbewegung. Eine Hand fixiert einen Punkt auf der Fläche, die andere kreuzt die fixierte Hand. Dabei kann es zu einer unkorrekten Verschiebung der Hände oder Schultern kommen, womit eine unvollkommene Illusion der Fläche entsteht. Um unsere eigene Geschicklichkeit zu trainieren und die verschiedenen Wege zur Darstellung einer imaginären Fläche zu zeigen, üben wir beide Möglichkeiten.

4. Mit beiden Händen fixieren wir zwei feste Punkte, die Augen schauen dabei durch die imaginäre Fläche (Glas). Den Brustkorb bewegen wir nach rechts, links, nach oben und unten. Die Handflächen sind ständig fixiert, nur der Körper bewegt sich.
5. Wir erzeugen das Gefühl vom Ende einer Mauer, und zwar oben oder an der Seite. Dabei bilden die Handflächen mit den Fingern rechte Winkel. Wir bewegen den Brustkorb in Richtung der fixierten Hände (als ob wir über eine Mauer oder um die Ecke einer Mauer schauen wollen).
6. Die imaginäre Fläche stürzt ein. Wir versuchen, beide Handflächen exakt parallel zu halten (eigentlich sind wir in Gegendruck geraten). Die imaginäre Fläche schieben wir mit den fixierten Händen zurück in die senkrechte Position (Druck des Körpers).
7. Wir bilden eine Fläche mit Öffnungen (Fenster, Türen). Exakt legen wir unsere Handflächen nebeneinander und erzeugen eine neue Illusion (Fenster, Tür). Der Grundsatz ist der gleiche: eine Hand bewegt und fixiert sich, die andere folgt. Gegenüber der bereits erzeugten Fläche bilden wir eine neue Ebene.
   Das wiederholen wir so lange, bis wir das Gefühl der Sicherheit haben.

Ich habe die wichtigsten Punkte der Übung erläutert: Fixierte Hände, Gegenbewegung, Augen auf die Fläche gerichtet, lockere Bewegung der Beine. Weiter können wir auch die Qualität der Fläche darstellen, ihre Festigkeit und Biegsamkeit, und zwar durch die Kombination vom Druck und Gegendruck.

Nachbemerkung der Herausgeber

Jiri Kaftan setzt hier natürlich kompetent fort! Für die Buchveröffentlichung mußten wir seinen umfangreichen, in tschechischer Sprache verfaßten Beitrag – leider! – kürzen. Über die Herausgeber kann fachlicher Kontakt zum Pantomime-Lehrer Kaftan in Prag aufgenommen werden.

III. KörperTheaterPraxis

In diesem Kapitel wird über körperliche, theatrale und erfahrungsmäßige Sozialisation zugleich berichtet – anhand von Beispielen aus verschiedenen Praxisfeldern und in unterschiedlichen Graden von Anschaulichkeit, Umfang und konzeptioneller Reichweite. All dies kann anregen zu eigener körpertheatraler Praxis – sei es, indem kopiert wird, sei es, indem gegen die vorgeführten Ansätze gespielt wird. Erfahrungen sollen also wiederum Erfahrungen stimulieren.

Die Praxisbeispiele zeigen die fließenden Übergänge zwischen verschiedenen Professionalitäten und bringen die Grenze zwischen Laien und Experten in die Krise. So kann ein Theater professionell sein, wenn es die Expertenschaft und Verantwortung z.B. von Kindern für sich selbst (theaterpädagogisch) als bewußt gestaltete Körpersozialisation versteht oder wenn Erwachsene tanzpädagogisch angeleitet werden, um durch verfremdendes, tänzerisches Tun sich selbst und der sozialen Gruppe auf eine neue und ästhetische Weise näherzukommen (so in *Beate Uptmoors* Beitrag).

Shakespeares Formulierung von der Welt als Bühne und den Menschen, die darauf ihre Rolle spielen, bekommt eine neue Lesart: Die Seinsform Theater kann sich überall durch jede und jeden von uns realisieren. »Sein wie Theater« ist ein Stück menschlicher Praxisausstattung, ein Stück menschlicher Professionalität – eine Dimension seiner Anthropologie.

Künstlerische Kreativität ist ebenso ein Stück kultureller Ausstattung – und wir nehmen gerne fachliche Hilfestellungen an (ebenfalls eine menschliche Möglichkeit). Die Beiträge dieses Kapitels sprechen davon; indem sie Peter Brooks ethnologischen Ansatz (*Kirsten Feller*) oder den japanischen Butoh (*Dorothee Zapke*) skizzieren oder die physikalischen Körper (*Dorothea Hilliger-Ache*) bzw. literarische Texte (*Felix Zulechner* und *Gerd Bräuer*) als Angebote verstehen. Zielgruppen in der praktischen Arbeit können sehr verschieden sein: Kinder, Jugendliche (*Mike Büttner, Romana Maria Trautmann, Dorothea Hilliger-Ache, Felix Zulechner*) und Erwachsene (*Beate Uptmoor, Gabriela Naumann, Gerd Bräuer*) können Adressaten und GestalterInnen von KörperTheaterPraxis sein oder bei *Peter Offermanns/Daniela von Raffay* behinderte Schwule und Lesben.

Beate Uptmoor

Der fremde Blick des Tanztheaters

Im Alltag sind wir zunehmend gefordert, uns aktiv zu orientieren. Gleichzeitig schwinden traditionell gegebene Sicherheiten. Auch unser Bezug auf Körperliches und auf unsere Weisen des Ausdrucks mit dem Körper verlieren an Selbstverständlichkeit. Deutlich wird, daß viele Gewißheiten lediglich Vereinbarungen, Konventionen und damit veränderbar sind. Die pädagogisch-künstlerische Arbeit mit dem Tanztheater ermöglicht, wie an einem Praxisbeispiel illustriert wird, sich lustvoll und reflektiert Alltäglichem mit seinen Konventionen zu nähern. Zu Tage treten praktisch befolgte, aber oft nur zum Teil bewußt durchdachte und benennbare Orientierungen und Formen des Handelns. Das Tanztheater eröffnet so nicht nur neue Zugangswege zum Alltäglichen, sondern auch zur ästhetisch-pädagogischen Arbeit an unserem Alltag.

Körpererfahrung und Konvention

Körpererfahrungen und unsere sozialen Erfahrungen prägen sich wechselseitig. Die Bewegungsmöglichkeiten der Körper, ihre mimischen und lautlichen Ausdrucks- sowie Verhaltensmöglichkeiten sind ebenso Medium und Resultat unserer gesellschaftlichen Art und Weise zu leben, wie letztere durch unsere Körpererfahrungen mit geprägt ist. Gleichzeitig bildet das Zusammenspiel der Erfahrungen die Grundlage pädagogisch-ästhetischer wie künstlerischer Arbeit – sowohl im Bereich des Theaters, des Tanzes wie im Bereich des Tanztheaters.

Der Bezug und die Wahrnehmung des Körpers ändert sich zunehmend. Wir erfahren den Körper mehr und mehr als Konvention, als etwas »Vereinbartes«, auch anders »Mach- und Gestaltbares«, statt als etwas unhinterfragt Gegebenes. In den westlichen Industriestaaten wird der Körper so zunehmend Gegenstand der Selbstbeobachtung: Wie bewege ich mich? Wie drücke ich mich aus? Und was drücke ich aus, wenn ich mich ausdrücke? Wie soll ich meinen Körper gestalten? Welche Kleidung soll ich tragen? Oder: Wie soll ich mich schminken? Wie soll ich mich als Frau oder Mann verhalten? Was macht mich als Frau oder Mann aus? Fragen dieser Art sind zwar nicht neu, sie stellen sich heute nur verschärfter und setzen sich bis in die letzten Verästelungen unseres Alltags fort: Angesichts des ganzjährigen Angebots einer Bandbreite von Nahrungsmitteln ist man heute beispielsweise stärker als früher mit der Frage konfrontiert: Was soll ich essen und trinken? Bis hin zu Fragen wie: Wo kann ich noch atmen? Und: Wie atme ich?

Gleichzeitig wächst die Zahl der Fremdeinflüsse auf unser Tun und mit ihr die Anzahl sich widerstreitender Stimmen: Wissenschaftlich begründete, sich widersprechende Ernährungsvorschläge unterschiedlicher Herkunft; Bücher, die etwa Aerobic oder Stretching als der Gesundheit förderlich anpreisen, andere, die beides als gesundheitlich abträglich einstufen; Streit darüber, inwieweit mein Körper mir gehört; sich widersprechende Auffassungen, worin die Unterschiede zwischen den Geschlechtern liegen, welche erhaltenswürdig und welche zu entwickeln sind. Dabei drängt sich oftmals der Eindruck auf, der Körper sei die letzte Bastion der Selbstidentität und sie erschöpfe sich auch in ihm. Aus dem Blick fallen hierbei in der Regel die geschichtlichen und kulturellen Lebenszusammenhänge, in denen die körpersprachlichen Ausdruckselemente, die Bezugsweisen sowie die Deutungs- und Beurteilungsfähigkeiten der Individuen sich ausgebildet haben und sich fortschreiben.

Ist das in Routinen ausgebildete Verhaltens- und Ausdrucksrepertoire uns immer ein Stück weit verschlossen, so schwinden heute, angesichts der vielfältigen Stimmen weitere Sicherheiten. Gleichzeitig wird immer deutlicher, daß unsere Entscheidungen, wie wir unser Leben führen, was wir essen, trinken, welche Kleidung wir tragen, welche Autos wir fahren, wie wir uns als Mann und Frau, als gesellschaftliches Individuum verhalten, weitreichende Auswirkungen auf die Lebensbedingungen anderer Menschen nicht nur in unserer direkten Nachbarschaft besitzen.

Das bedeutet, bisher unhinterfragte alltagspraktische Wissensbestände selbst darüber, was mir gut tut, was es heißt, Frau oder Mann zu sein usw., sind durch die Vielzahl von Fragen und Gegenfragen, auf die es keine gültigen Antworten mehr zu geben scheint, in Frage gestellt. Und indem wir in widersprechenden Arten und Weisen unser Leben führen, ändern wir die Bezugspunkte unserer Orientierungen im Sozialen selbst. Vielen alltäglichen Routinen wird so auf der einen Seite ihre Selbstverständlichkeit entrissen. Sie werden zu Konventionen, deren Wahrheitsanspruch und Gültigkeit begründet werden muß. Auf der anderen Seite schwinden allgemeingültige Standards der Orientierung. War es klar, was es bedeutet, eine (Ehe-)Frau zu sein, was sie zu tun, wie sie sich zu kleiden und zu verhalten hat usw., so finden sich heute verschiedene nebeneinander stehende Modelle: als gesellschaftliche Norm gilt nicht mehr die Hausfrau, sondern die be-rufstätige Frau; die berufstätige Frau ist dabei nicht selten berufstätige Mutter; sie lebt entweder allein, in der Familie oder in wechselnden Beziehungen. Das Spektrum von Alternativen ist, wie wir wissen, damit längst nicht erschöpft.

Keiner kann sich diesen Prozessen der Auflösung traditioneller Gewißheiten entziehen. Vieles von dem, was sich in und durch unsere Alltagsroutinen im Körper, seinem Wissen, seinen Haltungen und Handlungsweisen abgelagert hat, wird im Zuge dieser Entwicklungen seinem nur praktischen Wissen entrissen, ruft nach Verarbeitung, wo doch gerade Sicherheiten der Verarbeitung schwinden. Und gleichzeitig können wir zunehmend weniger grundlegende Entscheidungen über unser Leben auf Experten abschieben, da es den allseits anerkannten Experten immer weniger gibt. So müssen wir selbst Stellung beziehen, aktive Entscheidungen fällen. Das eröffnet vielleicht ein neues Spektrum möglicherweise relevanter Alternativen. Es schafft aber auch tiefgreifende Verunsicherungen, die in Selbstzweifeln, Identitätskrisen, oft verzweifelten Fluchten vor Bevormundung durch Experten in Form von Eltern, Erziehern, Lehrern, Vorgesetzten und Beratern jeglicher Couleur, in dem Verschließen vor rationaler Auseinandersetzung und der Flucht in neue Heilsgewißheiten ihren Ausdruck finden.

Körper-Arbeit, Arbeit am und mit dem Körper, sowie an und mit Haltungen wandelt sich damit heute radikal. Das gilt nicht vorrangig für die Körper- und Darstellungstechniken. Was sich wandelt, sind die individuellen und gesellschaftlichen Bezugs- und Ausdrucksweisen auf und durch den Körper und die Möglichkeiten und Grenzen, Körpererfahrungen zu erschließen. Körper-Arbeit, die diesen Änderungen Rechnung trägt, enthält eine neue Aufgabe. Sie ist stärker gefordert, Sichtweisen auf Zusammenhänge zwischen Körpererfahrungen und sozialen Erfahrungen zu eröffnen und damit sowohl Körpergewißheiten als auch die Fähigkeiten der Deutung und Beurteilung von Verhaltensweisen auszubilden. Sie muß dabei immer beides leisten: das Konventionelle an Bewegung und Ausdruck aufzeigen und Möglichkeiten erkunden, bewußte Identitäten auszubilden, die die zunehmend enger werdenden Zusammenhänge zwischen den Entscheidungen nicht aus dem Blick verlieren. Arbeit an Körpererfahrungen dieser Art verstärkt so auf der einen Seite das Aufbrechen traditioneller Konventionen, steht damit aber auch um so mehr vor der Aufgabe, Wege der Identitätsfindung zu erkunden. Einen Weg, sich dieser anspruchsvollen Aufgabe auch in der pädagogisch-künstlerischen Arbeit zu stellen, weist das Tanztheater.

Gegenstand und Mittel tanztheatraler Arbeit

Das Tanztheater richtet sein Augenmerk vornehmlich auf unseren *Alltag*, auf Alltagsbewegungen und alltägliche Verhaltensweisen. Alltagsroutine wird mit den Mitteln des Tanztheaters fremd und dadurch in einigen Aspekten bewußter gemacht. Die Arbeitsweise ist in der Regel durch strukturierte Improvisationen geprägt. Die Produkte entstehen in gemeinsamer und kreativer Zusammenarbeit. Die Mittel der Arbeit sind die aus dieser Arbeit bekannten. Das Besondere des Tanztheaters kommt dadurch zustande, daß die Bausteine der Stücke nicht nur Bewegungen, sondern auch Gesten, Haltungen, Objekte, Texte, Geschichten und vieles mehr sind, und daß in deren Interpretation die Erfahrungen, das Wissen, die Kreativität und Emotionalität, das, was die Tänzer und Tänzerinnen oder WorkshopteilnehmerInnen bewegt, mit einfließt (s. genauer Schlicher 1987, Uptmoor 1991).

Die *Choreographien*, die Produkte des Tanztheaters, sind ferner dadurch gekennzeichnet, daß sie Assoziationen, Variationen, bestimmte Aspekte eines Themas in spannender Weise in wiederholbaren und zum Teil wiederholten Szenen miteinander verweben. Der Grad der Festlegungen in der Komposition kann variieren: Die Handlungen in »Raum« und »Zeit«, die sozialen Beziehungen zwischen den Handelnden können zum Beispiel in allen Aspekten festgelegt werden, die Festlegungen können sich auf Dinge wie Raumwege, Gruppenkonstellationen oder Spielsituationen beschränken, die Komposition kann sich aus unterschiedlich stark festgelegten Bestandteilen zusammensetzen.

Das Finden einprägsamer Bilder – zur Zielsetzung tanztheatraler Arbeit

Die Arbeitsweise des Tanztheaters möchte ich nun anhand eines Workshop zum Thema »Der fremde Blick des Tanztheaters«, den ich im Rahmen der Gesellschaft für Theaterpädagogik an einem Wochenende im November 1994 durchführte, illustrieren. Die Zielsetzung des Workshop bestand allgemein darin, TheaterpädagogInnen mit der Arbeitsweise und den Mitteln des Tanztheaters bekannt zu machen. Einen besonderen Schwerpunkt legte ich auf die in der pädagogischen Theaterarbeit oftmals vernachlässigte kompositorische Arbeit. Neben der Erfahrung, wie mit unterschiedlich weit festgelegten Elementen kompositorisch gearbeitet werden kann, sollten die TeilnehmerInnen weitere kompositorische Mittel kennenlernen: zum Beispiel den vielseitigen Umgang mit dem Raum oder das Aufeinandertreffen verschiedener Szenen, das zu einer wechselseitigen Kommentierung von Szenen führt. Insgesamt ging es mir darum, einprägsame Bilder, die unseren Alltag reflektieren, mit den TeilnehmerInnen gemeinsam zu finden.

Assoziationen, Variationen und Aspekte eines Themas als Ausgangspunkte

Die tanztheatrale Auseinandersetzung mit Alltag macht das Übliche, das gemeinhin Unhinterfragte, das allzu Selbstverständliche fremd. Die Assoziationen und Variationen des Themas verknüpfen Alltägliches oder Alltagsroutinen, setzen sie in Zusammenhänge mit anderem, sei es Alltägliches oder auch nicht; die Hervorhebung bestimmter Handlungssequenzen reißt Flüchtiges wie Worte, Gesten, routinisierte Handlungsweisen aus dem gleichmäßig dahinfließenden Strom alltäglicher Verrichtung, konzentriert die Aufmerksamkeit auf Details alltäglichen Tuns, die sich in der Regel unserer bewußten

Wahrnehmung entziehen; die Improvisationen stellen übliche Zusammenhänge und Arrangements alltäglichen Tuns in Frage und stellen neue her; die Kompositionen akzentuieren ihrerseits Momente des Geschehens, bringen diese in widersprüchliche Zusammenhänge, eröffnen Räume für neue Assoziationen, Variationen und Hervorhebungen, initiieren ein geordnetes Spiel von Bedeutungen bei den Produzenten wie bei den Zuschauern.

»Die widerspruchsvolle Vielfalt des Tanztheaters bildet einen Gegensatz zu Harmonisierungsdenken und Ganzheitsanspruch in Leben und Kunst. (...) Die ›Trennung der Elemente‹ (...) korrespondiert im Tanztheater mit dessen wesentlichem Konstruktionsprinzip, der Montage, mit seinem hauptsächlichen dramaturgischen Muster, der Revue. Die Dramaturgie der Revue und die Technik der Montage charakterisieren die Komposition im Tanztheater, dessen Form der Un-Ordnung, der geordneten Formlosigkeit – ein völlig verschobenes und ver-rücktes Zusammenfügen, das Gegeneinandersetzen der ganz verschiedenen Einzelteile. Eine Komposition, die Brüche und Kanten zuläßt, zulassen darf, zu ihrer besonderen Qualität macht«. (Schlicher 1987, 221 f.)

Pädagogisch und choreographisch gewendet bedeutet dies, daß bei der tanztheatralen Arbeit an einem Thema bestimmte Assoziationen, Variationen und Aspekte zum Thema gemacht und mit den Mitteln des Tanztheaters bearbeitet und in spezieller Art und Weise zu einer Gesamtchoreographie komponiert werden.

Das Thema »Isolierte Welten«

Das Thema »isolierte Welten«, das den inhaltlichen Rahmen der im Workshop erarbeiteten Szenen bildete, brachte ich durch ein Gedicht ein, in dem detailliert Alltagsbewegungen und Alltagshandlungen beim Frühstücken beschrieben werden. Thematisiert wird in dem Gedicht die Beziehungslosigkeit, Kommunikationsunfähigkeit zwischen zwei Personen – wobei das Geschlecht der Protagonisten offen bleibt. Geschildert wird ein Paar, das im Alltag getrennte Wege geht und in der Situation unmittelbarer Nähe beim Frühstück nicht in der Lage ist, die isolierte Welt der alltäglichen Routinen zu durchbrechen, sondern die Isolation fortschreibt. Was bleibt, ist isolierte Trauer, isoliertes Leid.

Ausgangspunkte für Improvisation und Komposition

Die im Gedicht, der Textvorlage, aufgenommenen routinisierten Alltagsbewegungen, z.B. das Einschütten der Milch in den Kaffee, bilden in einer tanztheatralen Perspektive die wohl naheliegendsten Ausgangspunkte für die szenische Arbeit. An Ausgangspunkten wie diesen arbeitete ich mit der Gruppe nach dem jeweiligen *warming up*. Die erarbeiteten Szenen, von denen ich einige im folgenden skizziere, wurden später im Rahmen eines »Stückes« anderen TeilnehmerInnen vorgeführt. Um dieses Ziel im Rahmen eines Wochenendes zu erreichen, hatte ich eine Grobstruktur des Ablaufs des »Stückes« bereits im Rahmen meiner Vorbereitungen entwickelt.

Ausgangspunkt: Alltagsroutinen – Frühstücks- und Handtuchszene
Zur Entwicklung der *Frühstücksszene* begann ich mit der Erarbeitung und präzisen Wiederholbarmachung der individuellen Arten und Weisen, in denen die TeilnehmerInnen alltäglich routinisiert die im Gedicht genannten Handlungssequenzen durchführen, wie sie etwa die Milch in ihren Kaffee einschenken, den Zucker nehmen und den Kaffee umrühren. Hierzu zeigten sich die TeilnehmerInnen paarweise ihre individuellen Varianten und ahmten dann die ihres Gegenüber nach. Gleichzeitig forderte ich sie dazu auf, die Bewegungen nicht nur durchzuführen, sondern ganz genau zu beschreiben, was sie da tun. Das im routinisierten Tun einer bewußten Reflexion oftmals Entzogene wurde so in einem ersten Schritt durch eine *bewußte Durchführung* und *exakte Beschreibung* bereits einem bewußteren Darübernachdenken zugänglich gemacht, die Aufmerksamkeit für kleinste alltägliche Handlungssequenzen eher erhöht.

Verstärkt wurde dieses Fremdmachen durch Infragestellen des in Alltagsroutinen allgemein Üblichen und Unhinterfragten noch dadurch, daß jedes Paar die Aufgabe erhielt, die Abfolge *räumlich* zu verändern. Durch die Realisierung der TeilnehmerInnen, daß etwa einer steht, der andere jedoch am Boden liegt, oder daß zwei aufrecht hintereinander stehen, wird die Alltagssequenz in ihrem üblichen routinisierten räumlichen Arrangement fremd gemacht. Hieran schloß sich die Arbeit am *verbalen Ausdruck* unter Beibehaltung des Textes an. Im Resultat flüsterte eine den Text ihrer Beschreibung des Ablaufs der Handlung, bevor sie die Kaffeetasse zum Mund führt; eine andere sprach ihn wie eine geheimnisvolle Hexe, einer sang ihn wie in der Oper, und eine schrie ihren Text: »Ich greife die Milchtüte, führe sie über die Tasse, gieße ein wenig, stop, schaue nach, wieviel Milch noch in die Tasse paßt, gieße erneut nach, stoppe und stelle die Milchtüte ab.« Resultate wie diese irritieren. Dies ist schon deswegen der Fall, weil Dinge, die in der Regel nicht-sprachlich erfolgen, versprachlicht werden, weil die Form des verbalen Ausdrucks das Befolgen innerer Anordnungen hervorhebt und gleichzeitig das Aufgesetztsein dieser zwangsweisen Ordnungen in alltäglichen Routinen verzerrt zum Ausdruck gebracht wird. Irritationen wie diese eröffnen daher auch Reflexionsmöglichkeiten auf das übliche Arrangement und die üblichen Balancen in unserem Alltag. Verschiedene weitere *Variationen* und *situative Einbettungen* schlossen sich an, so daß sich etwa die Kommunikationssituationen veränderten. So agierte zum Beispiel ein Partner vollständig desinteressiert, während der andere gleichzeitig vergeblich versuchte, mit ihm in Kommunikation zu treten.

Die in der Regel unhinterfragten Ordnungen und Leitvorstellungen alltäglicher Routinen machte ich in einem späteren Teil des Workshop noch einmal zum Thema. Hier wählte ich ein nicht mit dem Text zusammenhängendes

Objekt, ein Handtuch, aus und übertrug damit implizit die Arbeit an Alltagsbewegungen auf weitere Aspekte des Alltags der TeilnehmerInnen, wählte jedoch ein anderes Vorgehen. Daß wir alltäglich routinisiert mit Handtüchern umgehen, bedarf wohl keiner Erläuterung. Zur Entwicklung der *Handtuchszene* forderte ich jede/n auf, ein Handtuch so zusammenzulegen, wie sie oder er es immer macht, wenn er oder sie es in den Schrank legen will. Da die Art und Weise des Umgangs im Workshop bereits bekannt war, sollte jede/r es gleich vormachen und gleichzeitig wieder beschreiben. Eine der Varianten lautet etwa: »Also ich falte mein Handtuch immer so: erst wird es ausgeschüttelt, dann wird es gedrittelt, glattgezogen und wieder gedrittelt. Und dann kommt es so in den Schrank, mit der Kante nach vorne.« Nachdem alle ihre Version vorgestellt hatten, wurde eine Teilnehmerin aufgefordert, alle Handtuchfaltaktionen zu lernen, um sie später als Solo in die Gesamtchoreographie einzubauen.

Ausgangspunkt: Erste Assoziationen – Entwicklung eines sprachlichen und gestischen Kommentars zur Frühstücksszene

In einer anderen Sequenz forderte ich die TeilnehmerInnen auf, einen sprachlichen und einen gestischen Kommentar zur Frühstücksszene zu entwickeln. Zur Entwicklung des *sprachlichen Kommentars* sollten sie ihre ersten Assoziationen zum Gedicht benennen und in drei zentralen Worten oder Begriffen ausdrücken. Die Aufgabe wurde unterschiedlich gelöst. Einige suchten drei Wörter aus dem Gedicht heraus, z.B. »Asche, Rauch, Regen« oder »Kaffee, Regen, ging«. Andere wählten freiere Assoziationen, sprachen von »Enttäuschung, Einsamkeit, Liebe«, »Tropfen, Jammer, Kälte« oder von »Schweigen, Eis, fließen«. Im Anschluß sollten sie eine zentrale *Geste* zum Gedicht finden.

Ausgangspunkt: Variationen des Themas – Entwicklung szenischer Kommentare zur Frühstücksszene

Die *Kontaktszene* kommentiert die Frühstückssequenz gewissermaßen auf einer körperlichen Ebene. Ich entwickelte die Kontaktszene aus einer Partnerimprovisation. Dafür wählte ich folgende Ausgangspunkte: (1) Ein/e Partner/in nimmt mittels Berührung Kontakt mit dem Gegenüber auf. Die Berührung kann sich aus einer vorherigen Alltagsbewegung entwickeln. Berührt werden können etwa die Wange, die Hände, die Schultern, der Kopf oder die Haare. Wichtig ist, daß man/ frau wahrhaftig den anderen oder die andere berühren will. (2) Der Partner oder die Partnerin weicht sofort nach der Berührung aus.

Die Paare improvisierten dies und legten danach zwei Realisierungen fest, die sie der gesamten Gruppe zeigten. Die Gruppe entschied sich sodann für vier Lösungen, die im Anschluß daran alle gleichzeitig durchzuführen lernten. Diese Szene wurde später zu einer zeitgenössischen Musik präsentiert.

Obwohl im Tanztheater Improvisationen im Mittelpunkt der Erarbeitung wiederholbarer Szenen stehen, arbeiten ChoreographInnen auch mit einzelnen oder mehreren vorgegebenen Bewegungssequenzen. So entschied ich mich, zu dem Gedicht eine Bewegungssequenz mit dem Thema *»nichts hören, nichts sagen, nicht sehen wollen oder können«* zu entwickeln. Die von mir festgelegte Bewegungsfolge der Hände, der Arme und des Kopfes übten wir zunächst im Stand und ganz langsam ein. Dann steigerte ich das Tempo so weit, bis die TeilnehmerInnen diese Bewegungen zu einer modernen indianischen Musik, der von mir ausgewählten Musikgrundlage der Szene, ausführen konnten. Dann nahm ich die Fortbewegung hinzu, wobei dies bedeutete, daß die Gruppe sich sitzend, gleichzeitig unterstützt durch den Rhythmus der Musik, durch den Raum bewegte. Diese für die Gruppe von TheaterpädagogInnen tänzerische Herausforderung wurde zum Einstieg in jede Arbeitsphase in das *warming up* integriert. Trotz der Anstrengung war dem Engagement und den strahlenden Augen abzusehen, daß die Bewegungssequenz den TeilnehmerInnen sehr viel Spaß gemacht hatte.

Ausgangspunkt: Ein hervorgehobener thematischer Aspekt – Entwicklung einer szenischen Realisierung zum Thema Verletzung

Ist der Einbezug von Persönlichem durchgängig Bestandteil tanztheatraler Arbeit, so kann dies vorsichtig sogar in der pädagogischen Arbeit vertieft werden. Zur Illustration dieser Form der Arbeit entwickelte ich eine Szene zum Thema *Verletzungen.* Ich bat alle TeilnehmerInnen, sich an eigene *körperliche* Verletzungen zu erinnern, also an Verletzungen durch andere und an eigene Verletzbarkeit. Ziel ist es, eine im Alltag erfahrene persönliche Geschichte mit zeigenden Bewegungen auf den eigenen Körper zu veröffentlichen. Allen waren sofort Verletzungen präsent.

So berichtete eine Frau von ihren drei Verletzungen an der Stirn: »Wenn ich von meinen Verletzungen erzählen will, dann fange ich am besten oben an. Ich habe an der Stirn drei Narben. Die eine kommt daher – sie zeigt auf die linke Stirnseite: Als ich zwei war, da bin ich die Treppe heruntergefallen, ich konnte wohl noch nicht so gut laufen, wie ich dachte; die zweite Narbe – sie zeigt auf die Mitte ihrer Stirn – kommt von einer Schaukel: da bin ich aus einer Schaukel auf einen Steinfußboden gefallen; und auf der rechten Seite meiner Stirn habe ich noch eine dritte Narbe. Die kommt vom Weitsprung. Da haben wir Weitsprung gemacht, und hinter der Weitsprunggrube war eine Mauer, und da bin ich voll dagegengeknallt.« Ein Mann berichtet: »Ich hatte vielleicht fast zwanzig Jahre lang immer wieder Genickschmerzen und zwar ganz dolle, so daß ich weder sitzen noch irgend etwas anderes machen konnte. Ich mußte mich mit einer Nackenrolle hinlegen und eine starke Schmerztablette nehmen. Vor zwölf Jahren – mit der Geburt meiner ersten Tochter – waren diese Schmerzen plötzlich weg. Seitdem habe ich diese Schmerzen so gut wie nicht mehr, obwohl ich sicherlich genauso viel Streß und Arbeit habe wie vorher.«

In der Gesamtchoreographie wurde die Verletzungsszene mit der Handtuchszene kombiniert. Drei präsentierten erzählend und zeigend ihre individuellen Verletzungsgeschichten. Die TeilnehmerInnen traten hierbei aus der Reihe heraus und wandten sich direkt ans Publikum. Während einzelne ihre Geschichten erzählten, froren die anderen ihre Bewegungen ein und zeigten auf ihre verletzten Körperteile. Gleichzeitig legte die Frau, die die Handtuchszene spielte, alle Handtücher auf die ordentlichste Weise zusammen: Situationen, in denen wir verletzt sind, alltägliche Bewegungsabläufe nicht mehr wie gewohnt durchgeführt werden können, wir vielleicht sogar aus der Bahn geworfen werden, werden mit einer Bewegungssequenz konfrontiert, in der die Ordnung routinisierter Alltagshandlungen im Vordergrund steht.

Pädagogische Schlußbemerkungen

Wie das Praxisbeispiel illustriert, öffnet der fremde Blick des Tanztheaters eine Vielzahl von Möglichkeiten, den Zusammenhang zwischen Körpererfahrungen und sozialen Erfahrungen zu erkunden. Das gilt gerade, weil das im Prozeß sukzessive sich herausbildende Resultat dem Interpreten oder der Interpretin kein mehr oder weniger feststehendes, sondern ein eher offenes Zusammenspiel seiner Teile in die Hand gibt. Das von den TeilnehmerInnen unter der Anleitung des Pädagogen oder der Pädagogin entwickelte Produkt ist so ein Gewebe kommunikativer Wirkungen, in denen Bewegungen, Worte, Musik, Gesten miteinander in Kommunikation treten. Der Teilnehmer wie der Zuschauer muß, will er die Beziehungen zwischen den Elementen verstehen, notwendig seine individuelle Perspektive einbringen. Die Choreographie des Tanztheaters öffnet Möglichkeiten, das Resultat unter vielfachen Perspektiven zu sehen oder aufzufassen. Das Tanztheaterstück wird erst durch die Reaktionen und Ansichten der Tänzerinnen und Tänzer, der Zuschauerinnen und Zuschauer »fertig«gestellt. Das Stück ist damit jedoch nicht beliebig. Vielmehr gilt: die Choreographie, die verwendeten Elemente, das Gesehene, Erfahrene und die erzeugten Resonanzen bilden für die Interpretation das Korrektiv. Die dabei von den TeilnehmerInnen und dem Pädagogen oder der Pädagogin erschlossenen Zusammenhänge variieren selbstredend. Sie sind gegenüber dem Erschließen neuer Sichten immer ein Stück weit offen und bedürfen je nach Zusammensetzung der Gruppe und dem Verlauf der Arbeit mehr oder weniger expliziter Reflexion.

Die Arbeit mit dem Tanztheater eröffnet Möglichkeiten, sich mit dem eigenen Alltag auseinanderzusetzen. Sie erfordert aber zumindest in der pädagogisch-künstlerischen Arbeit, die Mittel reflektiert und oftmals behutsam einzusetzen. Daher möchte ich mit zwei Bemerkungen schließen, die auf Gefahren einer unreflektierten Aufnahme von Persönlichem und auf Voraussetzungen der Teilnehmer tanztheatraler Arbeit zielen.

Gefahren, allzu tief in Persönliches einzudringen, bestehen nicht nur in der tanztheatralen Arbeit – aber eben auch hier, gerade weil Persönliches immer Thema ist. Meine Frage nach Verletzungen durch andere und durch sich selbst ist sehr persönlich und kann intim beantwortet werden. Wenn ich in einem Tanztheaterseminar solch eine Frage stelle, dann gebe ich immer *vorher* den Hinweis, die TeilnehmerInnen sollen sich nur soweit öffnen, wie sie das in diesem Kurs wollen und können und füge meistens hinzu, sie sollten sich auf körperliche Verletzungen beschränken. Da die TeilnehmerInnen dieser Gruppe, drei Männer und fünf Frauen, StudentInnen und an der Universität Lehrende waren, ging ich erfahrungsgesättigt davon aus, daß diese eigenverantwortlich mit dieser Frage umzugehen in der Lage seien. Eine solche Einschätzung der Gruppe ist mir wichtig, denn mir geht es nicht um Therapie, sondern um einen künstlerischen Prozeß, der die eigenen Erfahrungen der TeilnehmerInnen berücksichtigt. Solange keine weitergehende psychologische Kompetenz vorhanden ist, halte ich diese Selbstbegrenzung für notwendig. Wird gleichwohl Intimstes genannt, bei dem durchschimmert, daß entweder die Person, die das sagt, oder die Gruppe hiermit nicht ohne weiteres umgehen kann, darf dies selbstverständlich nicht einfach stehen bleiben. Ich gehe dann so vor, daß ich dieses mit der Gruppe zusammen bespreche, aber nicht zum Thema des Seminars mache. Arbeit mit den Mitteln des Tanztheaters setzt in einem hohen Maße Eigenverantwortlichkeit der TeilnehmerInnen und eine kompetente Einschätzung des Pädagogen voraus – was auch schon etwas über Zielgruppen von Tanztheaterkursen aussagt.

Das Tanztheater bietet sich als künstlerisch-pädagogische Methode sowohl für die Arbeit mit Jugendlichen als auch mit Erwachsenen an. Bei AnfängerInnen beginne ich mit einfachen Alltagsbewegungen wie Sitzen, Stehen, Gehen sowie Alltagsgesten. Bei stärker mit (tanz)theatralen Methoden vertrauten TeilnehmerInnen wie in diesem Seminar gebe ich ein Thema vor oder erarbeite es mit einer Gruppe (Uptmoor 1991, 1993).

Je besser sich eine Gruppe kennt und die Gruppenteilnehmer sich gegenseitig akzeptieren, desto eher können auch ganz persönliche Erfahrungen in den Tanztheaterprozeß einfließen. Grundsätzlich ist jeder Mensch in der Lage, von seinen Alltagsbewegungen und -handlungen her tanztheatralisch zu arbeiten. Vorerfahrungen im Bereich Tanz, Theater, Musik, Kunst wie in den Bereichen Soziologie, Pädagogik sowie jegliches Wissen über die Welt sind nicht hinderlich, sondern können einen Tanztheaterprozeß unterstützen. Wer längerfristig Tanztheater machen möchte, was auch für Laiendarsteller oder Pädagogen gilt, der kommt nicht darum herum, sich mit seinem Körper und seinen Ausdrucksmöglichkeiten intensiver auseinanderzusetzen und sich organisch zu schulen.

Insgesamt bedeutet dies, daß das Tanztheater mit seinen Mitteln sich auch für die pädagogische Arbeit mit speziellen Zielgruppen anbietet. Sind die Voraussetzungen auf Seiten der TeilnehmerInnen gegeben und besitzt der Pädagoge oder die Pädagogin über hinreichende pädagogisch-ästhetische Erfahrungen, dann ist das Tanztheater ein sehr geeignetes Mittel, sich gesellig und lustvoll mit Alltäglichem auseinanderzusetzen. Insofern ist der fremde Blick des Tanztheaters in der Regel sowohl für die Produzenten als auch für die Zuschauer ein lustvoller.

Literatur

Schlicher, S. (1987): *Tanztheater. Traditionen und Freiheiten. Pina Bausch, Gerhard Bohner, Reinhild Hoffmann, Hans Kresnik, Susanne Linke.* Reinbek

Uptmoor, B. (1991): Tanztheater und Aktualisierung. Theoretische Überlegungen und praktische Anwendungen. In: Ruping, B./Vaßen, F./Koch, G. (Hrsg.): *Widerwort und Widerspiel. Theater zwischen Eigensinn und Anpassung.* Lingen/Hannover

Uptmoor, B. (1993): Kunst, Kritik, Pädagogik. Tanztheaterprojekte zum Thema »Hexen«. In: Martens, G./Land, R./Färber, C. (Hrsg.): *Feministische Tanz- und Musikpädagogik.* Remscheid

Dorothee Zapke
Butoh – Tanz der Innenwelten

Butoh steht im Kontext der japanischen künstlerischen Rebellion der sechziger Jahre, die durch politische, gesellschaftliche und kulturelle Umbrüche gekennzeichnet waren. Wie in der damaligen BRD stand die japanische Studentenbewegung im Konflikt mit einer gesellschaftlichen Restauration, gekennzeichnet durch fortschreitende Industrialisierung, Verstädterung und Landzerstörung. Die traumatischen Erfahrungen der ersten Kriegsniederlage führten zum drohenden Verfall japanischer Werte.

Der Aufstand der Künstler konkretisierte sich in einem Bekenntnis zu einem alten, schmutzigen, obszönen und irrationalen Japan. Butoh präsentiert den japanischen Körper mit seinem langen Oberkörper und den gedrungenen kurzen Beinen und beantwortet in den Wirren der Zeit am direktesten die künstlerische Frage nach einer neuen japanischen Identität. Tatsumi Hijikata, der kompromißlos und kraftvoll die Ursprünge der japanischen Philosophie leben läßt, und Kazuo Ohno mit seinem mythologischen, grotesken und absurden Butoh sind die Begründer und Erwecker dieser archaischen Tanzform. Beide entstammen unter anderem der Schule des modernen Tanzes im Expressionismus (M. Wigman) und sind doch weit entfernt von jeglichen europäischen Bewegungsformen.

Butoh kennt keine Regeln, keine Theorien, Butoh kann man nicht lehren. Abstraktes Wissen und systematisches Anleiten sind fehl am Platz. Der Lehrer agiert höchstens als Vorbild, und die Schüler erfahren das Nicht-Lehrbare im geduldigen Üben. Der Tänzer wendet sich an seine Stimme, seinen Körper und an sein Unterbewußtsein – nicht an seinen Verstand. Der Körper selbst ist die Botschaft, der Tänzer wird getanzt.

Der japanischen Philosophie zufolge vollzieht sich das Leben gleichzeitig in einem inneren und einem äußeren Körper. Leben bedeutet, seinen Körper als integralen Teil seiner Umwelt und im Austausch mit ihr zu erleben. Min Tanaka spricht von einem Körperklima, das den Körper Umwelteinflüssen aussetzt und dadurch seine kontinuierlichen Veränderungen wahrnehmbar werden läßt. Um diese Veränderungen geht es. Im Ankoko-Butoh, dem ursprünglichen »Tanz der Dunkelheit«, versetzt der Tänzer seinen Körper in Tremorbewegungen. Im Zittern, im Tanz der Gelenke, sucht er nach dem Kontakt zu seiner Innenwelt und ihren Bewohnern. Ankoko-Butohtänzer tanzen die in ihren Körpern wohnenden toten Verwandten. Die Toten sind ihre Lehrer. Ein abgesenkter Körperschwerpunkt, nach innen gerichtete Beine und Füße sowie minimale Bewegungsimpulse betonen dabei archetypische Haltungen, die bei den uralten Matsuri-Festen mit ihren Themen: Schmerz und Ekstase, Sex und Tod, Anbetung und Furcht, Reinheit und Unreinheit, wiederzufinden sind. Die Tänzer widersetzen sich einer vorab definierten Körpersprache, lassen ihre Toten tanzen – denn das Leben nehmen sie als Grenze zwischen Geburt und Tod.Wie läßt sich nun ein solch archaisch verwurzelter Tanz von Europäern tanzen?

Eine Weiterführung des Ankoko-Butohs fand ich im Butoh-Ma, dem »Tanz der Zwischenräume«. Der Butoh-Ma-Tänzer begibt sich auf die Suche nach der Leere im Körper, sucht dann nach den Räumen zwischen den Dingen. Er wird verwandelt, von einer Figur in die nächste, mit beinahe unsichtbaren Bewegungen und intensiver innerer Spannung, die die Darstellung selbst in den Hintergrund stellt.

Ein Übungs-Beispiel

Im Rahmen des alljährlichen Treffens der Gesellschaft für Theaterpädagogik ließ sich eine Gruppe Teilnehmer unter meiner Leitung auf das Abenteuer Butoh ein. Ausgangspunkt und wichtigster Bestandteil der Arbeitszeit war die Suche nach dem Zustand der inneren Leere und das Entdecken der eigenen Langsamkeit.

Nach einem ausgiebigen *warm-up* mit vielen Atem- und Dehnübungen beschäftigen wir uns zunächst ausschließlich mit einer abgesenkten, der Erde zugewandten Körperhaltung (eingeknickte Knie und tellerförmiges Becken) und den Füßen als wichtigstes Wahrnehmungsorgan in der Verbindung zur Erde. Dazu gehören Übungen zum langsamen Gehen, bei dem die Füße die Energie aus der Erde »saugen«, und ein Tanz mit den Fußsohlen. Bilder kommen hinzu: der Körper fügt sich den Sohlen – erste Erlebniswelten entstehen – alle sind unendlich langsam. Um eine Annäherung an ein inneres Leersein zu erlangen, wurde unter Einbeziehung einer Trommelmusik der Körper in Vibrationen versetzt, jedes Körperteil durchgeschüttelt, alle Ebenen ausprobiert, fiktive Punkte im Raum anvisiert. Die Spielerinnen und Spieler »zitterten« durch den Raum, um schließlich im Ruhezustand den Vibrationen und ihrem Nachlassen nachzuspüren.

Dann erste Verwandlungen. Mumien im Wind. Innen ist es kalt. Ganz langsam, nach tausend kalten Jahren, entsteht Leben. Eine klare, intensive Ausdrucksstärke, die entscheidender ist als alle Ästhetik.

Als einziger Anhaltspunkt werden nun alte archaische Grundhaltungen vorgegeben und geübt:

- Das Tier, auf allen Vieren sich vorsichtig und wachsam durch die Welt bewegend.
- Das kleine Kind/Embryo, auf dem Rundrücken liegend, alle Viere durch die Luft tastend.

- Der alte Mensch, nach vorn gebeugt mit tiefem Körperschwerpunkt durch die Welt gehend.

Es folgen Metamorphosen. Die Form tritt in Erscheinung, weil sie verschwindet. Im Gegensatz zur Ästhetik des europäischen Körpers mit der Sehnsucht nach dem Licht und dem höheren Göttlichen bezieht sich die Ästhetik des japanischen Körpers auf spirituelle Schönheit und das Aufnehmen der Welt in sich. Der Körper hat seine Fleischlichkeit überwunden, der greise Körper gilt in seinem kargen Sein als höchste Stufe der Vollendung. Tier und Embryo schließen den Kreis der ewigen Wiederkehr.

Dieser krasse Gegensatz stellte dann auch den Kursteilnehmern die größten Anforderungen. Im steten Wechsel sich langsam verändernd, versuchten sie, sich auf ein Erleben jenseits des Fluchtcharakters europäischer Bewegungsmuster einzustellen.

In einer dritten Arbeitseinheit wurden dann in langen Zeitabschnitten (pro Übung ungefähr 30-40 Minuten) im Butohgang (abgesenkter Körperschwerpunkt, Oberkörper leicht nach vorn gebeugt, auf den Außenkanten der Füße sich langsam fortbewegend) Emotionen aus der Wand in den Körper geholt. Es entstanden Figuren, die miteinander sein konnten oder für sich bleiben mußten. Aus Urtierchen entwickelten sich Pferde, Schakale, Schildkröten und Känguruhs. Feen und Schattengestalten, Bösewichte und seltsame Greise traten ins Leben. Zwischendurch immer wieder Reisen zurück in die Neutralität. Je langsamer die Bewegungen bei der Rückverwandlung, desto vielfältiger die Figuren, denen man unterwegs begegnete. Ich habe glatte Gesichter gesehen zum Schluß. Und alle aßen ein wenig langsamer zu Mittag.

Literaturhinweis

Haerdter, Michael/Sumie Kawai (Hg.): *Die Rebellion des Körpers. Butoh. Ein Tanz aus Japan.* Berlin 1988

Romana Maria Trautmann

»Schwarzes Theater« – Theaterarbeit mit Requisiten

Ich bezeichne das »Schwarze Theater« als Requisitentheater. Auf der Bühne arbeiten wir mit weißen Handschuhen, weißen Masken, leuchtenden Bändern und Leuchtpappe. Nicht alle Farben leuchten. Es ist nötig, Leuchtweiß und Neonfarben wie rosa, orange, grün und blau zu benutzen. Diese Requisiten helfen, besondere Effekte zu erzielen. Die Hände mit den weißen Handschuhen fliegen durch den Raum, bilden einen Tanz, begrüßen sich, sind ohne Kopf und Beine. Die Arbeit mit den Händen bedeutet die besondere Konzentration auf die Hände. Obwohl der gesamte Körper nicht gesehen wird, ist es dennoch nötig, mit dem ganzen Körper zu spielen.

Das »Schwarze Theater« erfordert genaue Vorarbeit, da die leuchtenden Requisiten und Körperteile sich vom schwarzen Hintergrund deutlich abheben. Jede Bewegung wird sehr genau gesehen. Um kleine, feine Bewegungen zu zeigen und herauszuheben, ist diese Arbeitsweise sehr geeignet. Dennoch darf sich im »Schwarzen Theater« die Requisite und die Aufmachung nicht verselbständigen. Der Zuschauer verlangt nach Inhalten. Sonst wirkt diese Theaterform flach und langweilig.

Bei der Arbeit mit Masken entsteht die Frage, wie eine Maske aussehen soll und welche Wirkung sie auf das Publikum haben soll. Die Maskenarbeit habe ich sehr eng mit der Pantomimenarbeit verknüpft. Das »Schwarze Theater« eignet sich besonders für die Darstellung der Traumwelt. Die Dinge bekommen Eigenleben. Dies führt zu neuen Dimensionen.

1. Methoden im »Schwarzen Theater«

Die Methode erinnert an Zauberei. Das »Schwarze Theater« ist schon immer in der Zauberei angewendet worden. Objekte oder Körper verschwinden, tauchen wieder auf, vergrößern, verkleinern, verwandeln sich oder können auch schweben.

Bei all diesen Methoden ist es ganz wichtig, daß die Handlungen der anderen konzentriert verfolgt werden. Das bedeutet enge Kooperation.

Verschwinden, Erscheinen

Ein Objekt oder eine Spielerin ist im Raum und soll verschwinden. Eine völlig schwarz gekleidete Spielerin legt über die Person oder das Objekt ein schwarzes Tuch, schon ist nichts mehr für die Zuschauer zu sehen. Wird das Tuch wieder weggenommen so erscheinen Objekte oder Person wieder.

Wenn mehrere Gegenstände, z. B. Sterne erscheinen sollen, so werden sie auf einem schwarzen Hilfsgerüst, wie ein Regenschirm, angebracht. In dem Moment, in dem die Sterne erscheinen sollen, wird der Regenschirm aufgeklappt, und eine »schwarze Person« dreht den Schirm langsam zum Publikum.

An langen Stäben befestigte Gegenstände (wie eine Tasse oder Pfeife) werden durch den schwarzen Raum geführt. Die »schwarzen Spieler« können diese Gegenstände in alle Richtungen bewegen und sie so durch den Raum fliegen lassen.

Gegenstände erhalten Eigenleben

Vor dem Publikum werden Papiersterne gezeigt und dann weggeworfen. Im Hintergrund greift eine »schwarze Person« einen Stern auf und führt nun einen an einem Stab präparierten Stern weiter durch die Luft. So bekommt der Zuschauer den Eindruck, daß der Stern sich verselbständigt.

Buchstaben tanzen

Buchstaben fliegen in den Raum. »Schwarze Personen« führen die Buchstaben, welche aus Schaumstoff sind, in den Raum. Zur Musik beginnen die »schwarzen Personen« die Buchstaben zusammenzudrücken und zu bewegen.

Eine Marionette hängt schlaff an einem Bügel. Nach einem Zauberspruch soll die Marionette tanzen. »Schwarze Personen« bewegen diese Marionette mit Stäben oder halten sie an Schlaufen und lassen die Marionette tanzen.

Kleine Dinge werden groß

Ein Gefäß zerplatzt. Aus den Scherben wächst eine riesige Wolke. »Schwarze Personen« führen mit schwarzen Stäben ein großes Tuch vom Boden hoch in die Luft, bis es wie eine Wolke aussieht. Hinter dem Tuch verbirgt sich eine Schauspielerin, die aus der Wolke klettert.

Puzzle

Bierdeckel werden von hinten mit einem Griff versehen. »Schwarze Personen« führen die Bierdeckel durch den Raum. Aus einem regellosen Durcheinander von Bierdeckeln werden geometrische Formen gezaubert. Aus einem Puzzle entsteht ein Bild.

Arbeiten mit Körperteilen

Die »schwarzen Personen« tragen weiße Handschuhe. Mit den Händen erarbeiten wir einen Tanz. Die Hände fliegen scheinbar losgelöst durch den Raum. Sie können hinter einem Tuch verschwinden, auftauchen, Formen bilden und selbst eine Geschichte erzählen.

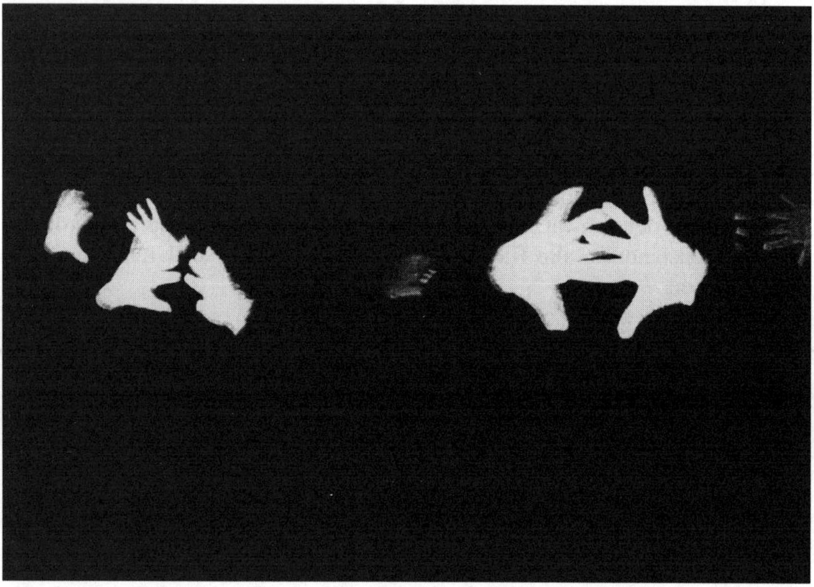

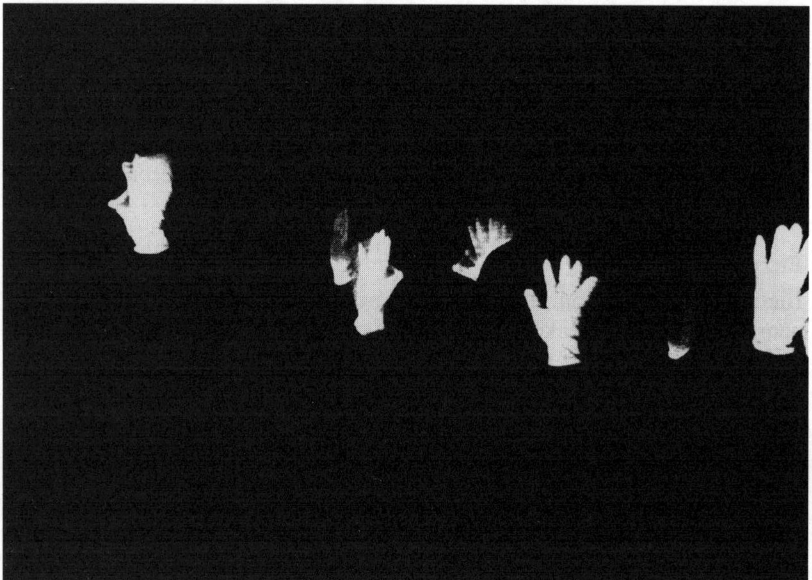

Körperteile werden getrennt und zusammengefügt

Zwei Darstellende haben je ein weißes und schwarzes Bein. Die Darstellenden müssen, wie miteinander verwachsen, auf die Bühne kommen. Gegebenenfalls muß eine Darstellende die andere tragen. Dann trennen sie sich. Für den Zuschauer scheinen die beiden weißen Beine alleine zu tanzen.

Mit den Armen ist diese Methode etwas einfacher. Sind die Darstellenden gut trainiert, dann können sie zu viert auf die Bühne mit je einem weißen und schwarzen Körperteil kommen. Die Koordination der Körper erfordert viel Übung.

Körper schweben

Eine weiß gekleidete Person läßt sich tragen von mehreren »schwarzen Personen«. Dabei sollte die »schwebende« Person weite Kleidung tragen, damit die Hände der »schwarzen Personen« nicht zu sehen sind.

Eine »weiße Person« fährt z. B. auf einem Fahrrad. »Schwarze Personen« heben die »weiße Person« mit dem Fahrrad hoch.

2. Voraussetzungen der Theaterarbeit

Alle Methoden erlauben unzählige Variationen. Dennoch gibt es einige unerläßliche Voraussetzungen.

Kleidung

Die »schwarzen Personen« müssen von Kopf bis Fuß schwarz gekleidet sein. Der Kopf wird mit einer Kapuze bedeckt. Als Sehschlitz muß eine schwarze Gaze ausreichen. Die Hände und Füße sind ebenfalls ganz schwarz. Der Stoff der schwarzen Kleidung darf nicht glänzen. Am besten eignet sich ein matter, lichtundurchlässiger, schwarzer Baumwollstoff. Die Kleidung muß bequem sein, damit sich die Darstellenden frei bewegen können.

Anweisungen zum Spiel

Die »schwarzen Personen« müssen sehr genau arbeiten. Sie sollten immer direkt hinter dem geführten Gegenstand stehen, da sie sonst die anderen Gegenstände verdecken. Die »schwarzen Personen« müssen die Objekte zum Zuschauer richten. Ganz besonders wichtig ist dies für Masken.

Die Objekte sollten groß und deutlich gestaltet werden. Alles was gesehen werden soll, muß mit Leuchtfarbe angemalt sein.

Die Bewegungen sollten überdimensional und langsam ausgeführt werden. Schnelle Bewegungen hinterlassen einen »Schleier« in der Luft. Es kommt darauf an, was auf der Bühne ausgesagt werden soll. Wenn mit Bändern gearbeitet wird, kann solch ein Effekt sehr wirkungsvoll sein.

Zuschauer

Die Bühne sollte nicht zu nah am Zuschauerraum sein. Dem Publikum sollte das Geheimnis des »Schwarzen Theaters« nicht preisgegeben werden. Sitzen die Zuschauer weit genug von der Bühne entfernt, können sie die Bewegungen der »schwarzen Person« nicht erkennen.

Die Beleuchtung muß zum Publikum hin verdeckt sein. Die Zuschauer sollten nicht in das Schwarzlicht hineinschauen. Optimale Bedingungen wären, wenn das Schwarzlicht an den beiden Seiten der Bühnenöffnung aufgestellt wäre. In unserem Theater war das nicht möglich. Wir legten die Schwarzlichtröhren auf den Fußboden vor die Bühne.

3. »Schwarzes Theater« – ein anderes Gefühl

Im »Schwarzen Theater« gibt es zahlreiche Möglichkeiten, sich zu erleben. Die Theaterübungen habe ich auf der Bühne mit Schwarzlicht ausprobiert. Auf dieser Bühne haben sich die Spielenden anders empfunden. Sie können in den Raum eintauchen und darin verschwinden. Die Umrisse ihrer Körper verschwimmen leicht. Wenn sie ganz schwarz gekleidet sind, verschwinden sie auf der schwarzen Bühne. Haut und Haare wirken stärker braun. Augen, Zähne und Fingernägel leuchten bläulich weiß bis beige.

Hier fühlen sich die Spielenden geborgen. Sie haben das Gefühl, von einem Schonraum umgeben zu sein. Körperteile, die manche an sich nicht akzeptieren, werden nicht sichtbar; die Spielenden können sich ohne Scheu mit ihren Körpern im Theater bewegen.

Mädchen beschreiben ihre Gefühle

Frage: »Wenn wir im ›Schwarzen Theater‹ nur mit den Händen arbeiten, wie ist das für dich?«

Ein sehr dickes Mädchen antwortet: »Man sieht nur die Hände, nur das, was hell ist, da habe ich ein anderes Gefühl auf der Bühne, als wenn ich eben so, wie ich bin, auf der Bühne stehe, in einem dummen Kleid und da meinen Psalm runtersabbel, weil ich mir sage, man sieht nicht alles von mir, man sieht es auch optisch anders. Nur die Hände zu sehen, ist doch gerade ein toller Effekt.«

Ein anderes Mädchen antwortete: »Mich hat am meisten das Ausprobieren mit den weißen Handschuhen fasziniert. Ich habe sie mir einfach angezogen und die Hände im ›Schwarzen Theater‹ bewegt. Dann kamen die anderen dazu, und schon haben wir eine Geschichte daraus gemacht. Die Hände und auch andere leuchtende Materialien bekommen im ›Schwarzen Theater‹ so eine eigene Welt. Sie schweben für sich. So entdeckte ich die Hände und Gegenstände neu. Ich schaute nur noch in den Spiegel, um zu sehen, wie es wirkt, und was ich noch alles machen kann.«

Kirsten Feller

Ohne Körper geht gar nichts! Über den langen Weg vom inneren Bild zum sichtbaren oder Der bescheidene Versuch, Peter Brooks Arbeitsmethoden nachzuempfinden

»Ein untrainierter Körper ist wie ein verstimmtes Musikinstrument – sein Resonanzraum ist voll verwirrender häßlicher Mißtöne und nutzloser Geräusche, welche die wahre Musik übertönen.«[1]

Wir haben es in der Regel mit verstimmten Instrumenten zu tun, wenn wir nicht mit professionellen Schauspielern arbeiten, und auch dort steht Körperarbeit nicht unbedingt an erster Stelle. Es gibt sie aber, die Schauspieler, die zu jeder Zeit in Verbindung mit ihrem Körper stehen, die genau wissen, welche Bewegung sie ausführen und wo genau sich ihre Hände, Füße, Augen usw. befinden. Das sind die ganz großen, die unsere Bewunderung verdienen, denen wir aber nicht ganz und gar folgen können und müssen.

Wo beginnen wir, unsere Instrumente zu stimmen? Wir sollten Saite für Saite vorgehen, Taste für Taste. Wer schon einmal ein Instrument gestimmt hat, der weiß, wie genau man hinhören muß und welch langwierige und anstrengende Arbeit dies sein kann. Ich arbeite nach Peter Brook und bin seiner Meinung, daß eine gute Gruppenarbeit erst dann möglich ist, wenn die Spieler – jeder für sich und alle miteinander – warmgeworden sind. Kurz vor Beginn des Konzertes werden auch Instrumente noch einmal gemeinsam gestimmt. »Zuerst ist eine Atmosphäre zu schaffen, eine Beziehung untereinander, damit sich jeder wohlfühlt (...). Da sich Angst gar nicht vermeiden läßt, ist das Aufbauen von Vertrauen am vordringlichsten. Und da heutzutage die Menschen am meisten Angst vor dem Sprechen haben, sollte man weder mit Worten noch mit Gedanken beginnen, sondern mit dem Körper.«[2]

Dabei ist zunächst alles erlaubt, was Spaß macht, Energie bringt und entspannt, z.B. einfache Kinderspiele, wie Fangspiele. Der Phantasie sind keine Grenzen gesetzt; nichts kann in dieser Phase zu dumm sein oder zu albern. Schön, wenn sich gleich in den ersten Minuten Anspannung in Lachen löst! Außerdem wird der Körper langsam warm, und daß alle gemeinsam schnaufen und schwitzen, vereint zusätzlich.

Jetzt wird aber bald der Punkt eintreten, wo wir eine weitere Anforderung

---

1 Peter Brook: *Das offene Geheimnis*, Frankfurt a. M. 1994, S. 34
2 Ebd. S. 93-94

brauchen, mehr Konzentration oder eine weiterführende Aufgabe. »Dank der Möglichkeit, mit seinem Körper freier umzugehen als im Alltagsleben, entsteht sehr schnell auch ein Gefühl der Freude, aber wenn dabei nicht gleichzeitig echte Schwierigkeiten zu bewältigen sind, führt die Erfahrung nirgendwohin.«[3]

Nun beginnt die Arbeitsphase, die ich mit »Übungen« überschreibe. Gemeint sind damit Übungen, die den Erfahrungsspielraum erweitern (Konzentrationsübungen, Körperübungen, Masken, Elemente usw.). In der Konzentration auf den Körper und auf die Mitspieler lernt der Spielende, nicht darüber nachzudenken, was er tut, sondern es zu tun. Das heißt, er hinterfragt nicht, er kritisiert sich nicht selbst. Dies ist die Voraussetzung, um auf der Bühne freier zu sein, um auszuprobieren und zu wagen.

Sehr wichtig ist mir die Arbeit mit Bildern, denn »die Seele denkt nie ohne ein Bild« (Aristoteles). Das heißt zu lernen, sich ein Bild zu machen – von sich, seinem Körper, der Gruppe, der Umwelt, von Gefühlen und Stimmungen. Die Bilder versuche ich, über die Sinne zu aktivieren, das Tasten, Hören, den Geruch usw. Wir erzeugen in uns Bilder und bilden nach, formen den Körper entsprechend.

Ein Weg nach innen kann über die Elemente, über das Archaische, die Mystik der Natur führen. Nach Traum- und Bewegungsreisen in die Elemente, schikke ich die Teilnehmer nach draußen. Sie sollen sich zu zweit die Welt zeigen, »blind« ertasten, reduziert um einen entscheidenden Sinn. Schön sind Fürsorge, Hingabe, Vertrauen, der liebevolle Umgang miteinander und mit dem Entdeckten zu beobachten. So entstehen innere Bilder, aber auch sichtbare, wie das von dem, dem Sonne und Wind erklärt werden – ausgebreitete Arme zum Himmel erhoben, ehrfürchtiges Entdecken. Andere prüfen Untergründe, Herbstlaub, ein Hund muß herhalten, knurrt, beißt aber nicht.

Danach werden Pflanzensamen ertastet, um hinterher – geistig – in sie zu schlüpfen. Die Spieler erleben und spielen einen Zyklus vom Wachstum bis zum Absterben der Pflanze, unterstützt durch Töne der anderen Spieler. Dadurch tragen die Spieler sich gegenseitig. Während die einen mit ihrem Körper agieren, entdecken die anderen ihren »Klang-Körper«. Auch die Stimme kommt aus dem Körper und wird über ihn aktiviert, was leider allzuoft vergessen wird.

Pflanzenphotographien, die wir daraufhin bildlich umsetzen, bekommen in der gemeinsamen Improvisation, in der Reaktion auf andere, plötzlich unerwartet viel Menschliches; Rollenentwicklungen werden möglich.

Wir arbeiten also zunächst nur mit dem Körper. Das kann schon mal Meuterei hervorrufen: »Dürfen wir auch sprechen? Warum machen wir das eigentlich?« Sobald die erste Hemmung abgebaut ist, nach der Phase, in der alle froh waren »nur« ihren Körper zu bewegen, gehört zum »richtigen Thea-

3 Ebd. S. 95

ter« doch die Sprache! Da wir aber in der Regel mit dem Körper beginnen zu sprechen, sollten wir ihm gerade in der Theaterarbeit viel Aufmerksamkeit schenken.

Peter Brook bringt dazu ein wunderbar anschauliches Beispiel, an dem teilzunehmen auch ich auffordern möchte: »Machen Sie eine Bewegung mit Ihrem rechten Arm, lassen Sie ihn irgendwohin wandern, wirklich egal wohin, ohne nachzudenken. (...) Jetzt halten Sie die Bewegung an, genau so, wie der Arm ist, verändern oder verbessern Sie sie nicht, versuchen Sie nur zu fühlen, was Sie gerade ausdrücken. Erkennen Sie, daß ganz unvermeidlich eine, irgend eine Art Eindruck von der Haltung Ihres Körpers ausgeht. (...) obwohl Sie nicht versucht haben, etwas ›mitzuteilen‹, etwas ›auszusagen‹, sondern Ihren Arm tun ließen, was er wollte, drückt doch jeder von Ihnen etwas aus. Nichts ist neutral. (...) Wir können nicht umhin zu erkennen, wie wir andauernd, mit allen Teilen unseres Körpers, tausend Dinge ausdrücken.«[4] Genau dieses müssen wir uns in der Theaterarbeit zunutze machen. Es ist schwer und erfordert viel Übung, die Bewegungen bewußt unbewußt zu machen.

Da wir alle dazu neigen, komplizierter zu sein, als es nötig ist, verfallen wir auch in der Theaterarbeit gerne dem Irrglauben, daß das gesprochene Wort uns helfen wird, daß mit ihm alles einfacher sei.

Eine Improvisation zeigt, wie schwierig es sein kann, einfach zu bleiben. Zwei Spieler bewegen sich nacheinander auf festgelegten Wegen. Zu Beginn ist das Thema ganz klar: es geht um zwei Personen und ihre Begegnungen. Die Spieler reagieren emotional, körpersprachlich und sehr spontan aufeinander. Sobald aber die Spielregeln gelockert werden – alle Spieler dürfen jetzt frei auf die Bühne gehen, die Wege sind nicht mehr festgelegt, die Spieler dürfen Worte hinzunehmen –, wird das Spiel gegenständlich, alltäglich und banal. Die Gefühle spielen keine Rolle mehr, die Spieler werden nicht mehr von ihnen getragen, das Spiel wirkt unnatürlich, wird langweilig.

Wir nehmen die Stimme wieder raus – es bleibt banal und wird pantomimisch. Die Flucht ins Alltägliche wirkt auf der Bühne banal. Und wir erfahren noch etwas: »Wenn man im Verlauf einer Improvisation die Gegenwart der Zuschauer spürt (...) und sie lachen, dann läuft man Gefahr, von diesem Lachen in eine Richtung gezogen zu werden, die man sonst, ohne das Lachen, nicht unbedingt eingeschlagen hätte. Man möchte gefallen, also konzentriert man sich mehr und mehr darauf, Lacher zu bekommen, bis die Verbindung der Wahrheit, der Wirklichkeit und der Kreativität sich in der allgemeinen Heiterkeit auflöst.«[5]

Wir gehen wieder ganz zurück, reduzieren um die Sprache; die Reaktion soll auf den Spielpartner erfolgen: ein leerer Raum, zwei Personen, zwei Kör-

---

4 Ebd. S. 98-100

5 Ebd. S. 39

per, ein Karton: »Leere im Theater gestattet der Phantasie, die Lücken zu füllen.«[6]

Die Person im Karton rührt sich nicht. Die Spannung steigt, die zweite Person ist ratlos. Es entwickelt sich ein Spiel von Annäherung über Gemeinsamkeit zum Rückzug in den Karton. Dabei bestechen die einfachen, logischen und natürlichen Bewegungen. Dazwischen entstehen Pausen. In dieser Konzentration kann eine kleine Bewegung unglaublich groß werden, wenn sie nicht durch das gestört wird, was durch zu hohe Geschwindigkeit und hohen Kreativdruck geschieht: mehr zu machen als nötig. Hier wirkt sie: die Reduktion auf das Wesentliche. Weniger ist oft mehr! Am Ende wird die Spielerin dann aus dem Karton geboren, sie schlüpft aus dem Ei – und wird zum Huhn...

Der Weg auf die Bühne führt über das Innerste. Brook spricht davon, stets ein Ohr nach innen, eins nach außen gekehrt zu haben. Ein Gefühl kann ebensowenig von außen aufgesetzt werden wie ein Bild. Es ist, als würde man eine Fassade verschönern, aber das Innere des Hauses schäbig belassen. Läßt der Spieler den Zuschauer eintreten, wird dieser sehen, wie liebevoll das Innere ausgestattet ist. Die Seele denkt das Bild, das innere Auge sieht es, spürt es, der Schauspieler setzt es körperlich um. Der Körper, die Bewegung, die Geste dienen als Stütze, als Hilfestellung, um ein Gefühl textlich umzusetzen. Nach Brook gibt es den einzig wahren Ausdruck des Körpers für jedes Gefühl, das gesprochene Wort kommt nur noch ergänzend hinzu.

Brooks Lieblingswort ist Bewußtsein, d.h. sich bewußt zu sein, wo sich der Körper befindet, wo sich die Emotionen in ihm befinden und wie sie sich umsetzen lassen. Jeder Spieler muß in dem Sinne eigenverantwortlich mit diesem Wissen umgehen und sich Hilfen schaffen, um Bilder zu finden, Emotionen zu aktivieren und ins Spiel zu kommen.

Der Weg in diese Tiefen ist einsame harte Arbeit – können ihn deshalb nur Profis gehen?

Die Vorarbeiten sind lang. Es gibt wichtige »vorbereitende Übungen, die man regelmäßig durchführen muß, so wie man im Garten Unkraut jätet und Blumen gießt«.[7] Da kann schon einmal Frust dabei sein, wenn nach all dem Nachspüren die Zeit für das Spiel auf der Bühne kurz wird. Doch wann beginnt das Spiel? »Ein Mann geht durch den Raum, während ein anderer ihm zusieht; das ist alles, was zur Theaterhandlung notwendig ist.«[8] Ist Brooks Arbeit mit Laien möglich oder ist die Frustration ob der Perfektion zu groß? »Ein Amateur hat dem Profi gegenüber einen Vorteil: Zwar arbeitet er nur

6 Ebd. S. 43
7 Ebd. S. 108
8 Ebd. S. 13

gelegentlich, rein zu seinem Vergnügen und unabhängig davon, ob er Talent hat oder nicht, aber dafür bringt er Begeisterung mit (...).«[9]

Nun kann gerade diese Begeisterung große Wirkung zeigen. Die Frage ist eher die nach dem Ziel, und da bleibt dem Laien Gandhis weise Aussage, der Weg sei das Ziel, wohl viel näher. Wer allerdings gleich auf die Bühne will, ganz ohne ein inneres Bild drauflos improvisieren möchte, wird sich wohl zwangsläufig selbst enttäuschen. Natürlich müssen bei dieser exakten Arbeit als erstes die Ansprüche reduziert werden, nicht aber der Mut und die Lust der Entdeckung.

Theaterspielen? Das könnte ich nie! Viele gesprochene Worte und alles nicht ganz wahr. Wer lernt, nach innen zu schauen, zu entdecken und dies lieben lernt, wer gerne neben seinem Intellekt auch mit dem Körper arbeitet, der kann damit auch auf die Bühne gehen.

9 Ebd. S. 102-103

Gabriela Naumann

Spektakel der Körper
Sprache und Themen bei »La Fura dels Baus«

»Das echte Theater wird erst dann wieder es selbst werden (...), wenn es dem Zuschauer der Wahrheit entsprechende Traumniederschläge liefert, in denen sich sein Hang zum Verbrechen, seine erotischen Besessenheiten, seine Wildheit, seine Chimären, sein utopischer Sinn für das Leben und die Dinge, ja sogar sein Kannibalismus auf einer nicht bloß angenommenen und trügerischen, sondern inneren Ebene Luft machen.«[1]

»La Fura dels Baus« (LFDB) folgen seit ihrer Gründung 1979 in Barcelona/Spanien als »Re-Animations-Theater« mit ihren Inszenierungen in vielem den Artaudschen Visionen der theatralen Aktion als gewaltigem, provozierendem Vorgang. Sie assimilieren und realisieren neue Formen des Theaters und haben so eine eigene, stark körperbetonte Bühnensprache entwickelt. Ihr Theater stellt sich als Ort intensiven körperlichen Erlebens für Akteure wie für das Publikum dar, das die Grenzen zwischen Bühne und Leben (zumindest äußerlich) durchbrochen hat. Es gleicht einem Fest, das alle einbezieht und dessen Ingredienzen perfekt aufeinander abgestimmt sind. Bewegungen/Handlungen, Mobilisierung des Spielraums, Dekoration und Materialien, Musik, Beleuchtung, Medien/Technikeinsatz fügen sich zu einem Gesamtkunstwerk zusammen, in dessen Mittelpunkt jedoch die Körper stehen. Durch die Negation des klassischen Handlungsschemas entwickeln sich im Stile postmoderner Theaterästhetik rhythmische Bilder, die verschiedene Realitäten und Künste vermischen, durch den Einbezug von Medien Raum und Zeit entgrenzen und das irritierte Publikum zur Eigeninterpretation verpflichten. Sprachlich nicht vermittelbare, sich der Logik entziehende Prozesse lassen sich vor allem sinnlich erfahren und schaffen Verbindungen zur Schattenseite, zur vernunftabschwörenden, metaphysischen Dimension unseres Seins, sie konfrontieren auf irrationaler Ebene.

Derzeit befindet sich die Gruppe an einem Punkt der Diversifikation, an dem die einzelnen Gründungsmitglieder ihre Arbeitsfelder (z.B. auf die Bereiche Fernsehen, Zeremonien, Oper, Rave-Parties, verschiedene Events) ausweiten wollen. Die einzelnen Projekte werden zwar zusammen entworfen, die Realisation übernimmt jedoch ein Verantwortlicher. Grundlage bleibt stets

---

[1] Antonin Artaud, aus dem Manifest: Das Theater der Grausamkeit, erschienen zuerst 1932 in der *Nouvelle Revue Française*. In: A. Artaud: *Das Theater und sein Double*. München 1996.

die gemeinsam entwickelte Ästhetik und Bühnensprache, die sich allerdings modifizieren lassen.

Die spezifische »Furero-Sprache«

Welches sind die charakteristischen Merkmale der »Furero-Sprache«, was zeichnet den LFDB-Stil aus? Die Gruppe gestaltet ein Programm, das sich durch Elemente des Rituals, der Überschreitung traditioneller Rahmen und einer mannigfaltigen Inszenierung charakterisieren läßt. Indem Raum und Zeit durch multimedialen Einsatz verändert und relativiert werden, entstehen widersprüchliche Realitäten, die die Unmöglichkeit einer einheitlichen, allgemeingültigen Wirklichkeit unterstreichen. Auf diese Weise erhält die Bühne einen Ausdruck von Mehrschichtigkeit, Ambivalenz und Unbestimmtheit. LFDB zeigen in einer technisch gestalteten Landschaft, die aus austauschbaren und veränderbaren Bildern besteht, Unmittelbarkeit und Präsenz physischer Aktionen; Körper, Musik und Räumlichkeit vereinen sich in einer lebendigen Szenerie. DarstellerInnen und ZuschauerInnen werden durch diese Art der Bühnendarstellung mit ungewohnten Reizen konfrontiert, die jedoch an aktuelle Wahrnehmungserfahrungen anknüpfen. Die Sprache und Ästhetik der LFDB enthalten einige definierte und definierende strukturelle Eigenheiten: vehementer Körpereinsatz, der elementare, im Alltag oft nicht wahrgenommene Ausdrucksweisen vorführt; Teilung des Performanceraums mit dem Publikum; Gebrauch von vergänglichem Material wie Feuer, Wasser, Erde, Farben, Eingeweide. Ferner existieren eine musikalische Syntax, die Verwendung neuer Technologien und die Einbeziehung extratheatraler Elemente. Eine besondere Bedeutung nehmen die Gestaltung des Raumes sowie die Beleuchtung, die häufig zum Leitfaden des Stückes wird, ein. Die Dramaturgie ist meist rhythmisch, d.h. nicht auf klassische Schemata kontinuierlicher Handlungsabläufe, sondern auf Gleichzeitigkeit verschiedener Handlungen ausgerichtet. Die DarstellerInnen verfügen über keine eindeutig festgelegten, sondern über vielseitige und variable Charaktere. Im Laufe ihrer Bühnenarbeit haben LFDB ihr Konzept beständig weiterentwickelt und dabei stets neue Medien und Methoden einbezogen. Inhaltlich findet eine Auseinandersetzung mit zivilisationskritischen Themen statt, Schwerpunkt der ersten großen Produktionen ist die Beziehung des Menschen zu seiner (natürlichen) Umwelt, später wird das Verhältnis Mensch – Maschine aufgegriffen.

Bestimmendes Thema: Die Entwicklung des Menschen im Prozeß der Zivilisation. Von den Anfängen...

So präsentiert sich das 1985 uraufgeführte Stück SUZ/O/SUZ als Versuch, ein Dasein vor jeglicher Zivilisation darzustellen: Instinkte bestimmen hier den Alltag, es geht um ein Leben mit den Naturelementen, angefüllt mit Ritualen. Triebhaft werden Grundbedürfnisse gestillt, rohes Fleisch verzehrt und Blut getrunken: archaische Bilder – auf das wesentliche reduziert. Trotz Roheit, Unmittelbarkeit, Gier und Gewalt besitzt auch diese Lebensform durchaus ihre Würde. Entschieden wird hier dem Natürlichkeitsmythos entgegengetreten, die Natur erscheint nicht nur romantisch verklärt, sondern zeigt sich auch von ihrer anderen Seite, die, bestimmten Gesetzen unterstellt, gewaltvoll, leidenschaftlich, tödlich und wild ist. Dementsprechend agieren die Körper. Zivilisatorische Hüllen fallen, die Darsteller sind nackt, der Umgang miteinander ist äußerst körperlich. Feuer, Wasser (hier wird pränatales Leben simuliert) und Luft sind die umgebenden Elemente, außerdem existieren bereits Werkzeuge, Instrumente, Maschinen. Sie korrespondieren mit den Körpern und sind das Mittel, um die ZuschauerInnen zu »berühren«. Die Gruppe agiert im Publikum, es gibt keine Bühne. Was gespielt wird, ist hautnah zu erleben: Feuer nähert sich, Wasser ergießt sich, jeder Körper ist in die Handlung eingebunden, beteiligt. Indem das Publikum näherkommenden Kettensägen, Wagen und anderen Maschinen ausweichen muß, läuft es um sein Leben. Angst ersteht, jede/r muß sich in Sicherheit bringen. Die Energie des Stückes überträgt sich, der Zuschauende wird zum Teilnehmenden, empfindet Aufregung, Lust, Aggressivität, Kraft, vielleicht sogar Trance, Ekstase und trägt seine Stimmung in des Stück hinein – so entsteht eine neue Dynamik, in der sich die Vitalität potenziert. Form und Inhalt korrespondieren fruchtbar miteinander. Derartig wird das Theater zur Persönlichkeitserfahrung, zur Katharsis, zur »totalen Show«, die Gefühle, Sehnsüchte und Leidenschaften provoziert und neue Ausdrucksformen entstehen läßt. Das Zusammenwirken aus Theater, Musik und Kunst steigert dabei die Wirkung.

...über Probleme und Alternativen im Verlauf zunehmender Technisierung...

In NOUN (1990) suchen LFDB nach Möglichkeiten, die entstandene Dualität von Mensch und Maschine durch kreative Interaktionen zu überwinden. Der Mensch will nicht länger Anhängsel, bloßes Objekt sein. So kommt es in dieser Inszenierung zum Aufbegehren gegen die Herrschaft der Maschinen. Nach der völligen Abkehr, die ihrerseits in neuem Terror mündet, wird eine Synthese versucht. Ein gleichberechtigter Kommunikationsprozeß entwickelt sich, der Mensch entdeckt eine neue Beziehung zur Technik, versteht sie nun anders für sich nutzbar zu machen und ordnet sich nicht länger unter. Auch hierbei verläuft die Darstellungsweise kongruent mit den inhaltlich verarbeiteten Themen, der Körper wird zum wichtigsten Medium in der ansonsten technisch gestalteten Welt. Geschmeidig bahnt er sich seinen Weg, stößt und reibt sich an den gewaltigen Apparaturen, ordnet sich ein, setzt sich sperrig dazwischen, hängt sich an – so entsteht ein spielerischer Dialog. Unendlich ist die Zahl der Möglichkeiten, das körperliche Erleben zu intensivieren, die Reize zu erhöhen. Es ist nicht der leblose Körper, der an einem Seil hängt, sondern ein höchst wild agierender Mensch, der – die Welt verkehrt herum betrachtend, schwebend, baumelnd, schwingend, rasend, peitschend – neues Leben, neues Körpererleben austestet und andere Ausdrucksformen und Darstellungsmöglichkeiten sucht. Dampf, Licht, Geräusche, Wasser, Nebel, Schaum, Brühe sind weitere Ingredienzen in diesem Prozeß. Zwischen all den Apparaturen wird die komplizierte Beziehung deutlich: Der Körper ist dominant, aber auch eingepaßt. In alter Tradition übt die Maschine Faszination aus (sie ermöglicht z.B. Geschwindigkeit) oder wird zum ätzenden Störenfried.

...hin zum digitalen Zeitalter

Mit ihrem Stück M.T.M. (1994) entwickeln sich LFDB zum multimedialen »digitalen Theater«. Die Welt der Kommunikation mit ihren vielfältigen Medien und den ebenso vielfältigen manipulativen Möglichkeiten im geschickten Umgang mit diesen ist das zentrale Thema. Das Publikum wird teilnehmend mit eindrucksvollen, symbolträchtigen (Körper-)Bildern (erzeugt durch audiovisuelle Techniken, gigantische Leinwände, Zerrspiegel und theatralische Aktionen) konfrontiert, es muß selber entscheiden, was wahr und was nur fiktiv ist. Die Simulation, die künstliche Realität schafft hierbei neue und durchlässige Grenzen zwischen Abstraktem und Sinnlichem. Die körperlichen Reaktionen sind unterschiedlich und abhängig von der Macht der Bilder, nicht vom Wahrheitsgrad. Aber M.T.M. handelt nicht nur von der Manipulation, sondern praktiziert sie auch, und der Zuschauende – eher Erlebende – spürt die Macht der Medien, die Informationsüberflutung intensiv am eigenen Leib. Gefühle von Angst, Ekel, Faszination stellen sich ein.

Mit MANES (1996) schlagen LFDB einen Bogen zu ihren Anfängen, dem Straßentheater. Hier wird auf multimedialen Einsatz verzichtet, die Gruppe kehrt zurück zur direkten Aktion zwischen DarstellerInnen und Publikum. Neu ist auch die Einbeziehung traditioneller Erzähltechniken. Der Raum, zunächst immateriell, läßt sich stets neu konstruieren, die Mittel sind sparsam, dem Volkstheater entlehnt. Die Dramaturgie entwickelt sich aus dem Rhythmus der SchauspielerInnen, *flash*-artig werden langsame und schnelle Bilder entwickelt, die nebeneinander bestehen und somit ein Gefühl der Koexistenz vermitteln, die auf die Relativität von Raum und Zeit verweisen und die Wahrnehmung des Zuschauenden verwirren. Geburt und Tod als zentrale Momente des Menschen, Kommunikation zwischen verschiedenen Kulturen, ungebrochen ausgelebte Gefühle und Zustände wie Gier, Gewalt, Zartheit, Wut, Ekstase, Hunger, Lust, Überlebensbemühen bilden den eher traumhaften

Handlungsrahmen. Rituale, mystische Darstellungen werden in Form des modernen *zapping* erlebbar. Die DarstellerInnen sprechen direkt mit dem Publikum, doch müssen sich die Zuschauer dabei vor körperlichen Attacken in acht nehmen. Die Gruppe tritt hier wie auch in ihren vorherigen Stücken den überaus lebendigen Beweis an, daß der Körper nicht verschwunden, nicht tot ist, daß er sich selbst in Zeiten digitaler Technologie und Medienwelten behaupten kann. Wenn Körper derart miteinander kommunizieren bzw. Maschinen (mechanische wie elektronische) in diese Interaktion kreativ einbezogen werden können, entsteht die Hoffnung auf eine Verringerung der Entfremdungsprozesse.

Die Show: Einladung zu einem Fest

Mit ihrer Show ermöglichen LFDB ihrem Publikum die Teilnahme an einem Großspektakel, das ohne Agitation, ohne Message auskommen möchte. Ihr Theater dient auch nicht ausschließlich ästhetischer Unterhaltung, sondern vermittelt Intensität – gleich einem archaischen sowie technisch verstärkten Ritual –, das zu einem Fest voller Magie, Rausch und Erotik einlädt, zu kathartischen und transzendentalen Empfindungen verführt und eine eigene Poesie entwickelt. Der Ablauf allerdings ist keinesfalls willkürlich oder zufällig, sondern genau geplant; die Akteure setzen ihre Körper mit äußerster Ernsthaftigkeit, Disziplin ein – wie Zirkusakrobaten. LFDB treffen hier auf aktuelle Bedürfnisse nach Gemeinschaftserlebnissen, Aufgehobensein- und Auflösungssehnsüchten in Gruppen und Ritualen, die gleichzeitig Orientierung vermitteln sollen. In ihren Stücken können die Zuschauenden kollektiven Handlungen beiwohnen, dadurch alltägliche Entfremdungsgefühle loslassen und sich auf das Ursprüngliche, Elementare, Eigentliche konzentrieren, den eigenen Körper spüren und im Gruppenkörper aufgehen. Ähnliche Inszenierungen liegen Techno-Parties zugrunde, nur daß das Erleben hier mit der Zeit abstumpft und vor allem gleichgeschaltet wird, was ein Nachlassen statt eine Steigerung der Sensibilität zur Folge hat. Um dieser Gefahr zu entgehen, haben LFDB mit ihrem neuen Stück MANES den technischen Einsatz – und damit die Demonstration von Kraft und Dynamik zivilisatorischer Errungenschaften – zurückgefahren und konstruktiv wieder menschlichen Maßen angepaßt. Maschinen und Menschen werden auseinanderdividiert und als eigenständig, spezifisch empfunden, können jedoch bei Bedarf aufeinander abgestimmt werden.

Indem die Gruppe seit einiger Zeit im Begriff ist, neue künstlerische Wege auf unterschiedlichen Ebenen einzuschlagen, entgeht sie der Gefahr, ihre eigene Aufführungsradikalität zur Gewohnheit, zum sinnleeren Spektakel und damit langweilig werden zu lassen. LFDB verlieren sich nicht in einem permanenten Steigerungsversuch, sondern suchen Veränderungen in alle Richtungen. Vielleicht sind bei zukünftigen Inszenierungen herkömmliche Theatertraditionen nicht länger einer Negation unterworfen, sondern erhalten neben modernster Form einen eigenen Platz, gehen möglicherweise eine Synthese ein. Die Wahrnehmungen des Publikums wären dann erneut irritiert und provoziert, aktuelles *zapping* nicht länger imitiert und auf die Spitze getrieben, sondern durch andere Rezeptionsformen wiederum in Frage gestellt. Sogar das Lachen, als wichtige menschliche Ausdrucksform, könnte schließlich Einzug in die Stücke halten bzw. als Publikumsreaktion begrüßt werden. Die Aufführung eines klassischen Dramas – von LFDB als »totales Theater« inszeniert – wäre für ZuschauerInnen wie AkteurInnen gleichermaßen eine Herausforderung.

Vom Theater der Straße auf die Bühne des Internet

Gabriela Naumann im Gespräch mit Pera Tantiña (La Fura dels Baus) anläßlich der Aufführung von MANES im September 1996 in Berlin

Pera, eure neue Produktion MANES bildet nach NOUN und M.T.M. den Abschluß eurer zweiten Trilogie zum Thema »Mensch-Maschine«. Im Gegensatz zu den vorherigen Stücken verzichtet ihr dabei jedoch auf eine Multimediashow und kehrt zu den Mitteln des Straßentheaters zurück. Wird hier die soziale Interaktion gegen die Dominanz der Technik gesetzt?

Mit dem Stück MANES knüpfen wir an unsere altbekannten Darstellungsweisen an und versuchen, eine Brücke zu unseren Ursprüngen herzustellen. Es gibt keine Kontraposition zwischen menschlicher Energie und multimedialem Geschehen auf der Bühne, wir verwenden auch weiterhin technische und elektronische Mittel. LFDB arbeiten auf verschiedenen Ebenen und folgen unterschiedlichen Strängen. Was uns jedoch in MANES besonders interessiert, ist das Zurückholen der Energie, die aus der direkten Aktion zwischen Akteuren und Publikum resultiert. Dieser Kontakt ist ein wichtiges Merkmal in der Geschichte der Gruppe, dafür sind wir bekannt.

Läßt sich der Kontakt mit dem Publikum überhaupt noch auf die bekannte Weise realisieren? Die ZuschauerInnen wissen inzwischen, worauf sie sich bei einem Spektakel von LFDB einlassen, sie kommen mit Regenschirmen und Plastikplanen! Geht dadurch nicht die Wirkung bzw. der Austausch verloren?

Zum Teil sicher. Aber die, die zu uns kommen, sind Minderheiten. LFDB gibt es seit 15 Jahren, uns haben ca. eine Million Menschen gesehen, da bleiben noch viele übrig, die uns nicht kennen. Selbst unsere Fans haben noch nicht alle unsere Spektakel gesehen. Folglich sind die Sprache, die Form des Ausdrucks, die LFDB verwenden, für viele neu und interessant. Sicher, einige haben bereits eine Vorstellung von dem, was sie in unseren Spektakeln erwartet. Andererseits werde ich selbst auch niemals müde, aufs Meer hinauszuschauen, obwohl ich es schon viele Male getan habe. Es gibt immer etwas Neues zu entdecken. Das Wichtigste ist doch die Qualität, mit der neue Wellen, neue Spektakel angeboten werden, und diesmal gehen wir – wie gesagt – im Unterschied zu unseren vorhergehenden Stücken NOUN und M.T.M. direkt auf das Publikum zu und kommunizieren mit ihm. Dazu setzen die Akteure ihre Körpersprache ein, mit der sie ihre Dramaturgie ausdrücken, zum anderen verwenden sie gesprochene Texte, die jedoch mehr wie Material – z.B. Wasser oder Sand – als dramaturgische Elemente eingesetzt werden. Die Dramaturgie dabei ist rhythmisch, der Rhythmus entwickelt sich aus den einzelnen Szenen heraus.

Durchgängige Themen eurer Produktionen sind Zivilisationskritik, die Manipulation des Menschen, die Erzeugung von Simulation und virtuellen Realitäten. Trotzdem zeigen sich die DarstellerInnen sehr vital und lebendig, präsentieren ihre Körper mit allen Lebensfunktionen. Besteht da nicht ein Widerspruch hinsichtlich Inhalt und Form der Präsentation?

Um eine Reaktion hervorzurufen, muß man eine Reibung erzeugen, und Reibung entwickelt sich aus dem Zusammenstoß der Gegensätze: So entsteht Elektrizität! Negatives und Positives treffen aufeinander und produzieren diese Reaktion. Aber es gibt nicht nur die negative Seite in unseren Stücken. Sicher produzieren wir Konflikte, aber wir haben auch stets gesagt, daß wir niemals Moralisten sein wollen, die nur eine einzige Sicht der Welt zeigen. Ich z.B. finde es sehr spannend, nach einem Spektakel mit den Zuschauern zu sprechen und dabei völlig unterschiedliche Wahrnehmungen des Stückes zu erfahren. Auf die grundlegende Frage, die alle Zuschauer sich stellen – was willst du mir sagen – ist meine Antwort: Was es *Dir* suggeriert, was *Deine* Imaginationen sind! Das Wichtigste für uns ist: Wir wollen die Vorstellungskraft des Betrachters dahingehend anregen, daß er seine eigene Phantasie einsetzt und dem Stück eigene Bedeutungen gibt. Wir jedenfalls erheben keinen Anspruch auf eine allgemeingültige Interpretation, sondern erfinden neue Formen und Möglichkeiten, die Welt zu sehen. Sicher produzieren wir Widersprüche, doch ein Widerspruch ist kein Fehler, keine Sache, die es zu vermeiden gilt. Im Gegenteil: Auf diese Weise werden Reaktionen erzeugt. Der Widerspruch existiert, und das ist gut so!

Welchen Stellenwert nimmt der Körper in euren Stücken ein?

In all unseren Stücken sind Körpersprache und -ausdruck das wichtigste, entscheidender als die verbale Sprache, der Text. Der Körper spielt in jedem Kontakt eine wichtige Rolle, und das greifen wir auf. Wenn du mit einer anderen Person kommunizierst, ist es sehr interessant, wie du deinen Körper

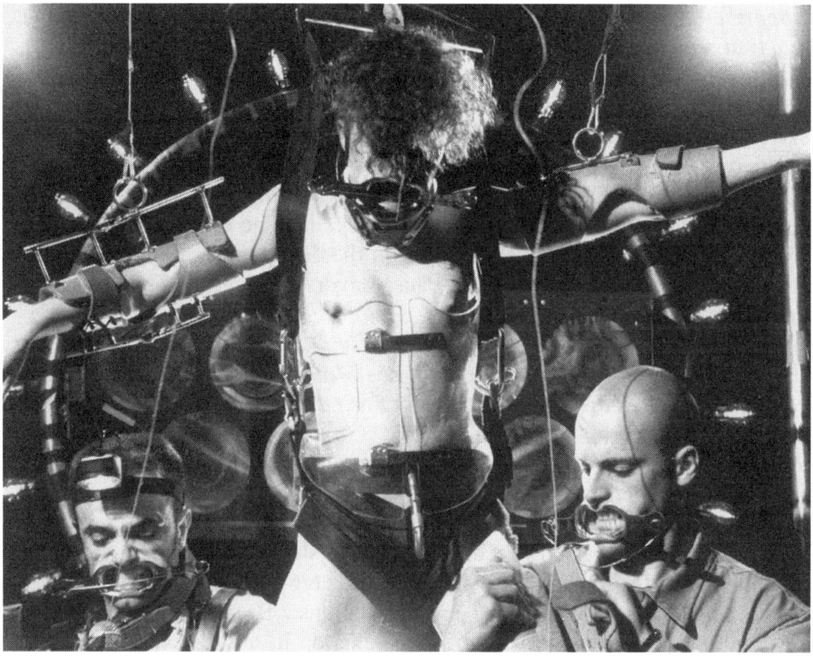

La Fura dels Baus; Foto: Emmanuel Carlier

einsetzt, welche Position er einnimmt, was du ausdrückst. Es geht um die Haltung – dies ist das grundlegende Wort. Wenn wir ein neues Stück entwikkeln, Ideen ausprobieren, ist die Haltung des Akteurs das Entscheidende. Sie ist die Form, mit der über den Körper und mit dem vorhandenen Material alle Gefühle und Stimmungen wie Traurigkeit, Haß, Freude, Liebe usw. ausgedrückt werden können.

Wie weit geht ihr in eurem Körpereinsatz, wo liegen die Grenzen der Darstellung, gibt es Tabus?

Ich denke, das Maß ist der Körper jedes einzelnen Akteurs, seine physischen Gegebenheiten geben den Rahmen vor. Wir sind keine sadomasochistische Gruppe, wir erfreuen uns nicht an Schmerzen, sondern an physischer Kraft, an den Möglichkeiten, die der Körper bietet. Ansonsten existieren bei uns seit jeher keine Grenzen.

Auf der Bühne von La Fura dels Baus dominieren zumeist Kraft und Gewalt, aber es gibt auch Momente, die durch große Sensibilität gekennzeichnet sind.

Könntest du dir vorstellen, ein sehr viel ruhigeres, vielleicht meditatives Stück zu realisieren, das trotzdem katharsische Effekte hervorruft?

Kein Stück kann ausschließlich ruhig oder laut sein. Wir spielen mit Gegensätzen, poetische und aggressive Szenen wechseln sich ab. In SUZ/O/SUZ existieren einige sehr gewaltvolle Szenen, z.B. die Fleisch-, Feuer- oder Kriegsszenen, bei denen das Publikum sehr intensiv mitgeht, aber es gibt auch die stillen Momente in den Wassertanks, die eine essentielle Bedeutung für die Rhythmik des Stückes haben. Um die Struktur der Musik aufzugreifen: Keine Note existiert ohne die Pause davor und danach. Genauso konzipieren wir unsere Stücke.

In euren Präsentationen taucht häufig das Motiv der Androgynität auf. Welche Bedeutung hat dieses Prinzip für La Fura dels Baus?

Wir sind von Grund auf Energie. Diese Energie ist zwar aufgeteilt in männliche und weibliche, aber nichts im Leben ist ausschließlich schwarz oder weiß. Zwischen diesen beiden Farben gibt es eine Million Abstufungen von Grau. Genauso haben die Akteure in den Spektakeln stets auch doppelte Gesichter, doppelte Moral. Wenn wir ein neues Stück entwickeln, ist es für uns sehr wichtig, nicht ausschließlich zu sein. Obwohl uns z.B. in MANES die weibliche Energie als Lebensform sehr interessiert, da in unseren vorhergehenden Spektakeln die männliche Energie ein konstantes Potential darstellte, spielen wir damit; diese Dualität ist sehr wichtig für uns, sie erzeugt eine Menge Kraft.

Wie sehen eure Pläne und Perspektiven für die Zukunft aus?

La Fura dels Baus sind an einem Punkt der Diversifikation angekommen. Im Moment sind wir offen für neue Wirkungsfelder: Das können Opern, Fernsehen, Life Events, der Aufbau einer Theaterschule mit der Sprache von LFDB sein usw. Wir erschließen weitere Möglichkeiten! Die nächsten fünf Jahre werden zeigen, ob wir uns damit durchsetzen können oder nicht. Ich selbst habe verschiedene Pläne: In den nächsten Monaten werden wir noch weiter an MANES arbeiten, es ist ja ein sehr junges Projekt. Unsere Stücke sind niemals wirklich beendet, sie befinden sich permanent in der Entwicklung, sind lebendig und Veränderungen unterworfen. Wir sind stets bemüht, festgefahrene Schemata in unserer Arbeit aufzubrechen. Deshalb gibt es noch genug an diesem Spektakel zu verbessern. Was mich betrifft, habe ich außerdem großes Interesse an der Welt der Kommunikation, an den Möglichkeiten, die das Fernsehen, das Internet usw. bieten. Das ist doch z.Z. das Spannendste!

Peter Offermanns / Daniela von Raffay
Bouffon-Workshop mit behinderten Lesben und Schwulen

Peter Offermanns: Ich wurde gefragt, ob ich mir vorstellen könne, einen Theaterworkshop mit lesbisch-schwulen Behinderten zu leiten, Thema nach meiner Wahl, Dauer ca. 3-4 Tage.

Das konnte ich, und mir fiel sofort ein Thema ein: Buffons, die Außenseiter, die Krüppel, die zwischen Himmel und Erde wohnen, manchmal herunterfallen – purzeln, um der Welt den Spiegel vorzuhalten.

(Definition: Bouffons sind Geschöpfe aus Mythen und Karneval. In Gruppen organisiert, machen sie sich über die Welt und sich selbst lustig. Gleichzeitig vulgär und hellseherisch, leben die Bouffons in einer Welt, in der alle Konventionen aufgehoben oder von ihnen umgekehrt werden. Mißgestaltet, grotesk, magisch und fröhlich ist der Bouffon der Poet des Gräßlichen.)

Was bot sich auch mehr an, als solche Wesen mit Behinderten zu suchen, den eigenen Buffon herauszukitzeln und zu präsentieren. Doch dann kamen mir Zweifel. Vielleicht ist die Thematik zu nah, zu persönlich. Es ist eine Sache, als Nichtbehinderter einen Krüppel zu spielen, sich künstlich zu deformieren, aber eine andere, die eigene, wirkliche Behinderung herauszustellen und stolz darauf zu sein. Zudem brechen Buffons sämtliche Tabus, strotzen vor Sexualität, tragen riesige Brüste und Schwänze wie Auszeichnungen vor sich her, kennen keinen Geschlechterkampf und haben eine eigene, völlig gleichberechtigte Gesellschaftsform entwickelt. Lesben und Schwule tun sich dagegen eher schwer, mtieinander umzugehen.

Ich habe dann ein Treffen mit Daniela von Raffay verabredet, um ihr mein Projekt vorzustellen. Sie als engagierte Krüppelfrau kann mir da bestimmt weiterhelfen, dachte ich. Den ersten Zweifel konnte sie ausräumen, den zweiten – nun, wir wollten uns beide überraschen lassen.

Daniela von Raffay: Etwa zwanzig Lesben und Schwule mit der einen oder anderen Behinderung rollten, hinkten und tasteten sich von Leipzig bis Köln und Hamburg bis München hügelauf, hügelab ins formidable Waldschlößchen bei Göttingen.

Sie kamen mit Zug und Auto und sogar mit Mini-Track – das ist ein rasenmäherartiges Gerät, was RollfahrerIn nebst AssistentIn auf ihrem Schoß plus Gepäck zum Beispiel jene 13 km vom Bahnhof in vier Stunden über die Landstraße zieht. Hans Hengelein und ich saßen völlig fassungslos im holzge-

Foto: Ines de Nil

täfelten Speisesaal, als einer nach dem anderen zur Tür hereinhinkte oder rollte. Da wir beide selbst von der Krüppelfraktion sind, erlaubten wir uns lästerlich durch die Reihen zu gucken und festzustellen, daß es an fast nichts fehlte: Einer trug ein Hörgerät und unterhielt sich mit einem, der stotterte; die andere stützte sich auf bunte Krücken und begrüßte küssend eine Dame im Elektrostuhl; ein wunderschöner, griechisch anmutender Jüngling mit zusammenklappbarem weißen Blindenstock führte ein hochangeregtes Gespräch mit einem sächselnden Kerl, der seinen kleinen Finger tuckig abspreizte. Die Ursache war allerdings sein Spasmus.

»Spaß-muß-sein!« Diesen illustren Spruch aus der Behindertenbewegung können wir »Polionauten« und »Conterganoven« sehr gut nachvollziehen. Wir fanden, daß jetzt nur noch einer mit Glatze, klein an Wuchs und eventuell einer Amputation fehlte... Und tatsächlich – die Flügeltür öffnete sich, und herein krückte unser letzter Gast, ein verschmitzt lächelnder Österreicher, ganz alte k.u.k. Monarchie: »Seine dämonologische Pestilenz«, der Thomas aus Wien.

Wir stellten uns vor, einen Film à la Rocky Horror Picture Show zu drehen, wo wir uns voll »freakish« (Freaks sind laut Wörterbuch Krüppel, Anormale, können sowohl fünffüßige Schafe als auch Schwule sein...) entfalten können, uns im Schloß umgekehrt von den Balken hängen und die verklebten Flügel entfalten, unsre Brüste buntbemalt baumeln, die Schwänze nach Herzenslust schrumpeln und schwellen lassen.

Internationale Treffen dieser Art gab's bereits 1988 in Großbritannien und 1991 in den Niederlanden – unser kleines Treffen in Niedersachsen sollte nur ein Vorgeschmack sein.

Nur wenige von uns kannten vorher andere behinderte Lesben oder Schwule und hatten von daher mit vielen Identitätsproblemen zu kämpfen. Die Isolation, die Leute wie wir häufig in der schwul-lesbischen Subkultur erfahren, wird sowohl durch die materiellen als auch durch ideelle Barrieren geprägt, beispielsweise durch viele Stufen, zu enge Klos, hohe Tresen: all das bedingt durch das zugrundeliegende Normalodenken.

Die soziale und berufliche Situation der einzelnen TeilnehmerInnen ging querbeet: Vertreten war der sehbehinderte Bürstenbinder und der Theologiestudent, die freiberufliche Schriftstellerin und die von Sozialhilfe lebende Lebenskünstlerin. Viele waren Singles, einige befanden sich in langjährigen Paarbeziehungen, und drei Paare fanden sich in dieser Woche im Schlößchen...

Gegenseitiges Kennenlernen stand also im Vordergrund und wurde durch individuelle Massagen, Körperentspannungstraninig und erotische Waldspaziergänge gefördert. Workshop-Themen waren u.a.: Was verbindet lesbische Frauen und schwule Männer, die behindert sind? Hier fanden wir heraus, daß uns z.B. das Helfersyndrom von Nichtbehinderten, bzw. wie es in den USA so schön heißt, von »tabs« (temporarily able bodied), also »zeitweise Nichtbehinderten«, gleichermaßen auf die Eier(stöcke) geht. Gemeinsamkeiten fanden wir auch im Verhalten, wenn wir in die Subkultur gehen: Wir versuchen manchmal unsere Behinderung unsichtbar zu machen, indem wir z.B. den Blindenstock oder die Krücken verstecken, und sind dann um so peinlicher berührt, wenn wir endlich zum Tanzen aufgefordert werden und eventuell passen müssen.

Peter Offermanns: Die Fummel, Draperien und das Make up, von Ines De Nil und mir ins Waldschlößchen geschleppt, machten es ganz leicht, schufen einen äußeren Rahmen, der den Einstieg ganz schwerelos machte. Kostüme wurden probiert und verworfen, grelle Farben auf's Gesicht gepinselt und mit Silikonnarben und Nasenkitt das Aussehen völlig verändert. Der Rest entwikkelte sich fast von allein. Die Szenen, durch Improvisation entstanden, übertrafen meine Erwartungen; das war Theater, wie ich es in Workshopsituationen selten erlebt habe. Da gingen, krochen, humpelten Bouffons, entthronten und beerdigten ihre Königin, ihren König, empfingen an Himmels- und Höllenpforten die abgeschiedene Seele, um huldvoll ein neues Oberhaupt zu krönen. Da wurde gekreischt und beschworen und totgelobt, da wurde Fruchtbarkeit großzügig gespendet und dankend empfangen. So war es eigentlich jeden Tag, und als wir Berliner im Zug saßen, um wieder nach Hause zu fahren, war's, als hätten wir vier Tage in einer anderen Welt gelebt.

Daniela von Raffay: Wer morgens blaß und verkrampft und etwas ängstlich mit Ines De Nil in den Workshop-Raum ging, kam spätestens mittags strahlend und mit einer psychischen Federboa um die Schultern zurück. Anwesende-NBs (Nichtbehinderte, frei nach Ursula Eggli) fanden es eines der spannendsten, interessantesten und schrillsten Treffen, die sie je miterlebt hatten.

Peter Offermanns: Ach, da fällt mir noch ein – am letzten oder vorletzten Tag fragte mich Markus, ob ich auch an mir bemerkt hätte, daß mein Körper eine eigene Dynamik entwickele und sich der Umgebung anzupassen versuche. Tja, und da fiel mir auf, daß auch ich manchmal ein Bein nachzog, die Treppe hochhumpelte und ein noch nie dagewesenes Hohlkreuz mir Beschwerden verursachte.

Dorothea Hilliger-Ache

Reibung – Versuch der Übertragung eines physikalischen Phänomens auf die theaterpädagogische Praxis

Wenn sich zwei Körper aneinander vorbei bewegen und sich dabei berühren, so treten an den sich berührenden Oberflächen Kräfte auf, die die Bewegung hemmen.[1]

Die theaterpädagogische Arbeit zielt ab auf persönliche Entwicklung, auf Entdeckung, Erfahrung, Austausch, Ausprobieren, Kennenlernen u.ä.m., auf Vorgänge also, denen Bewegung zugrundeliegt. *Reibung* erscheint in diesem Zusammenhang als hemmender Faktor und wäre somit negativ zu werten. Doch kann man das oben benannte physikalische Prinzip in Übertragung auf die theaterpädagogische Praxis auch positiv beschreiben.

Treten in der gewohnten Aktivität und Bewegung Hindernisse auf, so eröffnet sich der Assoziationsrahmen Verlangsamung, Vergrößerung und Fokussierung der Wahrnehmung bis hin zur Erschließung neuer Wahrnehmungsräume. Wird die Reibung noch stärker, kommt es zum Stillstand, zur »Immobilität«, die, als Endpunkt einer Bewegung begriffen, deren Charakter in einer konzentrierten, gehaltenen Momentaufnahme verdeutlichen kann.

Was die Bewegung hemmt, ist die Berührung von *Körpern*. Körper sind stofflich, materiell, handfest; genau das läßt die Übertragung auf unsere Praxis reizvoll erscheinen.

Von welchen zwei Körpern kann man hier sprechen?

Allgemeine Reibungen, die in der theaterpädagogischen Arbeit zwischen Spieler und Spielleiter entstehen und die sich vielfach produktiv wenden lassen, sind primär nicht gemeint, denn die körperliche Berührung ist in dieser Beziehung eher partiell und zufällig und üblicherweise nicht intendiert. Die Begegnung zwischen den Spielern, die im Bereich des Theaters immer auch körperlich ist, kann ganz sicher zu einer Reibung führen, bei der die auftretenden Kräfte in kreative Energie verwandelt werden können. Die Momente, in denen zwischen den Spielern *Reibungsarbeit* geleistet wird, kennt und schätzt wohl jeder Theaterpädagoge, denn sie ermöglicht es z.B., daß zwei sich anders sehen als vorher.

---

[1] Alle schräg gedruckten Passagen sind dem Schulbuch *Physik* von Dr. Hans-Gerd Holz entnommen.

Meinen Versuch der Übertragung will ich aber noch weitertreiben, nämlich beziehen auf die Berührung des einen »Spiel*körpers«* mit sich selbst.

Will man hier eine produktive Reibung erzeugen, ein Hemmen der Bewegung zum Zwecke neuer Wahrnehmungsmöglichkeiten, muß der eigene Körper zum fremden werden, nur so ist eine Begegnung möglich. Reibung stellt sich dann dar als eine Begegnung mit dem eigenen Körper in einer ihm noch fremden Ausdrucksmöglichkeit und -erfahrung. Das bewirkt ein Innehalten gegenüber sich selbst, einer theatralischen Figur gegenüber, die man erschaffen hat und der man in sich selbst gegenübersteht. Einem Kunst-Menschen, der erarbeitet wurde in einem vielleicht lange währenden Prozeß, der beinhaltet, daß man ihm einen Körper gibt, eine Bewegungs- und Gangart entwickelt, körperliche Besonderheiten festlegt, seine Geschichte erfindet, mit Beziehungen experimentiert usw. Hier ist in besonderer Weise die Person des Spielleiters gefragt, denn sie muß das Material liefern, das die Reibung möglichst produktiv werden läßt. Das heißt, sie muß den Spielern Ausdrucks- und Bewegungsstrukturen an die Hand geben, die einen gegenüber alltäglichen Formen *qualitativ veränderten Ausdruck* ermöglichen. Was kann das in unserer Arbeit anderes sein als Vergrößerungen, Verfremdungen, neue Zusammenfügungen, andere Zuordnungen von Zeichen, Stilisierungen – *Ästhetisierungen* eben.

In dieser neuen, unter ästhetischen Vorzeichen stattfindenden Erfahrung materialisiert sich der Spieler neu und reibt sich damit an sich selbst.

Für den produktiven Charakter dieses Prozesses ist entscheidend, daß die zwei Körper in Wahrheit nicht getrennt sind voneinander. Das heißt, der Spieler bringt sich immer wieder selbst ins Spiel, wenn auch vielleicht unbewußt und unmerklich für die anderen. Gerade diese nicht thematisierte Selbsterfahrung gibt der Phantasie und freien Erprobung ebenso Raum wie einem Lernen, das subjektiv bezogen ist und und dessen Inhalte nicht beliebig austauschbar sind, denn sie haben etwas mit dem Menschen zu tun, der sich in diese Prozesse hineinbegibt. Dafür müssen die Stilisierungen, die der Spielleiter anbietet, aus dem Improvisationsmaterial entwickelt sein, das die Gruppe und die Spieler selbst gefunden haben. Dieses Material muß weitergetrieben, zugespitzt und in eine neue Form gebracht werden, mit der die Spieler sich erneut konfrontieren und an der sie sich reiben können. Es kann also nicht nur um das Erlernen vorab festgelegter stilisierter Bewegungsstrukturen und -abläufe gehen, sondern um die möglichst freie Improvisation im Rahmen solcher fremder Strukturen.

Gerade der Berührungspunkt zwischen Vertrautem und Fremdem ermöglicht ein Spiel, in das man sich einbringen kann, ohne in Privatheit verharren zu müssen, und das dadurch auch einen besonderen Raum der Kommunikation eröffnet.

Die Reibungskräfte hängen von der Beschaffenheit der Oberfläche ab und wirken der antreibenden Kraft entgegen.

Im Bereich der Physik ist es zumeist das Bestreben, die Reibung gegen Null gehen zu lassen, um z.B. die Kräfte eines Motors optimal nutzen zu können. Reibungen im zwischenmenschlichen Bereich scheinen für das Funktionieren einer Gesellschaft in ähnlicher Weise hinderlich zu sein, und die Bestrebung, Reibungsverluste möglichst zu vermeiden, ist offensichtlich.

Doch in der Physik selbst lassen sich schnell auch Beispiele für Situationen finden, in denen Reibung erforderlich ist. Reifen z.B. brauchen eine Beschaffenheit, die neben der Eigenschaft minimaler Reibung, um sich nicht vorschnell und unnötig abzunutzen, auch maximale Reibungskraft benötigen, beim Bremsen Verlangsamen, Anhalten nämlich. Für unser Thema ist auch die für das Anfahren benötigte Reibung von Interesse, man spricht in diesem Zusammenhang von Reibungsgewinn.

Der vielfältige und komplexe Prozeß menschlicher Entwicklung im Rahmen einer bestehenden Gesellschaft braucht in besonderer Weise Reibung und Zäsur, damit ein Fortkommen im Sinne subjektiver Entfaltung, eine sinnvolle Lenkung von Energie und ihr kreativer Einsatz möglich werden. Jugendliche finden aber kaum positive Reibungspunkte, sondern werden eher einem immerwährenden Glatteis ausgesetzt.

Hier sei auf einen Forschungsansatz verwiesen, der in diesem Zusammenhang bedeutsam erscheint, da er die Möglichkeiten von Identität als Ergebnis oder Prozeß von Ich-Entwicklung in Frage stellt.

Dieter Lenzen hat in seiner *Mythologie der Kindheit* aufgezeigt, daß die in unserer Kultur eliminierte Auseinandersetzung mit der Tatsache des Todes ein herausgebildetes Selbst – herkömmliches Unterscheidungsmerkmal zwischen Kindern bzw. Jugendlichen und Erwachsenen in der bürgerlichen Gesellschaft – gar nicht erst entstehen läßt. »Die ehemals entscheidenden Überführungsvorgänge von einer Lebensphase in die darauffolgende, wie sie in Mythen kodifiziert und in Riten wiedererlebt werden, findet nicht mehr statt, so daß der Kindheitsstatus im Lebenslauf perpetuiert wird.«[2]

Der Verlust der oftmals durchaus dramatisch verlaufenden, immer aber von einer Gemeinschaft getragenen Initiationsriten ist durch nichts ersetzt worden. Die Jugend läuft ins Leere, da sie nicht in einen definierten Lebensabschnitt mündet. Die Erwachsenen bieten keine wirkliche Reibungsfläche, weil sie einen gegenüber der Jugend grundsätzlich anderen Status kaum noch erfahren, ausfüllen oder gar positiv werten können.

Dieser gesamtgesellschaftlichen Entwicklung scheinen wir mit unserer theaterpädagogischen Praxis wenig entgegensetzen zu können, zumal wir ja selbst in diese Prozesse involviert sind.

---

2 Lenzen, Dieter: *Mythologie der Kindheit*. Reinbek 1985, S.13

Die vielfältigen Reibungspunkte, die Theaterarbeit bieten kann, sollten wir andererseits aber nutzen, um Jugendlichen einen möglichst weitgehenden Reibungsgewinn zu ermöglichen.

Wenn die Reibungskräfte von der Beschaffenheit der Oberfläche abhängen – und wir unterstellen, daß zumindest punktuell eine hohe Reibung erwünscht ist –, so muß man nach der Qualität der Oberfläche, nach dem Profil fragen.

In unserem Beispiel geht es um zwei Körper, den eigenen, vertrauten, und den fremden, zum Spiel angenommenen. Je fremdartiger, je stilisierter der fremde Körper ist, desto mehr wird er in der Begegnung mit dem eigenen über diesen aussagen können. Kontrast ist hier Erfahrungs- und Lernprinzip.

Spielerisch sich ausprobieren in einer neuen Form heißt aber immer auch, durch eine fremde Existenz zu gehen, ein Aspekt gesellschaftlicher Erfahrung. Das gilt für theatralische Figuren, die die Schüler sich frei wählen und entwickeln, ebenso wie für solche, die durch die Auseinandersetzung mit in der Literatur vorgegebenen dramatischen Figuren entstehen.

Reibungskräfte sind häufig erwünscht. So könntest du dich ohne Reibung nicht fortbewegen (Glatteis).

Um ein bloßes Sich-Selbst-Erfahren kann es in der theaterpädagogischen Arbeit unter den gegebenen gesellschaftlichen Voraussetzungen nicht gehen. Jede Erfahrung in diese Richtung ist zwar besser als vieles andere, mit dem junge Menschen heute konfrontiert werden, aber es erscheint als ein Innehalten noch ohne das produktive Moment der *Reibungsarbeit.* Eine Stilisierung und Ästhetisierung um der Kunst willen wiederum kann ein Sich-Verlieren in der Form, im ästhetischen Anspruch, zur Folge haben, in dem der eigene Körper nur noch als unproduktives Hemmnis in der Suche nach der vollendeten Form erscheint. Das kann in der hier gemeinten theaterpädagogischen Arbeit erst recht nicht Ziel sein

In manchen Fällen vergrößert man die Reibungskraft sogar noch durch Streuen von Sand.

Auffällig in den zum Lebensprinzip erhobenen gesellschaftlichen Ideologien ist das Fehlen von Grenzen und – als Pendant – die nie zur Ruhe kommende Suche nach Grenzerfahrungen. Bungee-Springen und S-Bahn-Surfen, brutale Gewalt gegen andere und suchthafte Selbstzerstörung sind nur einige Beispiele, die verdeutlichen, wie sehr die Jugendlichen die Reibung suchen. Sie streuen sich dabei selbst Sand auf den Weg, um endlich Reibung erleben zu können. Aufgrund oftmals fehlender sinnvoll erlebbarer Auseinandersetzungen im täglichen Umfeld sind sie mit ihren eigenen Grenzen häufig nicht vertraut, dosieren nicht immer gut, streuen zu viel, erleben dabei keine Zäsur, kein produktives Innehalten und neues Anfahren, sondern blockieren ihr Leben, werfen es im schlimmsten Fall sogar weg.

Weit davon entfernt zu glauben, gesellschaftliche Entwicklungen durch Theaterarbeit verändern oder auch nur aufhalten zu können, erscheint es mir doch wesentlich, daß es in der theaterpädagogischen Arbeit möglich ist, *an Grenzen zu gehen, Grenzerfahrungen zu machen, spielerisch* und *getragen von einer Gruppe und einem Spielleiter* (im Gegensatz zum Beispiel zum Bungee-Springen oder S-Bahn-Surfen).[3] Sand kann hier zum positiven Mittel werden, um in einer nach außen hin geglätteten, auf reibungsloses Funktionieren ausgerichteten Welt voranzukommen. Mittel ist das Sich-Ausprobieren in einer ganz fremdartigen Gestalt und in einer ihr zuzuordnenden, noch unbekannten körperlichen Ausdrucksform. Welche Prozesse im Finden, Erproben und Ausfüllen theatraler Körperformen, -zeichen und Bewegungsstrukturen ablaufen können, könnte ich an Beispielen beschreiben. Wie genau körperliche Erfahrung und persönliche Entwicklung in diesem Prozeß zusammenspielen, wäre noch zu erforschen.

Wesentlich ist jedenfalls, daß hier ein Fremdheitserlebnis möglich ist und ermöglicht werden sollte, das zu tun hat mit dem Menschen, der an diese Grenze geht, ohne daß er in dieser Erfahrung nur sich selbst begegnet. Diese betrifft die Phase der Erarbeitung, der Auseinandersetzung mit Ausdrucks*formen,* mit Ästhetisierungen im weitesten Sinne, und die intendierte Vermittlung nach außen. Denn die gesellschaftliche Komponente und die der Kommunikation – schließlich geht es darum, gesellschaftlich vermittelbare Zeichen zu finden – ist von vorneherein angelegt und unabdingbar, wenn die Reibung sich nicht erneut in einem Vakuum todlaufen soll.

---

[3] Von jeher war es mir ein ganz wesentliches Anliegen, in den Gruppen, mit denen ich arbeite, eine Situation zu schaffen, die es dem einzelnen ermöglicht, Grenzen auszuprobieren.

Gerd Bräuer
Gesture, Body, and the Text: Brecht-Drama in the US Foreign Language Classroom

About the potential of Gestus *for foreign language acquisition*

Surveys in German Departments at US and Canadian Colleges and Universities of play productions in the foreign language classroom have a long tradition: Hermann F. Rothfuss started out in 1951 with a series of articles on the subject, which spanned the late Forties and Fifties.[1] Horst Richardson followed in 1974, focusing on the Sixties and early Seventies,[2] Jürgen Schlunk together with Richardson analyzed the years between 1973 and 1988,[3] and Astrid Ronke covered the late Eighties and early Nineties:[4] Close to one thousand (926) play productions in German and in translation indicate the importance of theater for learning about foreign languages and cultures.

One particular finding of these queries is of special interest in this article: The most frequently performed German-speaking playwright in North America's German Departments is Bertolt Brecht, with the impressive number of 105 productions since the past twenty years. Brecht not only clearly beats other well-known contemporary authors such as Max Frisch and Friedrich Dürrenmatt, but also challenges famous writers from the past such as Ödon von Horvath and Georg Büchner, and even the classical writers, Goethe, Schiller, and Lessing. The favorite plays of American foreign-language educators and students were *Fear and Misery of the Third Reich, He Who Says Yes, A Respectable Wedding,* and *The Threepenny Opera.*

The reason why Brecht has been chosen so often for teaching and studying German can be seen in the special potential of his texts for a) the organizational restrictions of a classroom situation in general and b) specifically the

1 See Hermann F. Rothfuss, »German Plays in American Colleges, 1947-1958«, *Monatshefte,* 43.4/5 (1951): 237-39; 47.8 (1955): 400-03; 51.7 (1959): 351-54

2 Horst Richardson, »German Play Productions in U.S. and Canadian Colleges and Universities since 1959«, *UP* 7.1 (1974): 142-147

3 Jürgen E. Schlunk, »Play Production in German Departments of U.S. and Canadian Colleges and Universities from 1973-1988«, *UP* 23.1 (1990): 69-75; Horst Richardson, »Plays from German-Speaking Countries on American University Stages 1973-1988«, *UP* 23.1 (1990): 76-79

4 Astrid Ronke, »Theaterspielen als didaktisches Mittel im Fremdsprachenunterricht: Ergebnisse einer Umfrage an amerikanischen und kanadischen Universitäten und Colleges«, *UP* 26.2 (1993): 211-219

process of language acquisition: The four plays mentioned above have a clearly structured plot and a small number of different settings. In addition, these plays are manageable for amateur actors and directors due to their comprehensible overall length. At the language and content level, Brecht's plays offer dialogues that are significant for everyday-life: in their social context, the brevity of the characters' speech, text redundancy, and thematic concentration.

Let me explain some of these potentials in a more detailed manner based on the experience I have had directing Brecht's *A Respectable Wedding* at the University of Oregon and at Emory University, a play with now thirteen different productions, the highest number to date for a German speaking play in North American foreign-language education.

In the intermediate German language course where I used this one-act play, the students had no difficulty grasping the plot, despite their problems with understanding details of the text. This is the narration of the story line given by one of my students: The immediate family members and a few friends of the bride and the groom gather for a wedding dinner. Due to a lack of consideration for one another on the one hand, and a strong desire for gossiping about family members on the other, these people soon become bored and begin accusing each other for what becomes a miserable situation. The event turns into a disaster when it is discovered that the bride is pregnant.

Since the play takes place exclusively in the living room of the newly married couple, the setting is easy to establish. The comprehensible length and structure of the text helps in memorizing the main turning points of the story.

Also inviting for language learners is their familiarity with the themes of the play (unexpected pregnancy, marriage, family) and the use of every-day speech in many dialogues, signifying specific cultural and communicative situations. One example for illustration:[5]

The mother of the groom asks the guests if they like the fish: »Na, wie schmeckt der Fisch? Warum redet denn niemand?«

The father of the bride praises the food: »Ausgezeichnet!«

The mother, in reply, notices that he hasn't even tried the fish yet: »Aber du hast ja noch keinen Bissen gegessen!«

The father promises to eat now: »Ja, jetzt esse ich...«

Brecht's strong focus on only a few major subjects (eating, drinking, furniture, family memories etc.) makes possible, even encourages personal identification with the content and its cultural context. The same is true for the brevity of most of the statements. Sometimes it is only a matter of a single

[5] All quotations from the play *A Respectable Wedding* are taken from: Bertolt Brecht, *Einakter und Fragmente,* Frankfurt a. M.: edition suhrkamp, 1990, 17-48

word or small groups of words which are used to outline certain cultural patterns such as table manners, traditions, or a given family hierarchy. A few examples:

The bride scolds her younger sister, who uses a knife for eating the fish: »Ina, tu das Messer weg bei Fisch!« (...)

The friend of the groom toasts him, rudely overlooking the bride: »Prost, alter Kunde!«

The groom, ignoring the allusion of their time together in bars and pubs, politely replies, now including all guests: »Prosit, allseits!«

The mother, who serves the fish, assigns her son, the groom, to take the tail, so that the better pieces remain for his guests: »Jakob, nimm das Schwanzstück!«

A no-less important potential of Brecht's *A Respectable Wedding* for foreign language learning lies in its frequent textual redundancy. Brecht's well-aimed tool for showing the characters' limited social interests, their restricted ability to express themselves and to communicate with each other, also functions – for the students – as a method for identifying social and cultural contexts and experiencing and practicing them linguistically. Another example:

At the beginning of the dinner conversation everyone tries hard to be polite. Their initial comments concerning the couple's new apartment are praises similar in content, style, and sentence structure:

The young man: »Es riecht ausgezeichnet.«

The friend: »Es sieht glänzend aus.«

The father: »Das ist ein gutes Stück Arbeit.«

The man: »Das ist eine gute Idee.«

The major potential of Brecht's dramatic works for second language acquisition is, in my view, to be found in the gestic character of the author's language. Brecht himself in his essay »On Gestic Music« defines *gest*, as John Willett translates the original German term *Gestus,* as follows:

»Gest is not supposed to mean gesticulation: it is not a matter of explanatory or emphatic movements of the hands, but of overall attitudes. A language is gestic when it is grounded in a gest and conveys particular attitudes adopted by the speaker towards other men (sic!).«[6]

Only seemingly in contradiction to that Brecht writes in *Me-ti: Book of Twists and Turns* :

»Man kann seine Sätze am besten lesen, wenn man dabei gewisse körperli-

6 Bertolt Brecht, »On Gestic Music«, in: *Brecht on Theatre,* translated and edited by John Willett, London: Methuen, 1994, 104

che Bewegungen vollführt, die dazu passen... (One can read one's own sentences best by performing certain matching movements at the same time.)«[7]

Even though here Brecht talks about physical movements matching the text, he is not interested in simple illustration. With the phrase, »One can read one's own sentences best«, Brecht strives toward *making meaning* of what has been written, an understanding of a text both in terms of its individual and social context. How broad this context can be, often captured in a single phrase or sentence, is shown in a list of questions that Brecht suggests one ask to further define the gest of a statement:

»1. Whom is the sentence of use to?
2. Whom does it claim to be of use to?
3. What does it call for?
4. What practical action corresponds to it?
5. What sort of sentences result from it? What sort of sentences support it?
6. In what situation is it spoken? By whom?«[8]

By describing *Gestus* as an interplay between language, text, and the body as a social phenomenon, Brecht predetermines (unknowingly) the essence of modern foreign language education: the intermingling of linguistic, physical, and socio-cultural structures at the level of both verbal and non-verbal communication. The realization of this essence is found in foreign-language training which is overall proficiency oriented, interactive in its methods, and context-related in its content. The goal is, as N. S. Prabhu puts it, not to learn a foreign language »(...) so that (one) will be able to do and say things later, but say and do things now so that as a result (one) will learn (a foreign language)«.[9]

I shall give an example to further explain the common ground indicated between Brecht's gestic language and foreign language learning: What the mother of the groom says in the play is carried out to a great extent through the grammatical imperative, and her lines could easily be used to explain practically the theoretical definition of the imperative as it can be found in any grammar book: »One of the three distinct forms of giving commands in German is the *du*-form(...) It is the same as the present tense statement but without the pronoun. The *-st* ending is also dropped from the verb. Although

7 Bertolt Brecht, »Me ti: Buch der Wendungen«, (my translation), in *Gesammelte Werke,* Prosa Vol. 4, Berlin; Weimar: Aufbau-Verlag, 1975, 55

8 John Willett quotes this unpublished fragment by Brecht, entitled »Representation of Sentences in a new Encyclopaedia«, in his note to Brecht's essay »On Gestic Music«, in: *Brecht on Theatre,* 106

9 N. S. Prabhu, »Theoretical Background to the Bangalore Project«, in: *New Approaches to Teaching English. Regional Institute of English Bulletin,* 1980, Bangalore, No. 4 (1), 19-26, here: 23

an *-e* ending is added to many verbs for the *-du* command, this is usually omitted in colloquial usage.«[10]

Here for illustration is a list with all imperative forms spoken by the mother:

She serves her son the fish: »Jakob, nimm das Schwanzstück!«

She encourages him to take more fish: »Jakob, nimm noch ein Stück!«

She encourages him to take plenty of the dessert but not quite too much: »Nimm das Stück, Jakob! Aber nimm nicht zuviel Sahne!«

She wants to serve him more wine: »Gib dein Glas, Jakob!«

She reprimands him for opening his waistcoat: »Jakob, knöpf die Weste wieder zu (...)!«

She asks him to serve more wine to his guests: »Schenk frisch ein, Jakob!«

She scolds him for cutting his pastry: »Jakob, schneid das Gebäck nicht!«

Fortunately, these imperatives provide much more information about the Mother's character than the grammatical structure itself indicates. Even though my students defined her overall personality as rather authoritarian, they identified variations of it, each depending on specific communicative and non-communicative situations and conditions. The following »roles« my students saw incorporated in the dramatic gest of the Mother:

the polite host:
»Jakob, nimm das Schwanzstück!«
»(Nimm das Stück, Jakob!) Aber nimm nicht zuviel Sahne!«
»Schenk frisch ein, Jakob!«

the caring mother:
»Jakob, nimm noch ein Stück!«
»Nimm das Stück, Jakob! (Aber nimm nicht zuviel Sahne!)«
»Gib dein Glas, Jakob!«

the controlling element:
»Jakob, knöpf die Weste wieder zu (...)!«
»Jakob, schneid das Gebäck nicht!«

I would describe the process which finally led to this list as both a decoding of the *Gestus* of each individual sentence delivered by the mother and a socio-cultural specification of the functions of the grammatical imperative.

As a conclusion of my examples, I want to state that the learning based on Brecht's gestic language happens not only at the verbal and the non-verbal linguistic levels, but also at the level of socio-cultural patterns. Here, foreign-language acquisition seems to be fostered by a process of increasing understanding of the target culture.

---

10 Jürgen Jahn; Alfred Schulze, *Themen: Lehrwerk für Deutsch als Fremdsprache. A Grammar Workbook to Levels 1 and 2,* München: Max Hueber, 1987, 28

Some suggestions on how to use Gestus *in the Foreign Language Classroom*

It is now my intention to show how gestic language can initiate, motivate, and support such combined linguistic and cultural learning as seen in the previous examples.

The model is comprised of the following four steps:

1. reading and listening comprehension; 2. guided visualization; 3. guided improvisation; 4. scenic play.

Reading and listening comprehension:

My students started out their exploration of Brecht's one-act play, *A Respectable Wedding,* with extensive dramatic reading. They read the text out loud several times without receiving further explanation of possibly missing vocabulary. However, I sometimes provided correct pronunciation and – even more often – suggested where to put emphasis within individual sentences. With this method, text comprehension was initially reached more through *imitating* the natural sound and rhythm of the German language than through detailed vocabulary work. Later, I asked the students to re-narrate the plot of the play in English. Interestingly, most of these re-narrations focused on the inability of the guests at the wedding party to really communicate with each other. When the students were then asked to quickly write down words they would associate with the problem, they provided material which in its content and context clearly drew from similar personal experiences. The short stories the students wrote afterwards, based on these »brainstormings,« revealed a wide variety of non and/or mis-communication among their families and friends.

What happened in terms of language learning during the first phase is quickly summarized: Through imitating the flow and rhythm of the language, the students themselves opened a door to their individual memories. Although the dramatic text was barely understood at that point on a conscious linguistic level, Brecht's gestic language provided the opportunity for intuitive comprehension: that which was not understood in the target language was experienced as something long known in each student's personal history.

Guided visualization:

Due to an educational system where individual experience is not valued as highly as academic knowledge, students often don't see (or don't allow themselves to see) the connection between these two different, but equally important forms of human wisdom. They often do not quite understand and/or accept the interplay between cognition and intuition as a powerful tool for learning. Therefore, in a second phase, I encouraged the students to further unfold their personal memories through a guided *visualization*. I gave the following instructions in German:[11]

»Close your eyes! Breathe slowly and deeply! Relax and turn inward! Imagine the following scene: You are late for dinner. Your mother, father, and siblings have already started eating. They sit around the table in the dining room awaiting you impatiently. Take a minute to imagine the table with all the food and your family seated around the table. You still stand in the doorway, and they all stare at you. From their expressions you can read the question: »Why are you so late?« How does that feel, the food on the table and you being hungry, their looks and you not wanting to say anything? What do you see, hear, smell?

You have bad news to tell your family, but you don't want to let them know anything yet. You are hungry, tired, and scared of them getting upset. Don't they already know? They are looking at you so suspiciously. Listen for a moment to their conversation. What do they talk about? What do they ask you? Don't they all just pretend not to know about your bad news? Take another minute to check how you feel at this moment. Do you enjoy your food? What does it taste like? How does the temperature feel in the room?

After a while you have finished eating and you want to disappear in your room. Try to get up slowly. Feel the weight of your body pulling you downward and nailing you to the chair. Take a moment and picture yourself sitting there at the table struggling with what you don't want to say. Under the eyes of your family-members you finally open your mouth – slowly – and start speaking. Listen to what you have to explain.«

What happened here in terms of language acquisition? Compared to step one where the students' memories of a lack of communication and/or mis-communication were triggered by the given text, I now asked the students to reshape these personal memories and make them fit into a frame provided by my narrative guidance. Because this frame contained my experiences as a German, the cultural context of the students' memories was suddenly confronted with the cultural structure of the target language. Here, consciously and unconsciously, an analysis of similarities and differences happened as a

[11] I have further developed this and the following exercise based on ideas of an article I wrote together with Carsten Strathausen, »Brechts *Kleinbürgerhochzeit* – Ein Beispiel für die Arbeit mit dramatischen Texten im Unterricht Deutsch als Fremdsprache«, in: *Zielsprache Deutsch*, 26.2 (1995): 94-100. As the title indicates, this article provides a thorough description of how to produce the play *A Respectable Wedding* with intermediate students of German within one academic term. For more information on the potential of theater in foreign language teaching/learning see my article, »KulturErfahren versus KulturErkennen – Theater als Medium für den Fremdsprachenerwerb«, in Gerd Koch (ed.), *Theatralisierung von Lehr- und Lernprozessen,* Berlin and Milow: Schibri Verlag 1995, 165-184

basis for learning in two directions: a re-definition and re-evaluation of one's own cultural understanding and a *meaning-making* of the foreign culture.

Guided improvisation:

Step three in my practical exploration of the potential that Brecht's gestic language can have for learning applies the results of step two on a linguistic level. What happened before in a non-verbal, imaginative sense, is now put into physical and verbal expression. The method for this purpose, guided *improvisation*, gives a frame of action in German which this time will be filled with appropriate performance and dialogue, provided by the students themselves. What has been individually learned about one's own and the foreign culture in the preceding step, now needs to be given form through physical and linguistic expression. Here, imagination is publicly displayed. The content of this phase is as follows:

Setting: Mother and son at home having dinner.

Situation: Mother is worried about the well-being of her son; son is annoyed by the attention she devotes to him.

Subject of conversation: How was the day?

First change: The future daughter-in-law joins mother and son, intending to inform them about her pregnancy. She does not succeed, because she keeps getting interrupted.

Second change: Father of the bride comes in, seeking listeners for the endless stories he loves to tell; his daughter is still vainly trying to report her news.

Third change: The female friend of the bride comes in, knowing the condition of her friend and trying to help her break the news.

Fourth change: Other people arrive on the scene; they all come with particular problems, which they want to bring to everyone's attention. The development of the conversation reveals that they all talk past one another and don't listen to each other.

Fifth change: The future bride finally talks about her pregnancy, but the news gets lost in a stream of meaningless conversation.

A few words to summarize the character of language acquisition in this third phase. The patterns of linguistic and cultural meaning in one's native tongue together with their counterparts in the second language create a sizzling, energetic field of exchange. The process of reshaping the known as well as the unknown continues here from the second phase of guided visualization on to a deeper level. It is not, as often is believed, that one meaning pattern can simply be replaced by the other. The way Angelika Bammer explains the process of identification with a strange culture, I also see as being true for language learning: »(...) what is displaced – dispersed, deferred, repressed, pushed aside – is, significantly, still there: *Dis*placed but not *re*placed, it remains a source of trouble, the shifting ground of signification that makes meanings tremble.«[12]

Scenic Play:

The last phase of my teaching model embodies the actual production of the dramatic text. Here, students bring all of their related personal experience, language skills, and cultural knowledge from the previous steps into play. They put these elements into action and by doing so, deepen the meaning of each element and clarify their interrelationships. Therefore, insights into literary characters, metaphors, or symbols, can change even during this final stage. When, after meticulous effort, a scene is »set« and »works,« the complex process of *making meaning* of a foreign-language text is finished – only temporarily though – because, as we all know, the understanding of literature as a complex and dynamic process is unending.

A similar perception is necessary for defining the proposed teaching model itself: Even though imitation, visualization, improvisation, and scenic play are the elements of a step-by-step program, they are not, seen as a whole, simply a one-way street. Not only is it necessary to repeat the process with each single scene, but a going back and forth between the different stages is also essential for the students to effectively connect physical and linguistic gestures in the text with personal memories, pre-existing knowledge, and target language plus culture. I discovered the following specific benefits from using Brecht's gestic texts in my students' process of learning German:

- Expansion of active vocabulary with a developed sense for its proper situative use,
- Growing ability for linguistic imitation and improvisation,
- Improvement in synchronizing the coordination of verbal and non-verbal language,
- Improvement of specific literary and general cultural knowledge,
- Increased self-confidence for speaking the target language in its equivalent cultural context.

When my students finally returned to Bertolt Brecht's *Respectable Wedding* after having gone through the steps of *imitation*, *visualization* and *improvisation*, they had expanded their linguistic knowledge and skills without relying heavily on any of the conventional elements of language-training text work such as identifying, translating, and memorizing unknown vocabulary. Even analysis and root-learning of grammar was largely compensated for by the interweaving of language and culture learning through the mode of theater. Here foreign-language acquisition had occurred by reactivating previous experience and knowledge and using them as a motivational spring-board in the

[12] Angelika Bammer (ed.), *Displacements. Cultural Identities in Question,* Bloomington and Indianapolis: Indiana University Press 1994, xiii

effort to expand individual horizons. In my opinion, the new knowledge, gained within a process of physically playing-through the well-known, becomes personally relevant, and therefore is guaranteed to be long-lasting. Considering these potentials for foreign-language acquisition as described here, Brecht's *Respectable Wedding* and many of his other dramas also seem to promise a long-lasting existence, at least on the stage of US foreign-language education.

Felix Zulechner

Körper lesen!

Vom Lesen, Darstellen und Begreifen im Literaturunterricht

Die Plastik von Barlach »Der Buchleser« zeigt ausdrucksstark die Körperlichkeit des Lesevorgangs: Mimik, Gestik und Körperhaltung signalisieren die Intensität des Lesens. Ohne Zweifel: Auch der KÖRPER liest. Die Spannung der Form überträgt sich auf die Haltung, Spannung und Energie des Körpers. Diese fesselnde Körperlichkeit ist aber nicht mehr gefragt, wenn es darum geht, den Text zu interpretieren. Interpretation eines Textes wird als ein verbaler, mit Emotionen unterlegter intellektueller Vorgang angesehen, der keine körperliche Auseinandersetzung erfordert.

Eine Möglichkeit, Literatur nicht nur intellektuell, sondern auch mit dem Körper zu begreifen, bietet die Arbeit mit *»gestischen Standbildern«*. Dieser Ansatz soll im folgenden skizziert werden.

»Gestische Standbilder«

Ein »gestisches Standbild« entsteht, indem die darstellende Person mit ihrem Körper eine Statue baut, die im bewegungslosen Verharren nur aufgrund der Körperhaltung, Mimik und Gestik zu den Zuschauenden »spricht«. Es kann einerseits eingesetzt werden, um entscheidende Textpassagen plastisch werden zu lassen; andererseits dient es der Selbsterfahrung der Ausdruckskraft des Körpers: Die Haltung, die Proportionen, die Eigenarten des Bewegens sind nicht nur für den Augenblick gültig, sondern für den betreffenden Menschen charakteristisch. Die Lebenserfahrungen im weitesten Sinne haben ihre Entsprechung im Körper gefunden; der Körper drückt sie – vielfach unbewußt – aus, wobei sich auch Widersprüchliches manifestieren kann.[1]

In der Arbeit mit »gestischen Standbildern« können die im Körper gespeicherten Erfahrungen aktiviert und den SchülerInnen zur Verfügung gestellt werden, so daß sie darstellungs- und allmählich auch spielmächtig werden. In diesem Prozeß verbinden sich Kopf und Bauch: Literatur wird erlebt und begriffen.

Ein Beispiel

In einer Klasse 6 an einem Gymnasium wurde eine Erzählung gelesen, die sich mit den Themen Großmäuligkeit und Einschüchterung, Anpassung und Angst, Widerstand und Mut, Gleichgültigkeit und Wegsehen beschäftigt: Ein großer, kräftiger Schüler gibt den Ton in der Klasse an und verhält sich aggressiv gegenüber einem ausländischen und einem unsportlichen, deutlich schwächeren Schüler; alle anderen SchülerInnen haben Angst vor diesem sich als »Chef« Aufspielenden. In einer Konfliktsituation verteidigt der ausländische Schüler den schwächeren Klassenkameraden und wird selbst daraufhin von allen anderen SchülerInnen vor den Attacken des Großmauls geschützt. In einer anderen Situation wagt ein weiterer Schüler nach inneren Kämpfen, mutig zu sein, wird jedoch dabei von seinen MitschülerInnen allein gelassen.[2]

Diese in der Erzählung gestaltete Situation ist den SchülerInnen, bei denen dieser Literaturunterricht gehalten worden ist, durchaus vertraut; sie kennen sie nicht aus der eigenen Klasse, aber aus anderen Zusammenhängen (Cliquen, andere Klassen).

Die Arbeit mit Standbildern

In einem ersten Durchgang werden die in der Erzählung gestalteten Konflikte und Konstellationen und die damit verbundenen Gefühlsqualitäten herausgearbeitet. Dann setzt zur vertiefenden Interpretation und zum Erleben des Energiepotentials, das in Aggression, Angst und Mut steckt, die Arbeit mit den Standbildern ein.

Vier bis fünf SchülerInnen versuchen, ihren Körperausdruck z. B. für Aggressivität oder Angst zu finden und im Standbild zu zeigen. Dabei ist es hilfreich, Neutralmasken zu benutzen, die den Gesichtsausdruck wegfiltern und

---

1 Felix Zulechner: Theater zwischen Selbsterfahrung, Therapie und Kunst, in: Ruping, B./Vaßen, F./Koch, G. (Hrsg.): *Widerwort und Widerspiel. Schriftenreihe der Bundesarbeitsgemeinschaft Spiel und Theater e.V.*, Band 1, Lingen/Hannover 1991, S. 308 ff.

2 Manfred Mai: Eine schöne Geschichte, in: *Mitmach-Geschichten*, Ravensburg 1985

so die Konzentration auf die Ausdrucksfähigkeit der anderen Körperteile ermöglichen. Im Schutz der Masken wird auch die Scheu überwunden, sich den MitschülerInnen zu präsentieren.

Für die SchülerInnen ist es eine Unterstützung, wenn sie das Standbild zunächst karikaturhaft übertrieben gestalten (dürfen). In der satirischen Darstellung können die Scheu und Abwehrhaltung einem bestimmten Gefühl gegenüber abgebaut, aber auch das Klischee oder die abgeschauten Bilder aus der Medienwelt bedient werden. Danach fällt der Versuch, ernsthaft die eigene Ausdrucksform von Aggression oder Angst zu finden, leichter.

Bei dieser Gestaltung kommt es nicht darauf an, wie in der Pantomime zu einem stilisierten Zeichen zu gelangen, sondern zu der Form, die für die jeweils gestaltende Person gültig und stimmig ist. Eine Hilfe dabei ist, Situationen erinnern zu lassen, in denen das Gefühl besonders präsent war. Ist das Standbild fertig, beschreiben die zuschauenden SchülerInnen das, was sie sehen: die darstellenden SchülerInnen werden mit der Fremdwahrnehmung konfrontiert. Erkennen die anderen z.B. bei der Darstellung von Agression in dem Standbild eine offensiv herauspolternde oder eher eine versteckte, zurückhaltende, sich nicht trauende Aggression oder eine Aggression kurz vor der Explosion?

Häufig sind die Beschreibungen so treffend, daß der/die Beschriebene verblüfft erkennt, daß der Körper genau das ausdrückt, was der Erfahrung mit dem dargestellten Gefühl entspricht, und daß andere dieses auch bemerken.

Die Erinnerung an entsprechende Situationen und der »fremde Blick« führen zu einer intensiveren Wahrnehmung des eigenen Körpers und der Wirkung seines Ausdrucks auf andere Menschen.

Sind die individuellen Ausdrucksweisen gefestigt und reproduzierbar, kann das Ensemblespiel im Standbild – ohne Neutralmasken – beginnen, und der Text kommt wieder zu Wort, er arrangiert sozusagen die einzelnen Standbilder zueinander. Die Textvorlage liefert die Grundkonstellation Aggressivität, Angst und den Versuch, mutig sich einzumischen. Durch einen kompakten Bezug zueinander baut sich die Spannung im gesamten »Skulpturenensemble« auf.

Die Einzeldarstellung gewinnt durch das gemeinsame Spiel an Intensität; das Bewußtsein, eine Botschaft zu senden, die Absicht, auf ZuschauerInnen wirken zu wollen, wird erhöht.

Daß die Darstellung sich jetzt von der Selbsterfahrungsdimension löst und sich einem Adressaten zuwendet, wird dadurch unterstützt, daß, während das Standbild sich präsentiert, die entsprechende Textpassage vorgelesen wird. Dabei erhalten die ZuschauerInnen und SpielerInnen die Möglichkeit, das Gehörte mit dem Gesehenen oder selbst Dargestellten zu verknüpfen. Die Skulptur interpretiert das Gelesene, das Gelesene interpretiert die Skulptur. Skulptur und Gelesenes entfalten unterschiedliche Sinndimensionen, durchdringen einander und ermöglichen einen vielfältigen Zugang, Aggression, Angst und Mut in einer Konfliktsituation zu begreifen.

Auswertung

Zwölfjährige Kinder sind sich ihres eigenen Körperausdrucks noch wenig bewußt, so daß es hier zunächst darauf ankommt, überhaupt Ausdrucksformen des Körpers kennenzulernen und wahrzunehmen, was ihnen selbst schon »auf den Leib geschrieben« ist.

Auffällig ist, wie stark in diesem Alter die Rollen bereits fixiert sind; es ist nicht beliebig, wer welchen Gefühlsausdruck darstellt. Körperstruktur und »Gehabe« geben häufig die Lieblingsrolle vor, wobei auch geschlechtsspezifische Unterschiede zum Tragen kommen: Die Jungen der Klasse waren eher bereit, die Aggressivität in ihren vielen Spielarten (Schläger, Angeber, Macho...) zu verkörpern, während die Mädchen eher das erschrockene, ängstliche Verhalten darstellen wollten.

Interessanterweise gab es große Schwierigkeiten, Jungen oder Mädchen zu finden, die bereit waren, eine Körperhaltung für Mut auszuprobieren. Die vereinzelten Versuche stellten automatisch das zentrale Thema der Erzählung, wie man Angst überwinden und Mut entwickeln kann, in den Mittelpunkt.

Die von der Erzählung ausgehende Arbeit mit den Standbildern führte wieder zum Inhalt des Textes zurück.

Die Bereitschaft, eine bestimmte, einem selbst naheliegende Rolle, z.B. die aggressive oder ängstliche, wahrzunehmen, ist ein Erfolg: Viel ist erreicht, wenn die SchülerInnen die Differenz zwischen abgeschautem Körperausdruck – vor allem wäre hier der Einfluß des Konsums von Filmen und Videos zu untersuchen – und eigener Form erkennen. Ein Erkunden weiterer Ausdrucksmöglichkeiten und damit Erweitern des Rollenspektrums kann nur behutsam erfolgen, um die SchülerInnen nicht zu überfordern.

Neben dem Spaß, den die Kinder bei dem Gestalten von Figuren haben, führt die Arbeit mit »gestischen Standbildern« dazu, Textpassagen vertiefend zu interpretieren, und das nicht nur auf der kognitiven Ebene, sondern auf der körperlichen, sinnlich erfahrbaren. Das Hineinschlüpfen in vom Text vorgestellte Personen und Situationen, wobei die eigenen Vorstellungen und Erfahrungen mit bestimmten Gefühlszuständen aktiviert werden, ermöglicht ein konkretes Erleben des Textes. Durch das Umsetzen dieses Erlebens in ein »gestisches Standbild« vermitteln sich körperlich verankerte Erfahrungen der SchülerInnen mit den Erfahrungsangeboten des Textes.

Die Betrachtung der ästhetischen Qualität von Literatur, d.h. eine Erzählung als sprachliches Kunstwerk zu begreifen, wird bewußt vernachlässigt; sie ist nicht das Ziel der Arbeit mit gestischen Standbildern.

Natürlich besteht auch die Gefahr, daß der Text nur als Stichwortgeber, Stimulans für die Selbsterfahrung dient.

Andererseits vermittelt diese Methode aber auch das Bewußtsein, daß Literatur nicht »trocken« ist, sondern gelebtes Leben spiegelt oder mögliches, denkbares Leben entwirft.

Darüberhinaus werden Erfahrungen mit dem Körper als zentralem Medium des Theaters gesammelt, ohne daß die SchülerInnen in ihren darstellerischen Fähigkeiten überfordert werden.

Theaterspielen in der Schule krankt ja häufig daran, daß versucht wird, Stadttheater zu imitieren, obwohl in der Regel die zu verkörpernden Rollen – meistens Erwachsenenrollen – von den SchülerInnen nicht ausgefüllt werden können, da die darstellerische Erfahrung und auch das Lebenswissen fehlen. Die Aufführungen präsentieren sich hölzern, unbeholfen in einer antrainierten, künstlich wirkenden Gestik, die Sprache dominiert in einer »leeren« Deklamation, und der Körper mit seiner Ausdruckskraft und Plastizität kommt kaum oder gar nicht zur Geltung. Weil die SchülerInnen den Text nicht physisch gefühlt haben, bemühen sie sich vergeblich, ihn glaubhaft zu sprechen. Die Reduktion der Darstellung auf Standbilder bringt in diesem Sinne ein Mehr an Ausdruckskraft.

Realisierung in der Schule

Diese Methode, mit Standbildern Literatur zu erschließen, ist auch unter den Zwängen der Institution Schule möglich, ohne daß große organisatorische Vorleistungen erbracht werden müssen. Die Arbeit bedarf z. B. keiner Bühne, sondern kann im Klassenraum geschehen, sie kann auch in dem zeitlich engen Rahmen einer Schulstunde realisiert werden. Dabei ist allerdings auf eine flexible Planung dieser 45 Minuten zu achten, damit verschiedene Variationen ausprobiert werden können. Gerade auch wegen des Selbsterfahrungsanteils ist eine genaue Beobachtung und behutsame, sensible Lenkung notwendig.

Mike Büttner
Eine Körper-Theater-Werkstatt mit Kindern

An dieser Werkstatt nahmen 6 Kinder teil (5 Mädchen, 1 Junge). Die meisten waren 7 Jahre alt, ein Mädchen erst 5. Zwei von ihnen hatten schon Theater gespielt. Alle wohnten in der näheren Umgebung der Kulturwerkstatt in Berlin, in der die Spiel-Werkstatt stattfand; sie kamen aus finanziell gesicherten Familien.

Meine Absichten, die aus pädagogischer und schauspiel-theoretischer Reflexion entstanden, waren:

- Die Theater-Werkstatt sollte eine Begegnungsstätte sein, wo die Defizite von Bewegung ausgeglichen werden (also: gegen die Alltagssituation).
- Innerhalb der Werkstatt sollten die Kinder Gelegenheit haben, ihrem Bewegungs- und Berührungsdrang nachzugehen – anders als in der Schule, wo die Körperlichkeit weitestgehend übergangen wird.
- Es sollte nicht um einzelne akrobatische Übungen gehen, die bis zur Schmerzgrenze wiederholt werden, und auch nicht um mechanisch-technische Leistungen, sondern um den Versuch, den Körper mit seinen Grenzen wahrzunehmen und diese auszudehnen.
- Das Theaterprojekt sollte nicht eine Vermittlung von Techniken und genormten Spielweisen sein. Techniken dienten bestenfalls als Mittel zur Förderung der Ausdrucksfähigkeit, als Handwerkszeug des durch Körper-Bewegungen sich ausdrückenden Menschen.
- Ich verstehe Theaterspielen nicht als sinnentleertes Nachahmen von Bewegungen und Stücken. Keine Reduzierung auf körperlich funktionelle Ebenen, sondern Theater als Arbeit mit dem Körper in Interaktion mit dem – sagen wir – Geist!
- Theater ist auch Bewußtmachung der Körperentfremdung. Durch Übungen sollte das »ausgeblendete« Körperteil ins Bewußtsein gerufen werden.
- Die Ausdrucksvielfalt und Ausdrucksfähigkeit des Körpers neu zu entdekken, war eine weitere Absicht der Theater-Werkstatt.
- Die Kreativität und Phantasie der Kinder sollte geweckt, bewußter und in Bewegung umgesetzt werden.

Theater als Freiraum

Theater bietet einen Freiraum, indem menschliche Potentiale erprobt werden können, die sonst häufig verborgen bleiben. Aussagen wie: »So hab ich dich ja noch nie erlebt« oder »Das hab ich dir ja gar nicht zugetraut« über eigentlich vertraute Menschen, die zum ersten Male gemeinsam Theater spielen, bestätigen die Möglichkeit, im Theaterspielen ungeahnte Potentiale für sich und bei anderen zu entdecken.

»Das Theaterspielen schafft eine eigene Wirklichkeit, die es möglich macht, die Routine des gesellschaftlichen So-Seins in Frage zu stellen und probeweise – im ›Freiraum des Spiels‹ – anderes wirklich werden zu lassen.

Das dabei zum Vorschein Kommende erfährt das Subjekt aber als ein Potential, das es selbst in sich trägt. Es spürt die Begrenzung des eigenen Lebensentwurfes und merkt aber, daß es Kräfte entfalten kann, dies zu verändern.« (Bernd, 1988, S. 152, vgl. auch Ernst Blochs »Ästhetik des Vor-Scheins«)

Der »sprechende« Körper im Theater

»Wo wir keine Worte finden, sind wir allerdings noch nicht ›sprach‹-los.« (Bernd, 1988, S. 30)

Das Gefühl, sprachlos zu sein, ist bekannt – und werden Begriffe für Stimmungen, Gefühle oder Phantasien gefunden, so sind sie oft unzureichend.

Körperliche Vergegenwärtigung kann da weiterhelfen, wo die Sprache Schwierigkeiten hat, Begriffe zu finden. Man kann durch Körper-Bewegungen Dinge präsentmachen, die kaum in Worten faßbar sind. (Vgl. Bernd, 1988, S. 31-32)

Für das Theaterspiel bedeutet dies, daß die Körper-Bewegungen zentrales Medium der Darstellungen sind: »Theater ohne Sprache ist denkbar; ohne die körperliche Präsenz, d.h. ohne die leibhaften Ausdrucksgesten hört die Veranstaltung auf, Theater zu sein.« (Bernd, 1988, S. 38)

Dies macht deutlich, daß sinnlich-körperliche Formen der Vergegenwärtigung durch verbale Sprache nicht ersetzt, höchstens ergänzt werden können. Es sei denn um den Preis der Nicht-Beachtung körperlicher Präsenz und damit der Unzulänglichkeit menschlicher Erlebnisfähigkeit, wie sie im Zivilisationsprozeß stattfand.

Der »andere« Körper im Theater

Eine Theaterarbeit, die ausdrücklich auf Körpererfahrung aus ist, sieht anders aus als eine Theaterarbeit, die diese Absichten nur untergeordnet verfolgt. Das »Andere« einer körperorientierten Theaterarbeit besteht darin, die im Theater schon enthaltenen Möglichkeiten auf den Körper zu konzentrieren und in den Übungen wirksam werden zu lassen.

Bei dieser Theaterarbeit werden die Subjekte selbst zum Gegenstand der Erfahrung.

Die Sensibilisierung der Wahrnehmung für das, was der Körper einem selbst mitteilt, kann durch »Körper-Theater« angeregt werden. Ziel dieser Bemühungen ist es, »body-expression« zu »self-expression« werden zu lassen.

Meine Aufgabe als Spielleiter

In der Theater-Werkstatt mußte mir deutlich werden, daß ich mit meinen Theater-Übungen angenehme, aber auch unangenehme Körpergefühle erzeuge. Dies zu berücksichtigen, war mir in meiner praktischen Theaterarbeit sehr wichtig. Jedes Kind sollte ja aus seiner individuellen Position einen persönlichen Fortschritt erzielen können.

Bei der Theaterarbeit war eine Überforderung zu vermeiden, da gerade das andere, nicht-alltägliche Verhalten Unsicherheit hervorrufen konnte. Als Anleiter konnte ich Anregungen und Empfehlungen geben. Die Kinder mußten jedoch selbst entscheiden, ob sie die Auseinandersetzung wollten. Daraus ergab sich eine Dosierung des Befremdlichen. Es war mir wichtig, mich darauf einzulassen, was von den Kindern entwickelt wurde. Meine theaterpädagogische Absicht nämlich, die Reaktivierung von »Erinnerungsspuren« und das Durchbrechen von körperfeindlichen gesellschaftlichen Normen, konnte nur verwirklicht werden, wenn ich die Phantasien und Ausdrucksformen nicht vorgab. Diese sollten in den Köpfen und Körpern der Kinder selbst gebildet werden.

Die Übungen sollten nicht mit dem Druck des »Gelingens« versehen und auf keine äußeren Ziele gerichtet sein. Solchen Druck verspüren die Kinder in vielen Bereichen ihrer Alltags-Kinderwelt.

Bei den Übungsausführungen gab es immer wieder Unterschiede und auch unterschiedliche Lösungen in Form von Darstellungsweisen. Meine Aufgabe sah ich im Verstärken dieser Resultate und als Motivateur für das Weitermachen und Experimentieren innerhalb der Körperübungen. Denn nur, was sie durch eigene, bewußte Handlungen erreichen, bringt Menschen wirklichen Gewinn.

Bei den inszenierten Übungen kam es auf ein spielerisches Suchen, Erfinden, Ausprobieren und Neu-Finden an.

Die Leistungsfähigkeit der Theater-Werkstatt

Das Theaterspiel half den Kindern, ihre Körperlichkeit zu finden, sich als körperliche Wesen zu akzeptieren. Das Theaterspiel lehrte den Kindern eine körperliche Sprache und unterstützte die Identitätsfindung. Der Versuch, die im Zivilisationsprozeß verlorengegangene körperliche Erlebnisfähigkeit wieder zu entdecken, war dabei von Wichtigkeit.

Den Kindern wurde zu einer differenzierten Wahrnehmung ihres Körpers verholfen. Sie wurden im Theaterspiel als *körperliche Identitäten* angesprochen und nicht als Individuen *mit* einem Körper, den es zu trainieren galt ähnlich wie im Sportunterricht der Schule. Ihr Körper wurde zu einem Ort von Kunst – ein Kunst-Körper.

Ein so verstandenes Theater ist prozeßorientiert.

Das pädagogische Moment des Theaterspielens liegt nicht im Theaterspielen selbst, sondern in der im Theater thematisierten Körperlichkeit der Kinder.

Die von mir an dieser Stelle aufgezeigten Ergebnisse meiner Theater-Werkstatt mit den Kindern fußen auf den von mir während vier Spiel-Monaten gemachten Beobachtungen, sowie auf theoretischem und praktischem Wissen über die Arbeit mit und am Körper. Dabei galt es immer wieder, durch genaue Beobachtungen das theoretische Wissen durch einen »aktuellen Blick« zu überprüfen.

Der »Alltags-Körper« steht auf dem Spiel

Ich machte mit den Kindern viele Ausdrucksübungen, die im Gegensatz zu ihrem Alltagsverhalten standen (siehe dazu meinen Beitrag: »Körperübungen für Kinder« in diesem Band).

Bei der Übersteig(er)ung von Körperbewegungen geht es darum, die engen Grenzen des alltäglichen Ausdrucksverhaltens zu erweitern. In den Übungen forderte ich die Kinder immer wieder auf, expressiv zu sein.

Durch die Aufforderung zur Übersteig(er)ung wollte ich das begrenzte Verhalten erweitern. Ich mußte feststellen, daß dies auch Ängste und Unsicherheiten hervorrief. Der »Alltags-Körper« stand auf dem Spiel.

Besonders anfänglich wurden die Übungen sehr zögerlich ausgeführt. Die Kinder scheuten sich, (eigentlich) lustvolle Bewegungen zu machen. Immer wieder blickten sie mich ungläubig und verunsichert an. Die Konsequenz daraus war, daß ich die Übungen langsamer aufbaute. Später dann wurden die Übungen lustvoller und ausgelassener durchgeführt.

Die Mißachtung der gesellschaftlich-zivilisatorisch begründeten Verhaltensregeln fiel den Kindern leichter, als ich es bei meiner Arbeit mit Erwachsenen erlebte. Mit zunehmender Dauer wurden die expressiven Ausdrucksübungen zum Ventil für die Kinder. Endlich durften sie ihren körperlichen Impulsen nachgehen.

Die Gesprächsrunden

Nach oder zwischen den Übungen machten wir Gesprächsrunden, um uns über Erfahrungen auszutauschen. Dabei wurde deutlich, daß es für die Kinder schwierig war, die Körpererfahrungen verbal auszudrücken. Sie machten vage Aussagen zu ihren Gefühlen und zu ihren Empfindungen. Sie konnten oft nicht genau sagen, was sie wahrgenommen hatten. Zum anderen wurde mir im Verlauf der Theater-Werkstatt deutlich, daß sie befürchteten, die Übungen nicht richtig und somit »falsche« Erfahrungen gemacht zu haben. Erst mit zunehmendem Vertraut-Sein und dem Erkennen, daß die Übungen keinen Wettkampf darstellen, wurden die Aussagen vielfältiger.

Es gab kein »Richtig« oder Falsch«, bestenfalls ein »Anders«.

Das Erleben wird zur Selbsterfahrung

Die Konzentration auf die intensiven Körperwahrnehmungen strengte die Kinder an, so daß die Übungen entsprechend dosiert werden mußten. Dabei machte ich es mir zur Regel, daß *eine* intensiv erlebte Übung mehr wert ist als drei nur halb erlebte Übungen.

Auch waren die Kinder bei bestimmten Körperaktionen verunsichert und fragten nach der Bedeutung dieser Erfahrung.

Auffallend war, daß sich das Spielverhalten der Kinder, auch untereinander veränderte: von anfänglich sportiven Ausführungen ging es in einen sensibleren Umgang mit den Übungen.

Das Nicht-Vorhandensein von Bewertung führte zu einer freien Umgangsweise mit den Übungen. Es wurde mehr experimentiert als am Anfang. Diese »Fahrt« bot ihnen die Möglichkeit, ansatzweise die körperdisziplinierenden Maßnahmen ihrer Umwelt hinter sich zu lassen und zu bewerten.

Das Erlebte wurde zur Erfahrung. Die anfänglichen Körper-Bewegungen wurden zu Erlebnissen in Bewegung.

Körper-Theater und Gruppe

Die Theaterarbeit innerhalb der Gruppe bietet die Möglichkeit, körperliche Äußerungen anderer wahrzunehmen und so die Chance zu bekommen, das auch zum Ausdruck zu bringen – gewissermaßen als Echo des Körperausdrucks eines anderen Gruppenmitglieds.

Michel Tournier beschreibt in seinem Roman *Robinson Crusoe*, daß Robinson nicht mehr lachen kann, weil er ein lächelndes Gesicht vor sich weder wahrnehmen, noch imaginär entstehen lassen kann. Das gegenseitige Vorleben der Körper-Übungen ist eine Chance für eigene, noch zu entdeckende und zu erfahrende Körperbewegungen. Daher war es wichtig, innerhalb der Theater-Werkstatt Situationen zu schaffen, in denen die Kinder diese einfühlsame Fähigkeit entwickeln konnten, sich in die Körper anderer Gruppenmitglieder geistig und emotional einzufinden, und eigene Handlungsweisen, eigene Interessen und Wünsche besser verstehen und akzeptieren zu können.

Es war möglich, soziale und persönliche Fähigkeiten wie Partnerschaft innerhalb der Gruppe, Kooperationsbereitschaft, soziale Selbstbefriedigung, Selbständigkeit, Selbstvertrauen, schöpferisches Agieren zu erlangen. Diese Verhaltensweisen lassen sich aber nicht erzwingen. Es war nötig, eine Atmosphäre zu erzeugen, in der jeder ohne Druck und Angst agieren konnte. Wichtig bei der Arbeit war mir der Kontakt der Kinder untereinander, denn dadurch wird es möglich, festzustellen, wie unterschiedlich wahrgenommen wird und wie unterschiedlich die Interpretationen der Ausdrucksformen ausfallen.

Auch der Erfahrungsaustausch zwischen den Übungen erschien mir wichtig, um ein Bewußtsein vom Handeln entstehen zu lassen und die gemachten Erfahrungen untereinander mitzuteilen.

Die Selbstdarstellung durch das Gestalten von Bewegungsabläufen, die körperliche Kontaktaufnahme und das Gefühl der Gruppenzugehörigkeit machte Spaß und wurde zu einem Teil der Selbstverwirklichung.

Die Gruppe wurde mit zunehmender Arbeit ausgeglichener und zufriedener, d. h. ich stellte im Verhalten untereinander gegenseitige Aufmerksamkeit und Rücksichtnahme fest. So warteten die Gruppenmitglieder etwa nach der Theaterarbeit aufeinander und gingen geschlossen zur Kita zurück, was am Anfang der Arbeit nicht der Fall gewesen war.

Die Aufführung

Die Vorbereitung auf das Stück

Vier Wochen vor Ablauf der Theater-Werkstatt machte ich den Kindern den Vorschlag, ein Stück aufzuführen. Das bis dahin in den Übungen und Improvisationen »gefundene Material« sollte in einer losen Rahmenhandlung verwendet werden.

Zu dieser Zeit (April) war es sehr stürmisch und regnerisch. Daher schlug ich den Kindern das Märchen »Der fliegende Robert« aus dem Struwwelpeter-Buch als Rahmenhandlung vor. Sie waren damit einverstanden.

Wir machten unter dem Thema »Regen und Wind« Übungen und Improvisationen. So sollten sie nicht nur ihr Verhalten bei Regen und Wind darstellen, sondern selbst zu Regen und Wind werden. Bei einer anderen Übung sollten sie sich vorstellen, wo sie selbst hingeweht werden wollten und beschreiben, was sie dort vorfinden würden.

Die verbale Sprache sollte größtenteils wegfallen. Der Körper sollte sprechen. Dazu machte ich, ähnlich der Pantomime, Übungen, z. B. einen Regenschirm darstellen.

Die Aufführung und der »Alltags-Körper«

Bei der Aufführung wurden die Kinder dann mit zwei Problemen konfrontiert. Das Ausdrucksverhalten auf der Bühne unterscheidet sich stark von dem Körper-Verhalten des Alltags. Die Bewegungen mußten deutlich und ausdrucksstark sein, das heißt, größer und expressiver als sonst. Die Kinder standen nicht nur im »Rampenlicht«, wo alles genau beobachtet wurde, sondern mußten auch vor den Eltern ihr Alltagsverhalten durchbrechen.

»Während das alltägliche Ausdrucksverhalten vom Zwang, Affekte, Triebregungen und Gefühle zurückzuhalten, geprägt ist, wird der Spieler auf der Bühne aufgefordert, die Zurückhaltung, das Ansichhalten – zumindest partiell – aufzugeben. Er muß sich in einer Weise präsentieren, die ihm sonst bei Strafe der Ablehnung durch die gesellschaftliche Umwelt verboten ist.« (Bernd, 1988, S. 140)

Die Kontrollmechanismen des körperlichen Verhaltens im Alltag wurden aufgedeckt und angegriffen. Damit stand der »Alltags-Körper« wieder auf dem Spiel.

Das Stück »Der fliegende Robert«

1. Szene

Die Bühne ist leer – Unwetter zieht auf. Musik wird langsam eingespielt, dabei bleibt der Vorhang noch zu. Dann öffnet er sich langsam, und erst bei vollständiger Öffnung des Vorhanges kommt langsam die Wolke hereingeweht (ein großes weißes Tuch, unter dem sich die Kinder befinden). Wenn die Wolke ein wenig herumgeweht ist, läßt sie sich in der Mitte der Bühne nieder. Jetzt wird die Musik langsam ausgeblendet.

Nacheinander kommt jedes Kind aus der Wolke hervorgekrochen und stellt sich vor. »Ich heiße..., ich bin Wettergeist, ...Jahre alt und gehe in die Klasse..., mein Lieblingsfach ist...« Hat sich jeder vorgestellt, taucht er wieder unter die Wolke. Nachdem alle verschwunden sind, setzt die Musik ein, und die Wolke weht langsam von der Bühne.

2. Szene

Robert liegt im Bett und schläft. Er liegt ruhig da und schnarcht laut. Die Musik (Windgeheul) wird lauter, und Robert wacht langsam davon auf. Er geht zum Fenster. Diese Bewegungen vollzieht er fast in Zeitlupe. Er schaut raus und betrachtet das Unwetter. Dann guckt er zum Publikum und zieht die Schultern hoch. Er setzt sich auf seinen Stuhl und macht einen sehr enttäuschten Eindruck.

Jetzt treten nacheinander die Wettergeister auf und umschweben ihn. Sie zeigen drohend nach draußen. Robert ist über das Erscheinen der Wettergeister verblüfft und folgt verwundert ihren Bewegungen.

Sie sagen drohend: »Nein, nein, Robert, geh nicht raus, es ist zu gefährlich draußen! Hörst du nicht den Wind und den Regen!?«

Diese Sätze wiederholen die Wettergeister mehrmals. Dann verschwinden sie nacheinander.

Robert bleibt nachdenklich zurück. Er schaut zum Fenster raus, und plötzlich zieht ein Strahlen über sein Gesicht. Er entschließt sich rauszugehen, und beginnt seine Sachen anzuziehen.

Als Robert gerade seinen Schirm aufspannen will, kommen nochmals die Wettergeister. Untermalt von sphärischer Syntheziser-Musik bewegen sie sich in Zeitlupe um Robert herum. Robert verändert seinen träumerischen Blick nach oben dabei nicht.

Als die Wettergeister wieder verschwunden sind, klopft er sich gegen den Kopf und beginnt über seine Zweifel zu lachen. Er verabschiedet sich mit einem Winken vom Publikum.

Vorhang zu!

3. Szene

Die Wettergeister sitzen hinter ihrem Regenschirm versteckt und kommen dann langsam hervorgekrochen.

Die Wettergeister nehmen die Schirme hinter sich und sind traurig.

»Jetzt ist der Robert weggeflogen. Wißt Ihr, wo der Robert hingeflogen ist? Wir wissen es auch nicht! Vielleicht erfahren wir es im Laufe des Stückes noch.«

Vorhang zu!

4. Szene

Das Windgeheul setzt wieder ein. In dieser Szene geht es um Roberts Kampf mit dem Unwetter. Robert macht langsame, übertriebene Bewegungen. Er begibt sich auf verschiedene Ebenen, dreht sich am Boden, geht in die Hocke, hält sich dabei immer am Regenschirm fest. Sein Körper-Ausdruck verdeutlicht die Anstrengungen und Ängste.

Der Wind hat inzwischen seinen Regenschirm weggeweht. Langsam kommt eine Wolke auf die Bühne geweht. Robert entdeckt die Wolke und bewegt sich auf sie zu. Schließlich erreicht er die rettende Wolke und legt sich darauf. Er ist erleichtert und zufrieden. Dann schließt er die Augen. Das Windgeheul wird ausgeblendet.

Vorhang zu!

5. Szene

Die Wettergeister sitzen traurig auf der Bühne und schauen zum Publikum.

»Ich möchte auch weggeweht werden!«

»Wohin möchtest du denn geweht werden?«

»Ich möchte nach ... geweht werden.«

Jeder erzählt, wo er gerne hingeweht werden möchte.

Darauf folgt ist eine Zeit des Schweigens.

Plötzlich kommt der begeistert aufgenommene Einfall:
»Warum lassen wir uns nicht einfach dorthin wehen?!«
Das Windgeheul setzt wieder ein, und alle werden von der Bühne geweht.
Alle sind froh und verabschieden sich.
Vorhang zu!

Die Körperlichkeit im Märchen

Im folgenden lehne ich mich an die Argumentation von Lutz (1990) an: Märchen schildern immer Wandlungsprozesse, in denen der Held (»Fliegender Robert«) körperliche, schmerzliche und bedrohliche Ängste ertragen muß (vgl. 4. Szene).

Es werden magische Hilfsmittel (Fliegen-Können) eingesetzt, die den Prozeß symbolisch unterstützen, den Prozeß der körperlichen und seelischen Wandlung. Zentrale Bedeutung im Wandlungsprozeß besitzt auch der Ort des Geschehens (Himmel). Durch das Fremd-Sein an diesem Ort wird der Held zur Wahrnehmung der eigenen Person herausgefordert.

Der »Fliegende Robert« muß sich hierbei in seiner Körperlichkeit begreifen.

Immer wieder ist in dem Prozeß des Erlebens und Erleidens der Körperlichkeit das Thema Schuld mit verarbeitet. Warum hat Robert nicht auf die Wettergeister gehört? Durch das Nicht-Hören wurde die Erkenntnis möglich, sich in seiner Körperlichkeit wahrnehmen zu können, sich als Triebwesen zu begreifen und die Disziplinierung des Körpers zu unterbrechen.

Auch die Berührung mit Wasser (Regen) ist wesentlich im Märchen, steht es doch als Ausdruck für das Finden einer neuen Identität.

Auch dieses Märchen zeigt, daß Persönlichkeitsveränderungen erst durch körperliches Agieren in Gang gesetzt werden und durch körperlich-schmerzliches Erleiden psychische Reifungsprozesse ermöglicht werden. Die Wandlung des »Fliegenden Robert« ist von ausgeprägten Körpererlebnissen bzw. Körpergefühlen begleitet. Diese Empfindungen werden in der Aufführung bildlich dargestellt.

Der »Fliegende Robert« muß die Naturgewalten Wind und Regen schmerzlich erleiden. Daraus entstehen intensive Körpergefühle und Empfindungen, die von Veränderungen und Neuorientierung begleitet sind. Die Naturgewalten steigern sich bis zur höchsten Gefahr, bevor die rettende Wolke kommt.

Das Märchen war insgesamt für die Thematisierung der Körperlichkeit geeignet und als Aufführung ein gelungener Abschluß der Theater-Werkstatt.

IV. KörperTheaterÜbungen

Im Wort »Übungen« steckt eine Handlungsanweisung, nämlich die der Wiederholung. Üben ist ein revolvierender Prozeß: Immer wieder muß man es tun, immer aufs neue und dabei doch der Routine entgegenwirken. Auch wenn man noch so sehr die Ganzheit liebt, man wird nicht sie – als Ganzes – üben können, sondern immer nur Teile, Ausschnitte, Sektoren.

KörperÜbungen werden im folgenden vorgestellt. Sie sollen eine Liste von Anregungen sein – mehr nicht. Der praktische Umgang damit in Theater und Pädagogik im Wechselspiel von Körper, Theater und Erfahrung macht sie erst sinnvoll. Es geht um Vorübungen, um die Kräfte sich entfalten zu lassen in körperlicher, emotional-intuitiver und intellektueller Hinsicht. Ein Profil soll facettenreicher werden, denn unser Ausdruck ist das, was beim anderen Subjekt Eindruck hinterläßt – ein durchaus körperlicher und sozialer Vorgang.

Die (von *Mike Büttner, Christian Hoffmann* und *Romana Maria Trautmann*) angebotenen Übungen in Hinblick auf die Körperlichkeit von Theater-Spielenden sind in der Theaterpädagogik erprobt und zum Teil auch aus anderen Zusammenhängen wie Therapie, Training im Sport oder Kommunikationsübungen bekannt. Vor jeder neuen Anwendung sollten sie unter den Bedingungen neuer Kontexte durch diejenigen, die damit theaterpädagogisch arbeiten wollen, neu zugespitzt und dem neuen Kontext entsprechend modifiziert werden, zum Beispiel in bezug auf den Zweck des Gesamtvorhabens, die Dynamik der Gruppe, die Kombination mit anderen Übungen oder auf die Zeitmaße. Diese Übungen sind die praktische Umsetzung, die in einzelne Schritte zerlegten Teile der im Kapitel »KörperTheaterAusbildung« beschriebenen Aufgabenstellungen.

Zum Schluß noch eine Idee, die über den spielvorbereitenden Charakter von Übungen hinausgeht: Die Übungen können wie kleine Etüden oder Szenen vor Publikum gezeigt werden.

Romana Maria Trautmann
Ein Theater ohne Körper ist kein Theater! (Antonin Artaud)

Amateure oder Profis, alle bedienen sich der eigenen und der erworbenen Ausdrucksfähigkeiten des Körpers und der Stimme. Der Schauspieler oder der Spielpädagoge wird nicht ohne ein Körper- und Stimmtraining auskommen. Wenn wir etwas auf der Bühne bewegen wollen, müssen wir uns selbst bewegen.

Hier folgen einzelne, ausgewählte Übungen, die sich gut für die körpertheaterpädagogische Gruppenarbeit eignen.

Yin-Yang-Massage

Yin und Yang sind Prinzipien aus der chinesischen Naturphilosophie. Das passive Yin und das aktive Yang sind, trotz der Gegensätzlichkeit, nicht zu trennen. In der Polarität von Anregen und Beruhigen liegt der gemeinsame Ursprung für die Ruhe- und Bewegungszustände.

Die Selbstmassage hat als Grundlage das Ausstreichen der Körpermeridiane. Die Massage dient zum Aufwachen, Anregen, Erwärmen, Konzentrieren von Körper und Geist. Deshalb eignet sich diese Übung sehr gut für den Beginn einer Übungseinheit. Die TeilnehmerInnen können sich finden und haben genügend Zeit, das zuvor Erlebte »abzuschütteln«.

Durchführung

Alle Personen stehen im Kreis, einander zugewandt.

Die Selbstmassage beginnt mit dem Zentrum und endet auch hier.

Die Hände liegen auf dem Bauch.

Die nun nacheinander genannten Körperzonen werden mindestens 3 x ausgestrichen oder abgeklopft.

Bauch, Bein rechts, links, unterer Rücken, Gesäß, unterer Bauch, oberer Bauch, Brust, Hände, Finger, Arme rechts, links, Schultern rechts, links, Hals, Nacken, Kopf, Ohren, Gesicht, Stirn, Augenbrauen, Augen, Wangen, Nase, Mund, Mundinnenraum mit der Zunge ausbeulen, Speichel sammelt sich, diesen langsam schlückchenweise herunterschlucken, Hände liegen wieder auf dem Bauch (Ende).

Yin-Yang-Massage kann sehr ausführlich und meditativ, aber auch sehr zügig ausgeführt werden.

Übungen zur Atmung

Das Atmen geschieht – eigentlich – ganz von selbst. Meistens achten wir nicht auf unsere Atmung. Ohne das Ein- und Ausatmen wären wir nicht lebensfähig. Bei den Atemübungen werden wir uns dieser kleinen Bewegung des Ausdehnens und Zusammenziehens bewußt

Durchführung

Die Teilnehmer stehen im Kreis.

Jede Person stellt die Füße hüftbreit auseinander, die Knie sind locker, nicht durchgedrückt. Der Körper steht aufrecht, Mund und Kiefer sind gelokkert, der Blick ist sanft geradeaus gerichtet.

Wir atmen bewußt ein und aus,
zunächst nur durch die Nase,
dann nur durch den Mund,
danach im Wechsel: durch Mund ein, Nase aus,
dann durch die Nase ein, Mund aus.

Das Atemtempo kann gesteigert oder gemindert werden.

Dennoch sollte jede Person einen eigenen, genußvollen Rhythmus finden. Wichtig ist es, nicht zu provozieren.

Diese Übungen dienen nur der Atembewußtmachung und der Atemwahrnehmung.

Das Tönen im Kreis

Benutzen wir unsere eigene Stimme beim Tönen, so ent- bzw. veräußern wir etwas von unserem Inneren. Das sollte langsam und behutsam stattfinden, damit sich alle TeilnehmerInnen trauen und sich wohlfühlen. Wenn sich eine Gruppe »eingetönt« hat, so hat es eine wunderbar harmonisierende Wirkung auf die Gruppendynamik. Das Tönen sollte freiwillig und sanft stattfinden. Es hilft tatsächlich, sich beispielsweise den Ton A innerlich vorzustellen. Unterstützend gehen die Arme und Hände mit vor den Brustraum und verdeutlichen den zu besingenden Raum.

Durchführung

Die Gruppe tönt verschiedene Vokale: A, E, O, U, I.

Die Spielleitung gibt den Ton vor und singt diesen lange und trägt insbesondere zu Beginn einer solchen Übung den Vokalraum.

Jede Person findet einen eigenen Atemrhythmus. Niemand sollte sich gehetzt fühlen. Das Tönen eines Vokals geschieht mehrfach nacheinander in unterschiedlichen Höhen- und Tieflagen. Das »bunte« Tönen der Gesamtgruppe ergibt ein wunderschönes »Orchester«. Stillere TeilnehmerInnen gewinnen Vertrauen und können aus sich herauskommen. Die Gesamtgruppe erschafft einen gemeinsamen, ausgefüllten Vokalraum. Nach einer erprobten Phase des Vokals A geht die Spielleitung zu einem anderen Vokal über. Später werden verschiedene Konsonanten gesungen. Das Ende des Tönens bestimmt entweder die Spielleitung oder die Gruppe selbst.

Sind die TeilnehmerInnen durch die Atemübungen ganzkörperlich durchlässiger, drängt sich die Bewegung des Körpers geradezu auf. Das Unbewußte, Spontane, Neue kann in die Bewegung mit einfließen. Es wird durch die veräußerte Bewegung bewußtseinsfähig. In den folgenden Übungen kommt es darauf an, daß die TeilnehmerInnen immer selbst entscheiden, wie weit sie gehen wollen. Die Verantwortung bleibt bei den DarstellerInnen.

Das Tönen läßt viele Möglichkeiten zu. Es kann im Kreis getönt oder frei im Raum getönt werden. Eine Person geht in die Kreismitte hinein, läßt sich besingen und bewegt sich frei dazu. Die Gruppe selbst kann sich verwandeln in Blätter, Tropfen, Eisblumen, Sand, Reis usw. und bewegt sich zum eigenen Tönen.

Um das Tönen spannend zu gestalten, gibt es viele Möglichkeiten, »Ratespiele« daraus zu machen.

Beispiele

Die Gruppe verteilt sich »bunt« im Raum. Jede Person tönt irgendetwas: laut, leise, schräg, schief, melodisch usw.

Eine »blinde« Person tastet sich durch diesen Geräusch-Ton-Dschungel und sucht z. B. Gegensatzpaare zusammen. So nimmt sich die »blinde« Person eine sehr disharmonisch tönende und führt sie »blind« zu einer harmonisch tönenden Person.

Oder – die »blinde« Person stellt die tönenden Personen wie in der Geräuschkulisse einer Fabrik zusammen. Vielleicht beginnt der erste Arbeitsprozeß leise und schief und endet laut und eintönig. Es ist der Phantasie der jeweils »blinden« Person keine Grenze gesetzt. Die Spielleitung sollte allerdings einige Ideen in den Ton-Dschungel hineingeben.

Bei all diesen Übungen steht immer noch der Atem im Mittelpunkt. Wir können mit Aufmerksamkeit für den Atem unsere aktive und passive Energie wahrnehmen. In diesen Übungen wird die Bewegung vom Atem geführt. Wir erfahren uns intensiver und lernen Emotionen genauer kennen, die im Ausdruck und in der Bewegung verborgen sind.

Fratzenziehen

Das Fratzenziehen eignet sich sehr zur Auflockerung und macht jedem Spieler große Freude. Vor der Gruppe zeigt jeder Mutige eine Fratze in Verbindung mit einer bestimmten Körperhaltung. Eine kleine Bühnensituation wird hergestellt. Zwei Stühle werden Rücken an Rücken auf die Bühne gestellt. Ein Stuhl zeigt dem Publikum die Vorderseite und der andere die Rückseite.

Durchführung

Ein Spieler beginnt, setzt sich auf den Stuhl, der mit der Rückwand zum Publikum steht. Dort arbeitet er einsam, nicht öffentlich. Er zieht eine Fratze und entscheidet sich für eine dazu passende Körperhaltung. Er steht auf und setzt sich auf den Stuhl, dem Publikum zugewandt. Alle sehen nun seine Fratze und seine Haltung.

Ein zweiter Spieler geht zum ersten und nimmt die Fratze und Haltung des ersten ein. Der erste Spieler löst sich aus der Haltung und geht von der Bühne. Der zweite Spieler löst die fremde Fratze und Haltung und geht auf den rückwärtigen Stuhl und zieht nun seine Fratze und formt seine Haltung. Ist dies geschehen, wechselt er wieder auf den vorderen Stuhl. Ein dritter Spieler kommt usw.

Ich nenne diesen Wechsel Ablösespiel.

Diese Übung macht ausgesprochen viel Spaß. Mit verschiedensten Altersgruppen habe ich auf diese Weise viel Spielfreude erreicht.

Im Öffentlichmachen der Fratze und der Haltung bricht spontan Gelächter los. Um die eigene Fratze zu probieren, zu etablieren und halten zu können, ist es eine Hilfe, zuerst nicht öffentlich auf dem dem Publikum abgewandten Stuhl zu arbeiten. Die Darsteller entscheiden selbst, wann sie sich präsentieren wollen.

Ganzkörperliche gymnastische Lockerungsübungen

Alle Übungen sind nur ein kleiner Teil eines noch größeren Repertoires. Es lassen sich unendlich viele Übungen daran anschließen, neuentdecken und weiterentwickeln.

Die Sozialform

Die gesamte Gruppe kann im Kreis oder frei im Raum stehen. Die Spielleitung sollte vorher entscheiden, was erreicht werden will. Eine Gruppe, die sich erst kennenlernt, genießt es neben dem Sich-gegenseitig-im-Kreis-Anschauen, wenn alle simultan arbeiten können. Die nun aufgezeigten Übungen lassen beides zu.

»Pinsel«

Einzelne Körperteile werden isoliert angesprochen. Die TeilnehmerInnen sollten genügend Zeit haben, sich in ihren Körper einzufühlen. Es kann mit verschiedenen Spannungszuständen der Muskeln gearbeitet werden (hart, weich). Die TeilnehmerInnen bewegen nach Anleitung einzeln den Ellenbogen, das Knie, den Bauch, die Schultern usw. Sie gehen der Vorstellung nach, daß das einzeln geführte Körperteil ein »Pinsel« ist und eine Wand, Tür, Decken, den Boden bearbeitet. Unterstützend spiele ich gerne Musik dazu. Musikvorschläge: Cheb Khaled »The Rai King of Algeria«, Hada ray kaum, oder: Rita Mitsouko »This is not a complication«, Hip Kit.

Gehen im Raum

Die Gruppe probiert das Gehen auf Spitze, Hacke, Seiten der Füße. Alle laufen recht dynamisch durch den Raum. Das Gehen soll variiert werden – große/kleine Schritte, schnell/langsam.

Der gesamte Körper wird mehr und mehr mit einbezogen. Die TeilnehmerInnen gehen schlapp, angespannt, schlendern usw.

Das Gehen bekommt immer wieder ein neues Ziel. Vielleicht ist es die Ecke, der Schreibtisch, die Lampe, das Gitter im Spielraum, was nun direkt angestrebt wird. Kurz vor dem Erreichen des Ziels wird die Richtung gewechselt und ein neues Ziel im Raum ausgesucht.

Der Gruppe wird die Aufgabe gegeben, aufeinander zu achten und selbst Impulse zu erspüren, z. B. wenn jemand stoppt, daß alle stoppen oder wenn jemand rennt, daß alle rennen usw.

Konzentration auf die Füße, den Boden

Alle haben die Aufgabe, die Füße beim Gehen nicht abzurollen, sondern zu schieben. Es gibt für die einzelnen Wegstrecken ausgesuchte Ziele, z. B. die Tür, den Vorhang usw. Der Körper ist ganz aufrecht; das Ein- und Ausatmen beobachten. Bitte der Vorstellung nachgehen, daß sich die Füße vom Boden her »elektrisch aufladen« können.

Eine Phantasiereise

Die Gruppe läuft frei im Raum umher. Alle TeilnehmerInnen werden über eine Phantasiegeschichte in eine Vorstellungswelt geführt, die über die Füße zu erspüren ist. Die Spielleitung schildert unterschiedliche Härtezustände des Bodens, z. B. das nasse Gras, die spitzen Steine. Es empfiehlt sich, mit dem Zustand des vorhandenen Bodens zu beginnen.

»Lücken-Füllen«

Eine Person stellt sich in die Mitte der Spielfläche. Eine weitere Person »füllt« die Hohlräume der ersten, z. B. werden zwischen Armen und Hüfte die eigenen Arme und Beine hineingestreckt. Alle TeilnehmerInnen »füllen«

somit die »Lücken« der anderen. Die Gruppe formt sich wie zu einer großen Skulptur. Ist nun der letzte Spieler in diesem Gebilde, werden wieder bewußt »Lücken« geschaffen: Die Spielleitung tippt eine Person an, z. B. die in der Mitte des Gebildes, und diese löst sich nun ganz langsam und behutsam aus der Skulptur heraus. Anschließend tippt diese »befreite« Person eine neue an und stellt sich selbst wieder an dieses Gebilde und schließt eine »Lücke«. So geht das »Lücken-Füllen« und das »Lücken-Schaffen« weiter. Nach längerer Zeit läßt die Spielleitung niemanden mehr eine »Lücke füllen«, die Skulptur beginnt sich auflösen.

Musikvorschlag: Jan Gabarek »Legend of the seven dreams«, He comes from the north (ist sehr fröhlich) (13.34), oder Tongue of secrets (ist sehr geheimnisvoll) (8:07).

Sprechen

Zuerst einige *Lockerungsübungen:*

Bü-Bi – Lockerung des Mundes

Um das Sprechen vorzubereiten, empfiehlt es sich, übertrieben und mit großem gymnastischen Anteil alle Gesichtsmuskeln zu bedienen. Mut zur Häßlichkeit oder zur Clowneske sind gefragt.

Alle TeilnehmerInnen sprechen Bü-Bi mehrfach nacheinander. Andere Lockerungsübungen können mit Zü-Si oder Mo-Na usw. gemacht werden.

»Über den Fluß rufen«

Alle TeilnehmerInnen stellen sich paarweise in den Raum. Aus der Ferne sollen sich nun die Paare unterhalten. Da wird gerufen und mit vielen Zeichen versucht, sich verständlich zu machen. Da alle SpielerInnen simultan arbeiten, wird es sehr laut im Raum. Das unterstützt auch stillere Personen, aus sich herauszukommen. Eine Hilfestellung wäre, Non-Sense-Sprache zu benutzen.

Nach einer Weile treten alle Paare Schritt für Schritt aufeinander zu. Die Lautstärke soll gehalten werden. Dann gehen sie wieder auseinander. Die Lautstärke soll bis zum Flüstern verringert werden. Eine Hilfe durch den Spielleiter für den Beginn wäre z. B.: »Was ich dir schon immer sagen wollte ...« Dem Redefluß sind keine Grenzen gesetzt.

»Tausend-und-eine-Geschichte«

Alle TeilnehmerInnen suchen sich eine/n PartnerIn. Beide beginnen, sich unendlich lange Geschichten zu erzählen. A beginnt, B führt diese Geschichte weiter, A setzt fort usw. Das Ablösen kann z. B. bei den Worten »und dann«, »aber so«, »obwohl wir dies«, »und außerdem« geschehen. Beide TeilnehmerInnen wissen vorher nicht, wohin diese Geschichte sie führen wird. Das macht dieses Spiel so frei, lustig und phantasievoll.

»Für Dich«

Im Kreis wird eine Geschichte entwickelt, für die jede/r TeilnehmerIn sich in Richtung etwa auf den/die rechte/n PartnerIn eine Situation ausdenkt und mit den Worten »und das... (z. B. Ruth) ist alles für dich« schließt.

Beim ersten Durchlauf sollte es etwas sehr Schönes sein, beim zweiten etwas Unangenehmes. Die Spielleitung kann auch einen Ort, z. B. in einem Haus, im Flugzeug, in der Wüste, auf dem Schiff vorgeben.

»Sich-Erinnern«

Alle Personen im Kreis schließen die Augen. Nun bittet die Spielleitung, daß sich alle an den/die rechte PartnerIn erinnern. Wie sieht er/sie aus, welche Kleidung hat er/sie an? Alle halten bis zum Schluß die Augen geschlossen. Das ist sehr wichtig, denn sonst macht das Spiel keinen Spaß und verliert seinen Spiel-Sinn. Reihum werden alle Personen beschrieben. Manchmal fällt es sogar schwer, sich daran zu erinnern, wer neben einem sitzt. Es sollten keine Hilfestellungen gegeben werden. Die Spielleitung muß das Mogeln unterbinden.

Immer wieder habe ich festgestellt, daß viele Personen mogeln, um möglichst sicher und richtig den/die PartnerIn zu beschreiben. Aber das Spiel lebt aus der Unsicherheit heraus, und das ergibt den Witz. Denn zum Schluß öffnen alle die Augen und können sich nun wirklich ansehen. Meistens löst das einen großen Redefluß und Austausch aus. Das Überprüfen der Richtigkeit der Beschreibung veranlaßt tatsächlich, den/die NachbarIn genauer anzusehen.

»Fiktive Gegenstände weitergeben – Bitte – Danke«

Alle sitzen im Kreis. Eine Person beginnt, einen fiktiven Gegenstand, z. B. einen Stab, mit den Händen zu formen, zu beschreiben und gibt diesen weiter an z. B. den/die linken NachbarIn und sagt: »Bitte«. Der/die NachbarIn antwortet »Danke« und nimmt zuerst den (fiktiven) Stab an. Dann kann sie/er den »Stab« verformen und zeigt einen neukreierten Gegenstand, z. B. ein Handtuch. Dieses »Handtuch« gibt sie/er wieder weiter.

Das Prinzip »Führen – Folgen«

Es bilden sich Paare:

A führt B durch den Raum (»blind«)
A benutzt B wie eine Marionette
A pustet B an, B folgt dem Impuls mit einer Bewegung
A führt B mit Lauten wie »Tuk«, »Puke« usw. durch den Raum
A bewegt sich, B spiegelt A (eine Spiegelpantomime)

Alle Übungen sollen nicht zu schnell erfolgen. Das gegenseitige Aufeinander-Einlassen ist entscheidend. Wichtig sind auch Wechsel innerhalb von A und B und auch innerhalb der Gruppe.

Musik kann sehr unterstützend sein.

Musikvorschlag: Chick Corea, »The Leprechaun« (Lenore (3:26), Nite Sprite (4:33) (beide sind sehr dynamisch) oder Leprechaun's Dream (13:3) (schön für die Spiegelpantomime).

Alle »Führen-Folgen«-Vorschläge sind abwandelbar und mit unterschiedlichen Tempi zu gestalten. Eine Gruppe lernt sich dadurch sehr schnell kennen und gewinnt Vertrauen zueinander. Wichtig ist auch, wie bei allen anderen Übungen, daß die Raum-Atmosphäre angenehm freundlich und warm ist.

»Bilder-Bauen«

1. Paare einigen sich, wer beginnt. A ist »blind«, B stellt sich irgendwie neben A, A tastet B ab und versucht, sich wie B hinzustellen, danach kann A die Augen öffnen und vergleichen. Dann folgt der Wechsel.
2. Alle TeilnehmerInnen werden in drei Gruppen eingeteilt: Gruppe A formt aus der Gruppe B eine Skulptur, Gruppe C fühlt »blind«, wie Gruppe B steht und bringt sich blind in diese Skulptur ein. Dabei entsteht sehr viel Austausch in der Gruppe C.
3. Themen werden in Bildern gebaut: z. B. Ordnung/Unordnung, Recht/Unrecht, Ruhe/Krach. Die Gesamtgruppe wird in Kleingruppen bis zu sechs Personen unterteilt. Die Kleingruppen wählen sich ein Thema und bearbeiten diese Gegensätze darin und bauen sie als Bilder inhaltlich, körperlich. Nacheinander zeigen sich die Gruppen ihre Bilder.
4. Bilder werden aneinander gebaut, z. B. die verschiedenen Stadien des Lebens. Die Gesamtgruppe entscheidet sich für einzelne Bildsequenzen. Nacheinander werden die Abschnitte von der Geburt bis zum Tod gezeigt, sozusagen ein lebendiges Fotoalbum.
5. Bilder dramatisieren, z. B. das Thema: Gewalt/Unterdrückung.
   Die Gruppe baut dieses Bild in verschiedenen Situationen, z. B. Gewalt am Arbeitsplatz, Gewalt in Bosnien, Gewalt in der Familie. Die eingefrorenen Bilder werden mit einzelnen Sätzen dramatisiert. Jede/r TeilnehmerIn sagt einen ausdrucksstarken Satz zu der Position, in der sie/er steht/liegt/hockt. Diese Satzfolge wird mehrfach wiederholt. In der Lautstärke und im Ton können sich die DarstellerInnen dabei steigern.
6. Bilder zur unterschiedlichen Zeit, z. B. Thema: die Reise nach Australien. Die Gruppe baut sich in zehn Schritten zu diesem Thema auf. Die Schritte können »Jahre« oder nur »Minuten« auseinanderliegen. Die einzelnen Bilder werden »eingefroren« und dann erst aufgelöst und wieder neu geformt. Diese Bilderraster werden mehrfach wiederholt.

7. Starre Bilder werden kurz lebendig
   Die Gesamtgruppe wird in zwei Kleingruppen geteilt. Gruppe A baut ein Bild, zeigt es B. Gruppe B geht in das Bild hinein und läßt es in einer kurzen Spiel-Improvisation lebendig werden. Das Bild der Gruppe A sollte am Ende wieder »eingefroren« stehen.
   Den Wechsel nicht vergessen!
8. Bilder erraten
   Es gibt mehrere Kleingruppen. Alle Gruppen arbeiten Schaufensterdekorationen aus, z. B. für ein Papierwarengeschäft, Wurstwaren, Bekleidung. Die Gruppen zeigen sich ihre Darstellungen und erraten gegenseitig, um welche Schaufensterdekoration es sich handelt.
9. Bilder bauen als einfache Form des Rollenspiels
   Aus der Gesamtgruppe geht eine Person auf die Spielfläche und beginnt mit: »Ich bin...«, z. B.: »Ich bin ein Baum; ich bin eine Katze; ich bin das weite Meer.« Dazu stellen sich nacheinander alle anderen und gestalten das Bild.

9.1 Die Spielleitung gibt vor, daß eine kleine Maus auf der Spielfläche ist. Mit der Frage: »Welche Gegenstände umgibt diese Maus?« beginnen alle anderen TeilnehmerInnen, sich dazu zu stellen. Der Ort wird festgelegt, die Stimmung kann vielleicht abgelesen werden usw.

9.2 Die Spielleitung gibt vor, daß ein Kind auf der Bühne ist.
»Welche Personen können dem Kind zugeordnet werden?«
»Welche Ereignisse liegen zwischen den Personen?«
»Was verbindet diese Personen?«
»Wie lange werden diese Personen miteinander sein?«
Diese Bilder allein mit dem Körper auszudrücken, sensibilisiert alle SpielerInnen. Gefragt ist spontanes Aufeinandereingehen und Prozesse beobachten zu lernen.

Christian Hoffmann
Einige Spiel-Ideen für das Gelingen von Improvisation und »Theatersport« (nach Keith Johnstone)

Der Erfinder des »Theatersports« ist der Schauspiellehrer Keith Johnstone. Geprägt durch eigene negative Sozialisationserfahrungen betont er in seinem Buch *Improvisation und Theater*[1] insbesondere die Ermöglichung der uneingeschränkten Entwicklung und Förderung der Kreativität. Seine Pädagogik und sein methodisches Vorgehen innerhalb des von ihm entwickelten »Theatersports« zeugen davon.

»Theatersport« ist nicht nur ein »joke« – er ist auch eine spielerisch angewandte soziologische Theorie von Status, Rolle und/oder Habitus (wer mit wem was wie macht/machen darf). Hinzu kommt eine andere soziale Größe: der Wettbewerb.

Wer schon einmal eine »Theatersport«-Spielshow erlebt hat, wird sich an den Scheinwettkampf zweier Gruppen erinnern: Das Publikum gibt Impulse, die Spielenden setzen sie um.

Wer daran interessiert ist, *wie* das methodische Herangehen aussehen soll, bekommt von Johnstone einige Anregungen. Allerdings geht er nicht so weit, sein methodisches Vorgehen ausführlich zu schildern.

Wie sieht eine (schau-)spielerische Stunde aus, die darauf abzielt, zuzulassen und zu fördern und nicht zu hemmen? Wie kann schöpferisches Handeln und gleichzeitige Akzeptanz der MitspielerInnen ausgebaut werden? Die folgenden methodischen Anmerkungen können (hoffentlich) bei Bedarf eine Orientierung bieten.

Am Beginn einer Werkstatt sollte eine ausgedehnte Aufwärmphase stehen, die darauf abzielt, Körper und Geist zu wecken. Konzentration und körperliche Präsenz sind Improvisationsgrundlagen. Ich nenne später einige Übungen hierfür.

Das Spektrum des später folgenden Spiels ist von der körperlichen und geistigen Kapazität der Spielenden abhängig. Die Aufgabe der Spielleitung besteht unter anderem darin, der Gruppe ein möglichst großes Spielspektrum zu eröffnen.

---

1 Keith Johnstone: *Improvisation und Theater*. Berlin 1993

Eine der einfachsten Spielformen ist die Scharade. Sie funktioniert ähnlich wie »Theatersport«. Bei Kinderfesten oder bei mancher Party kann sie zum »Renner« werden. Was es darzustellen gilt, steht auf einem Zettel, der wie ein Los gezogen wird. Oder eine Vorgabe wird ins Ohr geflüstert. Die Palette der Darstellungen reicht hierbei vom Nachahmen eines Tiers (Bildvorlage für kleine Kinder) über Berufe, Tätigkeiten und Gegenstände bis zu Gefühls- oder Stimmungsdarstellungen.

Umfangreicher sind die Vorgaben im »Theatersport«, wenn beispielsweise drei SpielerInnen Spielort, -zeit und den Titel der zu spielenden Szene vorgegeben bekommen und nach einer Vorbereitungszeit von wenigen Sekunden mit dem Spiel beginnen sollen – eine Aufgabe, die versierte Profis oder gut und kreativ trainierte SpielerInnen (siehe meine Spielangebote weiter unten) verlangt.

Der Körper ist das unmittelbare Ausdrucksmittel der Spielenden. Der Körper ist das »dialogische Mittel« der Bühnensprache[2]. Die Spielenden haben die Möglichkeit, sich verbal oder nonverbal auszudrücken. Der Dialog kann zwischen den Spielenden geschehen, aber auch zwischen den Spielenden und dem Publikum.

Bei der Improvisation, die zu Spielvorgaben des Publikums geschieht, gibt es verschiedene Wege, auf denen das Publikum in den Dialog mit den Spielenden treten kann: Entweder gibt es direkt Impulse an die SpielerInnen durch Zurufen oder die Spielleitung nimmt sie auf und gibt sie an die Spielenden weiter.

Die einzelnen SpielerInnen haben ihr individuelles Maß an Möglichkeiten, sich mit ihrem Körper auszudrücken. Erfahrungsgemäß wird auf der Bühne besonders dann viel mit dem Mund gesprochen, wenn der eigene Körper noch nicht vertraut genug ist. Der körpersprachliche Dialog kann sich naturgemäß nur in diesem Spielraum bewegen. Die eingangs genannte Aufwärmphase hat die Funktion, den »Sprachschatz« des Körpers zu aktivieren. Der Begriff des »Warmspielens« ist in diesem Zusammenhang treffend.

Die SpielerInnen stehen in einem weiteren Zusammenhang im körperlichen Dialog mit den ZuschauerInnen: Die auf der Bühne erzeugte Spannung ist auf das Publikum übertragbar, vorausgesetzt, das Publikum fühlt sich vom Bühnengeschehen angesprochen und reagiert offen darauf.

Der oder die SpielleiterIn hat am Beginn die Aufgabe, den Körper-Sprachschatz der SpielerInnen zu aktivieren. Es gilt, Vertrauen und Spielsicherheit zu entwickeln.

Das kann dann auch heißen zu versuchen, die Möglichkeiten der Körper-

---

2 Gabriela Naumann: Körpererfahrung und Pädagogik, in: *Korrespondenzen. Zeitschrift für Theaterpädagogik,* H. 17/18, 1993, S. 21

sprache, also die Entwicklung der Spielsicherheit und das Üben von Mimik und Gestik der einzelnen SpielerInnen zu forcieren.

In der Anwendung der Methoden des »Theatersports« entwickelt sich erfahrungsgemäß eine eigene Dynamik, die »mitreißen« kann bzw. enthemmend wirkt. Das ist ein ähnlicher Effekt, wie er bei Kinderspielen auftauchen kann. Das Spielschema wird erkannt und hat diese mitreißende Wirkung. Das Spiel wird zum Selbstzweck. Hierin liegt ein ganz wesentlicher Wert des Spiels im allgemeinen und des »Theatersports« im besonderen. Wenn es gelingt, dem Kind in sich selbst näher zu kommen, ist ein Schritt gegangen, der für manche Spielenden einen therapeutischen Charakter haben kann. Es geht um das unmittelbare Erlebnis. Der Spielraum des Theaters wird in diesem Zusammenhang zum kultivierten Schutzraum.

Besonders hoch ist die Anforderung, verschiedene Spielqualitäten hintereinander zu spielen. Das ist eine Herausforderung für die Spielenden aber auch für das Publikum und die Spielleitung. Ist erst einmal eine Spielfarbe etabliert, fällt es allen Beteiligten schwer, sich auf eine andere einzulassen. Spiele und Übungen ganz unterschiedlicher und gegensätzlicher Art werden notwendig für dieWettbewerbsspieler/Innen, die ja sehr schnell und variabel präsent sein müssen: Ihre (schlummernden) Potentiale müssen schnell und genau in die »performance« gehen. Eigentlich braucht das Publikum solche Übungen, damit es nicht nur kalauert oder Gängiges (*gags*) sich wünscht. Die Spielleiter sind da manchmal als Animateure tätig (mit auch aus Sportarenen oder TV-Quiz-Sendungen bekannten Stimuli). Brechts Forderung, die Zuschaukunst solle auch als Aktivität entwickelt werden, bekommt hier eine neue Einfärbung.

Spiele und Übungen: intellektuell-körperlich-intuitiv

Spiel-Erfahrung-Machen ist ein vollständiges und intensives Eindringen in eine Umgebung. Es findet gleichzeitig auf den Ebenen des Intellektuellen, Körperlichen und Intuitiven statt[3]. Im praktischen Handeln fließt alles organisch zusammen; ja, muß alles zusammenkommen, soll das Theater-Spiel als Erfahrung gelingen.

In der folgenden Auflistung gebe ich verschiedene methodische Schritte vor, die mit den angemerkten Effekten in Verbindung stehen. So kann der eigenen Zielsetzung entsprechend geprobt werden. Ich beschränke mich bei diesen Hinweisen nicht allein auf das KörperTheater. Verbale Übungen tau-

3 Vgl. Viola Spolin: *Improvisationstechniken für Pädagogik, Therapie und Theater.* Paderborn 1985, S. 17

chen beispielsweise auf, auch sie müssen ja verkörpert werden; eine verbale Äußerung *ist* auch eine Äußerung des Körpers.

Im folgenden steht TN für TeilnehmerIn und SL für Spielleitung:

»Sitzkreis«

Alle TN stellen sich (mit der SL) im Kreis auf. Es ist ein enger Kreis, alle stehen Schulter an Schulter. Die SL legt fest, ob sich alle nach rechts oder links drehen (1/4 Drehung auf der eigenen Achse). Somit haben die TN den Nachbarrücken vor sich. Die SL gibt ein Signal, alle beugen den Oberkörper vor und setzen sich auf die Knie der Person, die hinter einem steht. Um in den Sitzkreis zu kommen, müssen die TN eng, aber nicht zu eng stehen. Es ist manchmal nötig, mehrere Versuche zu starten, bevor einer gelingt. Und ist es einmal gelungen, gibt es ein vergnügtes Erfolgserlebnis, das solange anhält, bis es zu anstrengend wird und der Kreis aufgelöst wird. Nicht selten taucht eine »Bruchstelle« auf, und die TN purzeln quiekend durcheinander.

»Hocke«

Zwei TN stehen sich gegenüber und halten sich gegenseitig an den Handfesseln fest. Beide gehen gleichzeitig in die Hocke. Diese Übung gelingt nur, wenn beide bemüht sind, den gemeinsamen Schwerpunkt im Gleichgewicht zu halten.

Effekt: Es ist eine Vertrauensübung, die ein Mindestmaß an innerer Ruhe bedingt. Wenn die Übung zu zweit gelingt, kann die SL sie in größerer Runde wiederholen. Mit mehreren TN ist es ungleich schwerer, im Gleichgewicht zu bleiben.

»Ballkreis«

Alle TN stehen im Kreis. Die TN werfen sich einen Ball untereinander zu. Das geschieht wortlos. Die Kontaktaufnahme muß deutlich sein, ein klarer Blickkontakt soll aufgenommen werden. Ein zweiter, vielleicht dritter Ball kann von der Spielleitung in den Kreis gegeben werden.

Es gibt eine fortgeschrittene Version des »Ballkreises«. Hierbei friert die werfende Person in dem Moment ein, in dem der Ball ihre Hand verläßt. Die fangende Person geht ebenfalls für wenige Sekunden in das »Freeze«, bis sie für beide das Einfrieren auflöst, indem sie sich bewegt und eine/n neue/n FängerIn sucht.

Effekt: Diese Übung funktioniert ohne Worte, fördert Konzentration und Kontaktaufnahme.

»Klatschkreis«

Die TN stehen im Kreis. Die Spielleitung (Person A) gibt in einer Richtung einen Klatschimpuls an die neben ihr stehende Person (B). B gibt das Klatschen weiter an C usw. Wichtig ist eine klare Kontaktaufnahme und das Geben und Annehmen des Klatschimpulses »mit dem ganzen Körper«, d. h. die TN drehen nicht lediglich den Kopf, sondern haben stets Kontakt mit dem »ganzen Körper«. Diese Übung lebt vom Tempo und einem klaren Impuls.

Nachdem der Klatschimpuls zu Beginn zwei- oder dreimal im Kreis weitergegeben worden ist, führt die SL die Möglichkeit ein, das Klatschen an die Person zurückzugeben, von der der Impuls kam. Das ist witzig und kann zu körpersprachlichen Dialogen führen. Allerdings sollte die SL eingreifen, wenn der Klatschimpuls zu lange bei einigen hängen bleibt; die anderen TN sind sonst gelangweilt, und Konzentration und Spannung können nachlassen.

Eine Variante beim »Klatschkreis« besteht darin, den Klatschimpuls nicht allein außen herum gehen zu lassen, sondern die Möglichkeit zu eröffnen, »quer hinüber« zu klatschen.

Effekt: Der »Klatschkreis« fördert Konzentration und Kontaktaufnahme. Manchmal ergibt sich ein harmonisches Tempo, dann kommt Rhythmus ins Spiel.

»Ja-nein-Kreis«

Der »Ja-nein-Kreis« ähnelt dem »Klatschkreis«. Auch hier geht es um Kontaktaufnahme und einen Impuls, der weitergegeben werden soll. Die SL legt die Richtungen fest, in denen »ja« und »nein« gesagt wird. Das »Ja« sollte am Beginn ebenso einige Male zügig im Kreis herumgegeben werden wie das Klatschen im »Klatschkreis«. Erst wenn eine Dynamik entwickelt wurde, gibt die SL die Möglichkeit, beim ankommenden »ja« mit »nein« zu reagieren. Ab diesem Moment wechselt die Spielrichtung, bis mit »ja« geblockt wird.

Es kommt bei diesem Spiel häufig zu lustigen Dialogen. Diese Dialoge können unterschiedlichste Stimmungen ausdrücken, obwohl nur diese beiden Wörter erlaubt sind. Es macht den anderen TN Spaß, das zu beobachten und den Subtext zu erahnen. Aber auch hier sei vor Längen gewarnt, die Konzentration und Spannung kosten können.

Effekte: Neben der Förderung von Kontakt und Konzentration bietet der »Ja-nein-Kreis« in winzigem Rahmen die Möglichkeit, mit einem Text zu improvisieren. An den »Körpereinsatz« sollte die SL erinnern, wenn das Spiel zu wenig nach außen gespielt wird.

»Soundball«

»Soundball« heißt eine Übung zum freien Assoziieren von Geräuschen in Verbindung mit Bewegung.

Alle TN stehen im Kreis. Die SL (A) sucht sich irgend jemanden (B) per Blickkontakt aus und »sendet« ein beliebiges Geräuch in Verbindung mit einer Bewegung. B wiederholt Geräusch und Bewegung. B sendet ein anderes »bewegtes« Geräusch an C usw. Beim »Soundball« kommt es auf zwei Effekte an. Es soll ein flüssiges Tempo entstehen, das wiederum den zweiten Effekt nach sich zieht: »unzensierte« Geräusche von sich zu geben. Die Übung hat zum Ziel, frei zu assoziieren. Es geht nicht um das bewußte Nachdenken über passende Geräusche und Bewegungen, es geht darum, sich (gegenseitig) zu trauen.

Bei gehemmten Gruppen ist es sinnvoll, zu Beginn der Übung nur Geräusche zu machen und Bewegungen erst hinzuzunehmen, wenn Spielsicherheit entwickelt wurde.

Effekte: Auch der »Soundball« fördert den Kontakt und die Konzentration der TN. Diese Übung ist einfach im Aufbau und manchmal nicht leicht in der Durchführung, denn die TN brauchen den Mut, etwas zu machen, was – gemessen am alltäglichen Umgang – peinlich sein kann. Sind eventuelle Hemmungen erst einmal überwunden, kann diese Übung sehr viel Spaß machen. Der »Soundball« kann helfen, den Körper auf spielerische Weise zu lockern.

»Assoziationskreis«

Der »Assoziationskreis« ist eine verbale Übung zum freien Assoziieren von Wörtern. Es geht um das Loslassen, um das unzensierte Wort. Der Aufbau entspricht dem des »Soundballs«. Statt des (bewegten) Geräusches wird ein Wort gesagt. Die empfangende Person wiederholt das Wort und sendet eine entsprechende Assoziation an eine dritte Person. Beispiel: A an B: »Apfel«. B wiederholt »Apfel«, nimmt sofort Blickkontakt zu C auf und sagt »Baum« oder was sonst als erste Assoziation in den Sinn kam. Das gesendete Wort soll wiederholt werden, damit eventuelle akustische Mißverständnisse deutlich werden.

Wichtig ist das Tempo, das nicht abreißen soll. Die SL hat nicht nur die Aufgabe, für das Tempo bzw. den Assoziationsfluß zu sorgen, sie soll den TN auch ermutigen, nicht die eigenen Gedanken zu zensieren. »Sagt, was euch als erstes einfällt.«

Effekte: Der »Assoziationskreis« wirkt ähnlich wie der »Soundball« befreiend und macht den TN Spaß. Effekte sind (auch hierbei) Kontaktaufnahme und Konzentration. Der Assoziationskreis kann (wie der »Soundball«) von der SL genutzt werden, um eine neue Gruppe kennenzulernen. Bei dieser Übung lassen sich verschiedene Eigenschaften der einzelnen TN beobachten: Spiellust, Präsenz, Offenheit, Spontaneität, Kontaktfähigkeit.

»Erzählkreis«

Der »Erzählkreis« ist eine verbale Übung. Alle sitzen oder liegen im Kreis. (Das Liegen kann sehr angenehm sein. Es entspannt und hilft der Konzentration, wenn alle ihre Augen schließen, um sich der Geschichte hinzugeben. Ein Vorschlag: Alle legen sich »sternförmig« mit den Köpfen zur Kreismitte.)

Die SL gibt die Erzählrichtung vor und legt fest, ob Satzzeichen mitgedacht oder ausgesprochen werden. A beginnt, B ergänzt, dann C usw. Es gibt die Möglichkeit, *Satz für Satz* oder *Wort für Wort* zu sprechen. Der Inhalt wird von allen gemeinsam erdacht. Der Satzbau soll nicht zu kompliziert sein, damit es keine Mißverständnisse gibt.

Häufig brauchen Gruppen einige Erzählrunden, um sich auf diese Übung einzulassen. Wenn aber die ersten guten Geschichten gesponnen wurden, ist es nicht mehr leicht, zu anderen Spielen oder Übungen überzugehen.

Wer mit einer großen Gruppe arbeitet, kann sie nach zwei, vielleicht drei Geschichten teilen. Die Teilgruppen können weiter verfahren wie bisher. Die SL hat die Möglichkeit, Vorgaben zu machen. So kann beispielsweise ein Thema oder der Titel einer Geschichte vorgegeben werden.

Effekte: Den »Erzählkreis« beschreibe ich auch für diejenigen, die speziell auf KörperTheater abzielen und das nicht ohne Grund: Ich habe die Erfahrung gemacht, daß es leichter ist, still zu spielen, wenn das Wort vorher wichtig war und die SL bewußt in die nonverbale Phase führt.

Eine andere Erfahrung ist, daß das gemeinsame verbale Erfinden von Geschichten fantasieanregend ist. Viele unerfahrene TN finden im spielerischen Umgang mit dem Wort eine Sicherheit, die ihnen hilft, sich auch auf nonverbale Übungen einzulassen.

Der »Erzählkreis« dient der Gruppendynamik und ist so gesehen eine Ensembleübung. Er fordert Konzentration aller Beteiligten, denn alle müssen den letzten Satz bzw. das letzte Wort und die gesamte bisher erzählte Geschichte mitbekommen haben, um Rückgriffe und Verbindungen von Personen und Handlungssträngen knüpfen zu können.

Aufgabe der SL ist, darauf zu achten, daß die Geschichte übersichtlich bleibt und nicht zu kompliziert wird. Zu viele Personen und Handlungsstränge werden schnell zu einem Ballast, der nicht mehr bewältigt werden kann. Die Geschichte sollte auch zu einem Ende geführt werden. Das ist für alle Beteiligten befriedigender, als wenn sie irgendwann abgebrochen wird. Annehmen der Ideen der anderen TN ist bei dieser Übung genauso wichtig wie beim Improvisieren überhaupt. Eingeführte Personen, Gegenstände, Behauptungen... sollten nicht »sterben«, sondern »bespielt« werden.

Es gibt zwei wichtige Aspekte, die beim »Erzählkreis« zu beachten sind: Eine Geschichte braucht Handlungen und Beschreibungen. Und wie beim Salz für die Suppe, so kommt es auch hier auf die richtige Dosis an, damit es »schmeckt«. Zu viele aufeinander folgendende Handlungen bringen Unruhe und Undurchsichtigkeit in eine Geschichte. Zu viel Beschreibendes kann schnell langweilig werden.

Synchronisationen

Einige der folgenden Übungen sind »wortlastig«. Ihr Zusammenhang zum KörperTheater ergibt sich dennoch direkt durch die Interaktion verbaler und körperlicher Sprache.

Vorübung zur Synchronisation: »Stuhlübung«

Die SL schafft eine Bühnensituation. Auf der einen Seite sind die TN, ihnen gegenüber ist die Bühnenseite. Auf der Bühne stehen drei gleiche Stühle, frontal zu den TN. Die Stühle stehen in einer Linie nebeneinander. Drei TN stellen sich in einer identischen Haltung neben die Stühle, jeder hat einen Stuhl. Alle drei schauen nach vorne. Nützlich ist der Hinweis der SL, über die anderen TN hinwegzuschauen und einen Punkt (an der Wand) zu fixieren.

Die Übung beginnt: Ohne Absprache, auf einen gemeinsamen Impuls hin, nehmen die drei die Stühle gleichzeitig und heben sie an. Die Stühle werden in Richtung des Publikums getragen und synchron abgestellt. Die Übung ist erst beendet, wenn die drei um ihren Stuhl herumgegangen sind und sich hingesetzt haben.

Diese Übung verlangt viel Konzentration, das ist an den angestrengten Blicken sofort abzulesen. Es ist für viele schwer, in der Konzentration zu bleiben, wenn die anderen TN sie dabei beobachten. Für Zuschauende und die drei an den Stühlen taucht die Frage auf, wer führen, wer folgen will?

Effekte: Die »Stuhlübung« dient der Synchronisation, der Fremd- und Selbstwahrnehmung, der Konzentration und dem (gemeinsamen) Handeln nach Impuls.

Für die SL ist es ratsam, am Anfang zu betonen, daß es um das gemeinsame Handeln geht, also niemand bewußt führen oder folgen sollte. Ein anderer wichtiger Hinweis ist, daß sich die drei die Zeit nehmen sollen, die sie brauchen.

Bevor die drei am Anfang in Bewegung kommen, kann eine Weile vergehen. Das kann zehn Sekunden, aber auch eine halbe Minute oder länger dauern. Von der Qualität des Anfangs ist der gesamte Übungsverlauf abhängig.

»Spiegelübung«

TN A steht TN B gegenüber. Zur Unterstützung begleitet eine (sphärische) Musik diese Übung, die keinen bestimmenden Rhythmus hat und auch keine dominierende Melodie. A und B sprechen ab, wer am Beginn führt (später wird gewechselt).

A steht B gegenüber. Beide haben eine identische Haltung. A führt, B folgt in der Bewegung. Das Tempo der »Spiegelübung« sollte der folgenden Person angepaßt sein, damit sie genug Zeit zum Sehen und Umsetzen der Vorgabe hat. Die vorgebende Person sollte bedenken, daß zu kleine, zu komplizierte Bewegungen nicht umgesetzt werden können. Es ist außerdem von der vorgebenden Person zu beachten, daß beispielsweise ein gesenkter Blick zur Folge hat, daß die/der folgende TN konsequenterweise den eigenen Blick senkt und somit den Blickkontakt verliert.

Die SL sagt den Wechsel an. B führt, A folgt. Bei Bedarf können sich nach der Sequenz die TN über die Übung austauschen.

Sollte der Verlauf der »Spiegelübung« gut sein, ist eine Steigerung möglich, indem in der nächsten »Runde« weder A noch B abgesprochen führen. Aufgabe ist diesmal, auf einen gemeinsamen inneren Impuls zu warten und aus der inneren Ruhe heraus mit der Bewegung zu beginnen. Niemand soll bewußt führen. Ein Austausch über diesen Teil der »Spiegelübung« ist in der Gruppe interessant.

Effekte: Der Verlauf ist i. d. R. bei den verschiedenen Paaren sehr unterschiedlich. Das Führen und Folgen können thematisiert werden. Wer führt gerne, wer folgt gerne, wer möchte sich von wem oder überhaupt führen lassen...?

Die Synchronisation mit zwei Stimmen ...

...und zwei SpielerInnen ist die Steigerung der oben genannten Form mit einer Stime. Das erforderliche Maß an gegensetiger Wahrnehmung und Akzeptanz (der Vorgaben) ist hierbei noch größer, die Herausforderung an das Ensemble dementsprechend auch. Hinsichtlich der Improvisationsformen ist diese die schwierigste. Die Stimme spielt eine herausragende Rolle.

Es geht um das Blocken durch zu viel Reden. Viele AnfängerInnen reden zu viel auf der Bühne. Im Reden sind sie oft relativ sicher und greifen daher darauf zurück. Das führt immer wieder zum Zerreden von Szenen.

Körperlich darzustellen, ist der Gegenpol zur übergewichtigen Erzählung.

Aus eigener Erfahrung weiß ich, wie spielbereinigend es sein kann, wenn eine Szene mit einem wortlosen Beginn etabliert wird. Für das Publikum ist es im allgemeinen attraktiver, über visuelle Darstellungen angesprochen zu werden als über das Gehör.

Eine Stimme, drei SpielerInnen

Bei dieser Improvisation spielen drei. Eine Person spielt und spricht für die beiden anderen mit. Bevor es losgeht, stellt die Stimme sich in drei Varianten vor, damit die Spielenden und das Publikum wissen, welche Variante zu wem gehört. Für die »Stimme« ist es eine starke Anforderung, für alle zu sprechen, die Geschichte zu »stricken« und gleichzeitig Vorgaben der beiden MitspielerInnen aufzunehmen.

Im Rahmen eines Kurses »Darstellendes Spiel« erlebte ich eine sehr gelungene Umsetzung dieser Form. Derjenige, der sich bereit erklärte, die Stimmen zu übernehmen, konnte sich selbst überlegen, was für eine Szene er etablieren wollte. Er stellte einen Tisch auf die Bühne und setzte die beiden anderen SpielerInnen und sich an den Tisch.

Seine Idee war, Skat zu spielen. Wenngleich die körperliche Aktion relativ gering ausfiel, war die Szene nicht langweilig. Aus der Ruhe der Spielsituation heraus entwickelten die drei eine schöne Geschichte. Die Stimme ließ einen Mitspieler geschickterweise sehr müde werden, er konnte damit leicht »bedient« werden und war ein spielerischer Gegenpol zu den beiden anderen, die in Streit gerieten. Als Stilmittel etablierten die drei kleine Macken, die zum belustigenden »running gag« wurden. Das Publikum hatte seinen Spaß.

»Lippenlesen«

Zwei TN sitzen sich gegenüber.

A erzählt etwas Beliebiges. B versucht, den gleichen Text synchron zu sprechen, nicht nachträglich. Damit das gelingt, sollte die Wortwahl nicht zu kompliziert sein und das Sprechtempo am Anfang sehr gedehnt. Das Tempo kann im Verlauf der Übung angezogen werden, solange der/die andere mitzieht.

Die Konzentration auf die Lippen des Gegenüber führt zu einer intimen Form des Zusammenspiels zwischen den beiden TN – möglicherweise blokken einzelne TN diese Übung daher ab (andere blühen bei dieser Übung auf...). Für die SL ist während dieser Übung zu erahnen, welche TN im weiteren Verlauf der Synchronisationssequenz gut oder weniger gut »gleichlaufen«.

Die SL sagt den Wechsel an.

Szenische Synchronisation

»Autorenspiel«

Für diese Übung sind mindestens zwei agierende TN nötig. Eine Person, die spricht, und eine, die spielt. Mehr SpielerInnen sind neben der Stimme möglich. Die erzählende Stimme sitzt am Rand der Bühne, die andere(n) Person(en) spielen auf der Bühne. Die/der Erzählende gibt dem Bühnenspiel Impulse, kann aber umgekehrt auch vom Spiel auf der Bühne Impulse bekommen.

Beispiel: ErzählerIn sagt: »Es begann zu regnen.« Dementsprechend handeln die Spielenden. Beenden die Spielenden den »Regen« durch aufkommenden »Sonnenschein«, akzeptiert der/die ErzählerIn das.

Die Spielenden können der erzählenden Person durch ihre Handlungen Vorgaben machen: Jemand starrt auf eine Stelle, zeigt ängstlich auf etwas, dann kann der »Randkommentar« beispielsweise heißen: »Theo enteckte einen riesigen, fetten, blauen Frosch auf der Fensterbank.«

Bei der »kleinen Stimme« ist abzusprechen, ob die Spielenden pantomimisch auftreten oder ob ihnen auch freigestellt ist zu sprechen. Sollte die Einigung darin bestehen, »Redefreiheit« zu gewähren, ist im Gesamtspiel darauf zu achten, daß die Offstimme eine dominierende Funktion hat und den »Spielball« regelmäßig zurückbekommt, um die Szene und Geschichte fortführen zu können.

Diese Improvisationsform lebt vom lebendigen Zusammenspiel der Bühne und des Off. Die erzählende Person muß nicht sichtbar sein, es gibt jedoch schöne Spielideen, sie zu inszenieren. So kann die Szene als Traum gespielt werden. Jemand liegt im Bett und träumt die Szene oder es sitzt jemand an einem Schreibtisch und die schriftstellerische Arbeit wird gleichzeitig für das Publikum sichtbar.

Effekte: Das »Autorenspiel« ist eine Improvisationsform, die nicht leichtfällt. Damit sie gut läuft, ist es wichtig, daß die Gruppe bzw. das Ensemble eingespielt ist. Die Kommunikation auf der Bühne erfordert in einem hohen Maß Offenheit für die MitspielerInnen, die »Stimme« und die Impulse, die von ihnen kommen. Auch andere Anforderungen, die beim Improvisieren grundsätzlich gelten, kommen hier besonders zum Tragen.

So ist es wichtig, Spielangebote der MitspielerInnen anzunehmen, statt sie abzublocken. Etabliert die Stimme beispielsweise: »Es geschah in einer eiskalten Winternacht«, dann ist es destruktiv, wenn ein Spieler schwitzend und ächzend über die Bühne schleicht, statt die Vorgabe (zunächst) spielerisch umzusetzen. Im Verlauf der Szene kann die Vorgabe immer noch abgeändert werden. Ein anderes Standardbeispiel des Blockens: »Guten Tag, Herr Müller.« Daraufhin der zweite Spieler: »Ich heiße nicht Müller, ich heiße Lehmann.« Das Spiel verrennt sich, statt vorangetrieben zu werden.

Eine zusätzliche Schwierigkeit besteht im Vorausdenken der weiteren Geschichte, des weiteren Spielverlaufs. Wir sind darauf konditioniert, vorzudenken. Das kann auf der Bühne zur Sackgasse werden. In den Köpfen der SpielerInnen mögen die schönsten Ideen während des Spiels entstehen. Das nützt dem Spiel allerdings nur, wenn *eine* davon umgesetzt wird. Bei der Improvisation gilt es, Vorgaben anzunehmen und darauf aufzubauen.

Wer? Wo? Wie? Welche?

Hier einige Anregungen zum Selbst-Training der SL, um Spielvorgaben, -aufgaben, -ideen und -szenen zu provozieren und das Publikum gezielt zum Mitmachen zu animieren. (Es sind im übrigen einige der im Journalismus beim Reporter-Training und Artikelschreiben lange bekannten sog. W-Fragen.)

Die folgende Tabelle ist als Vorschlagsliste anzusehen und kann erweitert werden.

- WER spielt?
  Berufe können erfragt werden
  oder Generationen (Kind mit Oma)
  Außerirdische können vorgeschlagen werden...

- WO spielt die Szene?
  In einer Küche,
  in einem Aquarium,
  auf einer Insel...

- WIE heißt die Geschichte/Szene?

- WELCHE Spielweise will das Publikum sehen?
  Drama,
  Groteske,
  Slapstik,
  Pantomime,
  Zeitlupe...

Das Publikum kann auch nach dem ersten und letzten Wort oder Satz gefragt werden, die in der Szene zu sprechen sind. Es können auch Wörter verboten werden, das steigert die Spannung bzw. die Erwartung des Publikums, das auf einen Versprecher wartet. Hierfür bieten sich Wörter an wie »ja«, »nein«, »und«, die relativ häufig genutzt werden.

Zeitvorgaben zu geben, ist eine Frage der Rahmenhandlung, der Abfolge der Improvisationsformen. Ein zeitliches Limit zu setzen, ist ein zusätzliches dramaturgisches Mittel, über das die Spielleitung verfügt.

Zum Schluß: Keith Johnstones »Theatersport« regt zur (nicht nur Bühnen-) Präsenz an, macht Subjekte (als Spieler/innen und Zuschauer/innen) lebendig und schafft auch Solidarität im Agieren. Die obigen Spiele helfen dabei und sind auch in anderen Theatererfahrungszusammenhängen nützlich.

Mike Büttner
Körper-Theaterübungen für Kinder

Einzelübungen

»Assoziatives Gehen«

Alle Kinder gehen in ihrem Tempo durch den Raum. Sie sollen zunächst den ganzen Raum »ergehen« und wahrnehmen. Dann ruft der Spielleiter verschiedene Gefühlsbegriffe aus, z. B. Wut, Trauer, Freude, Hetze, Langweile. Die Kinder versuchen, dieses Gefühl durch ihre Gangart zum Ausdruck zu bringen.

Absicht
Beim »assoziativen Gehen« geht es um die Berücksichtigung emotionaler Qualitäten. Diese Berücksichtigung liegt der Überzeugung zugrunde, daß jede Körper-Bewegung einen emotionalen Anteil hat, d. h. Gefühle weckt und hervorruft.

Die Kinder erfahren durch die Übungen den Gefühlsanteil einer Bewegung als Ausdruck des Körpers. Im Gegensatz zum Sportunterricht in der Schule erfahren sie, daß die Thematisierung ihrer Körpergefühle keine Störung des Spielablaufes bedeutet.

Beobachtungen
Die Kinder benutzen den Raum unterschiedlich. Einige nehmen den ganzen Raum, andere gehen »nur« an derselben Stelle. Alle Gefühle können nicht von allen überzeugend dargestellt werden. Während A. die Langeweile zweifellos darstellen kann, hat S. damit Schwierigkeiten. Doch kann S. die Freude unbeirrt herauslassen, womit A. wieder Schwierigkeiten hat.

»Behinderung«

Bei dieser Übung werden Alltagshandlungen, z. B. das Tischdecken, mit künstlich herbeigeführten körperlichen Behinderungen vollzogen. Einem Kind wird der rechte Arm auf den Rücken gebunden, und es soll versuchen, nur mit der linken Hand den Tisch zu decken, mit einem Bein sich fortzubewegen oder sich an- und auszuziehen, ohne dabei die Finger zu bewegen.

Absicht
Da viele Bewegungen gedankenlos und automatisch ausgeführt werden, bringt jede körperliche Veränderung Unsicherheit und eine Umstrukturierung im Körper mit sich. Absicht dieser Übung ist es, sich den einseitigen, alltägli-

chen Gebrauch des Körpers bewußt zu machen. Solange der rechte Arm »funktioniert«, brauchen wir den linken nicht zu benutzen.

Beobachtungen
Kindern macht diese Übung großen Spaß. Allerdings wird sie schnell zu einem Wettkampf, wobei die Bewußtheit für die körperlichen Handlungen verloren geht. Die Qualität der Ausführungen leidet darunter. An dieser Stelle weise ich darauf hin, sich klar zu machen, wie schwierig es ist, »unbenutzte« Körperteile zu benutzen. Die Kinder reagieren mit langsameren, bewußteren Bewegungsabläufen – um anschließend wieder in einen Wettkampf zu verfallen.

»Bewußte Bewegung«
Den Körper bewußt über ein Hindernisparcour bewegen, über einen Tisch, über eine Bank usw.

Absicht
Bei dieser Übung soll mit unterschiedlichen Anforderungen der Umwelt an den Körper umgegangen und vorausschauend erfaßt werden, wie der Körper sich organisieren muß, um diesen Umweltanforderungen zu genügen. Automatische Körperbewegungen sollen hierbei vermieden werden. Der Körper soll den Kindern bewußter werden.

Beobachtungen
Die Kinder haben teilweise Schwierigkeiten, die Bewegungen zu planen. So ist ein Sprung vom Tisch oft mit einem anschließenden ungeschickten Hinfallen verbunden, weil die Anforderung falsch eingeschätzt wird. Nach einigen Wiederholungen können die Kinder aber ihren Körper danach ausrichten und die Bewegungen mit dem dafür erforderlichen Muskeltunus antizipieren.

»Körper-Reise«
Die Kinder liegen mit geschlossenen Augen am Boden. Der Spielleiter benennt langsam nacheinander alle Körperteile, in die die Kinder mit ihrer Aufmerksamkeit gehen sollen. Mit ihrem »inneren Auge« stellen sie sich vor, wieviel Raum das jeweilige Körperteil einnimmt und wie es sich am Boden organisiert hat.

Absicht
Den Körper in seiner Gesamtheit wahrnehmen und die Aufmerksamkeit differenziert auf einzelne Körperteile lenken.

Beobachtungen
Alle Kinder legen sich ruhig auf den Boden und sind gespannt, was nun folgen wird. Die Aufforderung, ihren Körper am Boden zu spüren, ist für sie ungewohnt, doch interessant. Sie sind in der Regel aufmerksam, ihre einzelnen Körperteile wahrzunehmen. Nach einiger Zeit wird eventuell jemand unruhig

und steckt andere an. Es geschieht aber auch, daß andere sich dadurch nicht stören lassen. Eine konzentrierte Gruppe läßt die Unruhigen wieder ruhig werden.

»Seinen Körper zeichnen«

Diese Übung wird interessant, wenn sie im Anschluß an die »Körper-Reise« gemacht wird. Alle Kinder liegen dann schon am Boden und können die Wahrnehmung ihres Körpers unmittelbar umsetzen.

Jedes Kind bekommt einen Stift sowie ein Blatt Papier und wird aufgefordert, seinen Körper mit geschlossenen Augen zu zeichnen. Anschließend werden die Blätter vom Spielleiter eingesammelt, und erst dann dürfen die Kinder die Augen öffnen. Alle Zeichnungen werden in die Mitte gelegt, und jedes Kind versucht, seine eigene Zeichnung herauszufinden. Vorher wurde vom Spielleiter auf die Rückseite der Zeichnung der jeweilige Name notiert.

Absicht
Die Sinneswahrnehmung für den Körper soll sensibilisiert werden. Die anschaulichen Zeichnungen sollen dabei deutlich machen, welche Körperteile möglicherweise vergessen wurden oder was sonst noch auffällig ist.

Beobachtungen
Bei dieser Übung blicken Kinder leider öfter aufs Blatt, um die »schöne« Zeichnung zu malen.

Paarübungen

»Hypnotisieren«

Zwei Kinder stehen sich gegenüber. Ein Kind, der »Hypnotiseur«, hält dem anderen Kind die Handfläche vor das Gesicht und führt den »Hypnotisierten« durch den Raum. Der »Hypnotisierte« folgt, mit seiner Nase führend, im gleichbleibenden Abstand der Hand des »Hypnotiseurs«.

Absicht
Das führende Kind muß einfühlsam die Möglichkeiten der körperlichen Bewegung vorausdenken. Das geführte Kind erlebt die Körperbewegung und auch die Beschränkungen auf unterschiedliche Weise – verbunden mit der Frage: »Wieso wird es an bestimmten Stellen schwierig, den Körper der Hand folgen zu lassen?«

Beobachtungen
Dem geführten Kind fällt es stellenweise schwer, der Hand im gleichbleibenden Abstand zu folgen. Die »Führer« genießen das Herumführen und verlieren dabei die einfühlsame Verbindung zum »Geführten«.

»Spieglein, Spieglein an der Wand«

Paarweise stehen sich die Kinder gegenüber. Ein Kind fängt an, sich langsam und deutlich zu bewegen. Das andere Kind ahmt diese Bewegung im gleichen Zuge nach. Ein Außenstehender soll nicht mehr sehen können, wer die Bewegung anführt. Nach einigen Minuten wird gewechselt. Der Spielleiter sollte darauf hinweisen, daß der Bewegungsablauf langsam, klar und deutlich ausgeführt wird, damit der/die Nachahmende die Chance hat zu folgen.

Absicht

Beim Spielen von Bewegungen werden die Bewegungen des anderen leibhaftig verfolgt und damit neue Bewegungsmöglichkeiten entdeckt. Das bewegungsanführende Kind kann den Partner als Spiegel seiner Bewegungen benutzen und bekommt ein Bild seiner eigenen Bewegungen.

Beobachtungen

Die Kinder führen die Übungen sehr konzentriert aus und achten meist peinlich auf die richtige Nachahmung. Allerdings wollen häufig alle lieber die Bewegungen vorgeben. Die Bewegungen sind zumeist sehr frei und umfassen keine ritualisierten Bewegungen, wie z. B. Zähneputzen oder Händewaschen.

Gruppenübungen

»Gummizug«

Alle stehen im Kreis und fassen sich an. Dann streben alle soweit auseinander, daß sich gerade noch die Fingerspitzen berühren. Anschließend streben alle soweit zusammen, daß der kleinstmögliche Raum eingenommen wird. Beim Auseinanderstreben und Zusammenkommen können zusätzlich noch Laute ausgestoßen werden. Mehrfaches Wiederholen bietet sich an.

Absicht

Durch den Wechsel von wenig und viel Raum können die dabei entstehenden unterschiedlichen Empfindungen (bei Nähe, Ferne, Dichte, Weite; zerren, drücken) verdeutlicht werden.

Beobachtungen

Die Kinder haben großen Spaß an der Übung. Überhaupt scheinen sie für Kreisspiele immer sehr begeistert zu sein. Sie fühlen sich durch den Körperkontakt eingebettet und eingebunden. Beim Zusammenkommen fühlen sie sich klein und ängstlich. Beim Großwerden fühlen sie sich frei und kraftvoll, was durch Ausstoßen von Lauten noch verstärkt wird. Der Körperkontakt innerhalb der Gruppe gibt ihnen die Sicherheit, diese Empfindungen »leben« zu können.

»Begrüßungen«

Alle Kinder begrüßen sich mit verschiedenen Körperteilen, z. B. Knie, Ellenbogen, Nase, Stirn.

Absicht

Das Durchbrechen von ritualisierten Alltagshandlungen (Begrüßung) sowie eine durch Berührung verstärkte Wahrnehmung der oft in diesem Kontext ausgeblendeten Körperteile.

Beobachtungen

Besonders beim Verwenden von tabuisierten Körperteilen, z. B. dem Gesäß, beobachtete ich, daß die Kinder großes Vergnügen haben. Je ungewöhnlicher die Begrüßung, desto mehr vergnügen sie sich.

»Geräusch und Bewegung«

Zwei Gruppen werden gebildet. Eine Gruppe stößt Laute aus oder macht Geräusche (Tierstimmen, Weckerklingeln usw.); die andere Gruppe macht dazu passende Bewegungen. Die Umsetzung in Bewegung soll aber aus der Assoziation mit dem Laut entstehen, d. h. bei Vogelstimmen soll nicht der Vogel dargestellt werden, sondern das, was ein Kind bei diesem Laut empfindet.

Absicht

Die Absicht der Übung ist es, bei den Kindern emotionales Bewegt-Sein über Geräusche hervorzurufen und zum Ausdruck zu verhelfen.

Beobachtungen

Am Anfang sind es meist Tiergeräusche, die von der Gruppe umgesetzt werden sollen. Dabei wird das damit in Verbindung gebrachte Tier dargestellt. Mit Hinweisen, sich davon zu lösen und die Empfindungen in Bewegungen auszudrücken, können Kinder häufig wenig anfangen. Wenn aber gewöhnliche Geräusche, z.B. Weckerklingeln, in Bewegung umgesetzt werden sollen, können auch die damit verbundenen Gefühle, z. B. Müdigkeit, körperlich dargestellt werden.

Improvisationsübungen

»Übersteigerung einer Szene«

Der Ort und die Person, die in der Szene spielen, werden vorher bestimmt, z. B. das Café als Treffpunkt zweier alter Freunde.

Bei dieser Übung geht es darum, alles zu übertreiben: Gefühle, Gesten, Konflikte; doch ist es zugleich die Aufgabe, innerhalb der Rolle zu bleiben.

Absicht
Das Ziel dieser Übung besteht darin, den Kindern das Gefühl zu vermitteln, wie es ist, ausgelassen und hemmungslos zu spielen: Potentiale freisetzen, die sonst nicht herausgelassen werden können und so frühzeitig verschüttet sind.

Beobachtungen
Kinder genießen diese Übertreibungen. Lauthals und wild gestikulierend rufen sie sich zu und steigern das Spiel bis ins Groteske. Es ist überraschend, daß sie dabei in ihrer Rolle bleiben und nicht »privat« werden. Nach einigen Minuten wechseln meist die Darsteller, so daß alle spielen können, die spielen wollten – es wollen meist alle.

»Scharade«

Ein Kind stellt mit seinem Körper einen Begriff oder eine Tätigkeit dar. Die anderen müssen erraten, was dargestellt wird.

Absicht
Mit dem Körper sprechen zu lernen, ist das Ziel dieser Übung. Sie kommt der Pantomime sehr nahe. Der Körper wird als Ausdrucksmittel ins Zentrum gestellt: Den Körper sprechen lassen und ihn lesen lernen. Dabei muß deutlich und klar vorgegangen werden. Da ohne Sprache gespielt wird, muß die Ausdrucksvielfalt des Körpers entdeckt werden.

Beobachtungen
Bei diesem Spiel entwickeln Kinder eine große Begeisterung. Alle wollen etwas darstellen, und auch die Zuschauenden geben sich große Mühe zu erraten, was dargestellt wird. Bei dieser Übung wird deutlich, daß die Kinder bereits kleine Theaterszenen spielen, und zwar ausdrücklich nur mit ihrem Körper. Die Körpersprache ist alleiniger Träger von Informationen, teilweise wird recht ungenau gespielt, d. h. die Aussage ist nicht immer eindeutig. Dennoch wird der Körper als Ausdrucksmittel bewußter, und mit zunehmender Darstellung werden die Kinder auch immer kreativer.

*

Bei den Übungsbeschreibungen bin ich von Kindern ausgegangen. Solche Übungen sind selbstverständlich auch mit Jugendlichen und Erwachsenen durchzuführen, wobei allerdings die Beobachtungsergebnisse anders sein können.

Die Mehrzahl der Übungen entstammen – teilweise abgeändert und in einen neuen Kontext gestellt – Augusto Boal, *Theater der Unterdrückten* (1989). Andere wiederum wurden aus eigener Erfahrung entwickelt. Anregend waren auch die Übungen von Michael Batz und Horst Schroth (Theater zwischen Tür und Angel), *Handbuch für Freies Theater* (1983).

Autorinnen und Autoren

Jörg Bochow, Dr., Theaterwissenschaftler und Regisseur; Berlin. Arbeitsfelder: Theater und Medien im 20. Jahrhundert. Publikationen: *Das Theater Meyerholds und die Biomechanik* (1994); *Vom Gottmenschentum zum neuen Menschen. Subjekt und Religiosität im russischen Film der zwanziger Jahre* (1997). – Der hier abgedruckte Beitrag erschien zuerst in *Theater der Zeit* (Nov./Dez. 1995) mit Thilo Zantke (jetzt Wittenbecher, – siehe auch dort); erweiterter Nachdruck mit freundlicher Genehmigung durch Autoren und Verlag.

Gerd Bräuer, Dr., Asst. Prof. of German Studies; Atlanta (USA). Publikationen zur Schreib- und Theaterpädagogik und zu literaturwissenschaftlichen Problemen, unter anderem: *Schreibend lernen* (1998), *Warum schreiben?* (1996), *Lernen im Dialog* (1991).

Mike Büttner, Diplom-Sozialarbeiter/-pädagoge; Berlin; tätig in der Jugendsozialarbeit (Ausbildung und Wohnen). Publikationen zu Augusto Boal und zur Körperarbeit.

Kirsten Feller, M.A.; Springe; arbeitet als Theaterpädagogin in der Erwachsenenbildung und an der Universität Hannover (Germanistik).

Joachim Fiebach, Dr., Professor für Theorie und Geschichte des Theaters; Berlin. Arbeitsfelder: Europäisches Theater und Mediatisierung im 20. Jahrhundert; Theatralität; Theater und Literatur im subsaharischen Afrika. Publikationen: *Kunstprozesse in Afrika. Literatur im Umbruch* (1979), *Die Toten als die Macht der Lebenden. Zur Theorie und Geschichte von Theater in Afrika* (1986), *Inseln der Unordnung. Fünf Versuche zu Heiner Müllers Theatertexten* (1990), *Von Craig zu Brecht* (3. erw. Aufl. 1991). Der hier abgedruckte Beitrag erschien zuerst in *Der soziale Klang der Geste* (1990). Der Wiederabdruck erfolgt mit freundlicher Genehmigung des Autors.

Reinhold Görling, Dr., Privatdozent für allgemeine und vergleichende Literaturwissenschaft am Seminar für deutsche Literatur und Sprache der Universität Hannover. Arbeitsfelder: Interkulturelle Literaturwissenschaft, Kulturtheorie und -anthropologie. Publikationen: *Heterutopia. Lektüren einer interkulturellen Literaturwissenschaft* (1997); *Amerika – das andere Gesicht Europas?* (1996), hrsg. mit C. Füllberg-Stolberg.

Dorothea Hilliger-Ache, Dr., Studienrätin, Theaterpädagogin; Berlin. Arbeitsfelder: Amateurtheaterarbeit mit Jugendlichen im Rahmen von Kursen zum »Darstellenden Spiel« in der gymnasialen Oberstufe; Lehrerfortbildung im Fach »Darstellendes Spiel«.

Christian Hoffmann, Diplom-Sozialarbeiter/-pädagoge und Spiel- und Theaterpädagoge (Hochschule der Künste Berlin); Berlin; tätig als Spieler, Spielleiter, Regisseur im Amateurtheater, Lehrbeauftragter an der Alice-Salomon-Fachhochschule Berlin.

Volker Jurké, Lehrer für Darstellendes Spiel, Sport und Sozialwissenschaften in Berlin, Bewegungspädagoge für Darstellende Kunst (Dipl.); Arbeit in der Schule, an der Hochschule für Film und Fernsehen »Konrad Wolf« in Potsdam-Babelsberg, freier künstlerischer Mitarbeiter am Theater, tätig in der Lehrer-Fort- und Weiterbildung; verschiedene Veröffentlichungen zu Körper/Bewegung und Theater.

Jiri Kaftan, Solist/Pantomime im Pantomimen-Ensemble von Ladislav Fialka (1958-1993) am »Theater am Geländer«; Prag. Seit 1969 Professor für Grundtechnik der Bewegung, Körper-Ausdruck und Pantomime am Konservatorium Jar. Jezek in Prag; verschiedene Rollen in Filmen und im Fernsehen, Mitarbeiter in Laien-Gruppen und Pantomimen-Festivals. Der Beitrag, der hier gekürzt wiedergegeben wird, wurde von Ivonna Balgová, M.A., Berlin, übersetzt.

Gerd Koch, Diplom-Pädagoge, Dr., Professor für Pädagogik und Soziale Kulturarbeit an der Alice-Salomon-Fachhochschule Berlin; 1. Vorsitzender der Gesellschaft für Theaterpädagogik. Publikationen (zuletzt): *Literarisches Leben, Exil und Nationalsozialismus* (1996), *Theatralisierung von Lehr-Lernprozessen* (1995), *Lach- und Clownstheater* (hrsg. mit F. Vaßen, 2. Aufl. 1995). Mitherausgeber der *Korrespondenzen. Zeitschrift für Theaterpädagogik* (seit 1980).

Martina Leeker, Dr., Regisseurin, Dozentin für Bewegung und Körperschauspiel, Medienwissenschaftlerin; Berlin; diverse Artikel über Theater, Medien und Körper; *Mime, Mimesis und Technologie* (1995). Der hier abgedruckte Beitrag erschien zuerst in *Der soziale Klang der Geste* (1990). Der Wiederabdruck erfolgt mit freundlicher Genehmigung der Autorin.

Gabriela Naumann, Diplom-Pädagogin; Berlin. Leitung von Kursen und Workshops zu Körperarbeit und Sinnesbildung. Dozentin für Sprachen und Theater an der Universidad Popular Azuaga (Spanien), z.Z. Bildungsreferentin bei *denkste e.V.* (Verein zur Förderung der Jugend- und Erwachsenenbildung), Berlin.

Peter Offermanns, Schauspieler, Schauspiellehrer, Regisseur; Berlin.

Ralf Räuker, Schauspieler – Regisseur – Dozent; Berlin. Seit 1985 Theaterrecherche bei Jerzy Grotowski und Eugenio Barba; Studium der Biomechanik nach Meyerhold bei Gennadi Bogdanov; Arbeit als freischaffender Schauspieler und Dozent im In- und Ausland; Regiearbeiten: »Hamlet!?«, »A-WAR-HOL-MA-MO-CHINE«, »Die Zauberlehrlinge«, »...deplaziert und heimatlos...«, »Appetit kommt beim...«.

Daniela von Raffay, Soziologin und Autorin; Berlin. Beratung für Behinderte, Mitinitiatorin der jährlich stattfindenden »Freakshow« für schwule/lesbische Behinderte in Zusammenarbeit mit dem freien Tagungshaus Waldschlößchen e.V.

Hans Georg Rosenstein, M.A., Berlin. Lehrbeauftragter an der Alice-Salomon-Fachhochschule Berlin für Soziale Kulturarbeit/Medienpädagogik, arbeitet zur Geschichte und Theorie des Drehbuchschreibens im deutschen Stummfilm.

Hanne Seitz, Dr., Professorin an der Fachhochschule Potsdam; Lehrschwerpunkte: Ästhetische Praxis/Ästhetische Bildung, Spiel-, Theater- und Tanzpädagogik; künstlerische Schwerpunkte: Tanz, Theater, Performance; zahlreiche Veröffentlichungen, unter anderem: *Räume im Dazwischen. Bewegung, Spiel und Inszenierung im Kontext ästhetischer Theorie und Praxis* (1996).

Romana Trautmann, Diplom-Sozialarbeiterin/-pädagogin, Spiel- und Theaterpädagogin; Neuruppin/Lindow. Langjährige Lehrbeauftragte an der Alice-Salomon-Fachhochschule für Rollenspiel, Interaktionsspiele, Didaktik der Spielleitung, Lehrstückpraxis nach Brecht, Performance-Art-Seminare, Zukunftswerkstätten nach R. Jungk. Zur Zeit Sozialarbeiterin in einer Rehabilitationsklinik. Publikationen in *Korrespondenzen. Zeitschrift für Theaterpädagogik* und in Koch/Vaßen (Hrsg.): *Lach- und Clownstheater.*

Beate Uptmoor, Diplom-Tanzpädagogin, Lehrerin (Sek I und II) für Deutsch und Sport; Wuppertal. Arbeitsfelder: Tanztheater und moderner Tanz. Veröffentlichungen: Tanztheater und Aktualisierung. Theoretische Überlegungen und praktische Anwendungen. In: Ruping, B./Vaßen, F./Koch, G. (Hrsg.): *WiderWort und WiderSpiel. Theater zwischen Eigensinn und Anpassung (1991);* Kunst, Kritik, Pädagogik. Tanztheaterprojekte zum Thema »Hexen«. In: Martens, G./Land, R./Färber, C. (Hrsg.): *Feministische Tanz- und Musikpädagogik* (1993)*;* Mutter oder Emanze – ein Tanztheaterprojekt mit Mädchen. In: Bockhorst, H. u.a. (Hrsg.): *Mädchen-Kulturarbeit* (1993).

Florian Vaßen, Dr., Professor für neuere deutsche Literatur am Seminar für deutsche Literatur und Sprache der Universität Hannover, Leiter der Arbeitsstelle Theater/Theaterpädagogik, Mitherausgeber der *Korrespondenzen. Zeitschrift für Theaterpädagogik* (seit 1980). Arbeitsfelder: Drama und Theater, Theaterpädagogik in Theorie und Praxis; Bertolt Brecht; Literatur der DDR, insbesondere Heiner Müller; Lachtheorie, Satire und Karikatur; Literatur des Vormärz. – Buch-Publikationen: *Georg Weerth. Ein politischer Dichter des Vormärz und der Revolution von 1848/49* (1971); *Marxistische Literaturtheorie und Literatursoziologie* (1972, 3. Aufl. 1978); *Vormärz,* (1975, 3. Aufl. 1997); *Assoziales Theater. Spielversuche mit Lehrstücken und Anstiftung zur Praxis*, (1984; hrsg. mit G. Koch und R. Steinweg); *»Alles Neue ist schmerzhafter als das Alte« – Bertolt Brechts Lehrstück »Die Maßnahme«*

(1987); *Lach- und Clownstheater (*1991, 2. Aufl. 1995; hrsg. mit G. Koch); *WiderWort und WiderSpiel* (1992; hrsg. mit B. Ruping und G. Koch); *Bibliographie Heiner Müller 1948-1992* (1993; mit I. Schmidt); *Theater und Schule* (1995; hrsg. mit K. Hoffmann); *Bibliographie Heiner Müller,* Bd. 2, 1993-1995 (1996; mit I. Schmidt); *Brecht & Stanislawski und die Folgen* (1997; hrsg. mit I. Hentschel und K. Hoffmann); *1848 und der deutsche Vormärz* (1997; hrsg. mit P. Stein).

Thilo Wittenbecher, Dipl.-phil.; Berlin. Leiter des Mime Centrums Berlin (siehe auch Jörg Bochow).

Dorothee Zapke, Dipl.-Musikpädagogin und Theaterpädagogin; Hannover. Regiearbeiten in Hannover, Leitung von Kursen und Workshops in den Bereichen absurdes Theater, Butoh und Improvisationstheater; längere Zeit Dozentin an der Schlaffhorst-Andersen-Schule, Bad Neundorf, Schule für Atmung und Stimme; Lehrauftrag für Theaterpädagogik an der Universität Hannover.

Felix Zulechner, Oberstudienrat; Bochum; Lehrbeauftragter an der Universität Düsseldorf, Arbeitsfelder/Publikationen: Erschließung von Literatur durch Theatralisierung; theaterpädagogische Arbeit mit Jugendlichen; verschiedene Aufsätze zur befreienden Kraft des Theaterspielens.

Salespis: Perspektiv -> Comics, Frauen- in Perlen,
Stickereien,

-> Neue Formen der Pietà
Das Abendmahl als Versammlung d. Mitglieder
(
-> Akribisch Nachgestellte Ereignisse. (z.B. Kennedymord
Melissa Pancrello "Der Geruch deines Atems" "L'odore del tuo respiro"

Für schreibtechnische Mithilfe ist *Helga Dehrberg, Anneliese Kiefert, Beate Pätsch* sowie *Günter Pirringer* zu danken.

Dieses Buch ist in Zusammenarbeit mit der Gesellschaft für Theaterpädagogik, der Arbeitsstelle Theater/Theaterpädagogik am Seminar für deutsche Literatur und Sprache der Universität Hannover und der Alice-Salomon-Fachhochschule Berlin (Theorie und Praxis der Sozialen Kulturarbeit) entstanden.

Momentaufnahme einer biomechanischen Etude mit Ralf Räuker und Ulla Neuerburg. Foto: Merit Fakler